भारतीय ग्राम शृंखला-I

ग्रामीण क्षेत्रों में मानवशास्त्रीय अध्ययन

ग्रामीण भारत के जीवन के विविध आयामों से सम्बन्धित विद्वत्तापूर्ण और अनुसन्धानपरक आलेखों से बनी यह पुस्तक अपने आप में अनूठी है। इसका एक स्पष्ट कारण तो यह है कि इसमें भारत के गाँवों के जीवन के विविध आयामों से सम्बन्धित आलेख सम्मिलित हैं, और दूसरा कारण यह है कि यह पुस्तक स्वतन्त्रता प्राप्ति के बाद के भारत के ग्रामीण जीवन में गत्यात्मक परिवर्तनशीलता की तस्वीर प्रस्तुत करती है। इस पुस्तक के अध्यायों को पढ़ते हुए हमें स्वतन्त्रता प्राप्ति के बाद के आरम्भिक दशकों में भारतीय गाँवों की स्थिति, जातियों की भूमिका और उनमें हो रहे परिवर्तन के बारे में जानकारी मिलती है। बाद के अध्यायों में साठ, सत्तर और अस्सी के दशक में राज्य द्वारा निर्मित नीतियों के कारण ग्रामीण जीवन में होने वाले बदलावों का अनुभवसिद्ध अध्ययन प्रस्तुत किया गया है। इसी तरह, कई अन्य अध्याय उदारीकरण और भूमण्डलीकरण के दौर में भारतीय गाँवों की दशा और दिशा को प्रदर्शित करते हैं। इस पुस्तक के संकलित आलेखों में देश के विभिन्न गाँवों की सामाजिक संरचना और उनमें आये परिवर्तन, बढ़ता शहरीकरण एवं भारतीय ग्रामों की आत्मनिर्भरता के मिथक आदि पर विस्तार से अध्ययन किया गया है।

इस पुस्तक में विशेष :

• मैसूर के एक गाँव की सामाजिक संरचना • उत्तरी केरल में गाँव की संरचना • हिमालय का एक गाँव • बंगाल का एक गाँव • पंजाब में सामाजिक संरचना • दक्कन का एक गाँव • मालवा के एक गाँव में बदलाव • श्रीपुरम • राजस्थान का एक बदलता गाँव • एक उत्तर भारतीय गाँव में चमार परिवार • दिल्ली के एक गाँव में शहरीकरण • भारतीय गाँवों की आत्मनिर्भरता का मिथक

वाणी प्रकाशन

EPW
Economic&PoliticalWEEKLY

TATA TRUSTS

भारतीय ग्राम शृंखला-I

ग्रामीण क्षेत्रों में मानवशास्त्रीय अध्ययन

सम्पादक

सुरिन्दर एस. जोधका

सह-सम्पादक

कमल नयन चौबे

वाणी प्रकाशन

EPW

Economic&PoliticalWEEKLY

TATA TRUSTS

4695, 21-ए, दरियागंज, नयी दिल्ली 110 002

फ़ोन : +911123273167 फ़ैक्स : +911123275710

शाखाएँ

अशोक राजपथ, पटना 800 004, बिहार

कॉफ़ी हाउस कैम्पस, महात्मा गांधी मार्ग, इलाहाबाद 211 001, उत्तर प्रदेश

महात्मा गांधी अन्तरराष्ट्रीय हिन्दी विश्वविद्यालय, वर्धा 442 001, महाराष्ट्र

सुल्तानिया रोड, मोतिया पार्क, भोपाल 462 001, मध्य प्रदेश

www.vaniprakashan.in

marketing@vaniprakashan.in

sales@vaniprakashan.in

BHARTIYA GRAM SHRINKHLA-I
GRAMEEN KSHETRON MEIN MANAVSHASTRIYA ADHYAYAN
Editor: Surinder S. Jodhka
Co-Editor: Kamal Nayan Chaubey

ISBN : 978-93-89012-86-6
Social Science

प्रथम संस्करण 2019

मूल्य : ₹ 325

प्रस्तुत संकलन हिन्दी माध्यम से इकोनॉमिक ऐंड पॉलिटिकल वीकली के कुछ ख़ास अनुसन्धानों को विश्वविद्यालय के छात्रों और शोधार्थियों से परिचित करवाने का ध्येय रखता है। पिछले कई दशकों से ईपीडब्ल्यू में कुछ विशिष्ट क्षेत्रों में प्रकाशित आलेखों में से गिने-चुने आलेखों को इस पुस्तक में संकलित किया गया है। एक वरिष्ठ अकादमिक ने इस पुस्तक को तैयार किया है जिन्होंने इसकी प्रस्तावना भी लिखी है। ईपीडब्ल्यू इस संकलन में शामिल लेखकों का आभार व्यक्त करता है कि उन्होंने हमें अपने आलेखों की पुनःप्रस्तुति की अनुमति दी। टाटा ट्रस्ट के अनुदान की सहायता से इस संकलन का प्रकाशन सम्भव हुआ है। ईपीडब्ल्यू टाटा ट्रस्ट का भी आभार व्यक्त करता है।

सिटी प्रेस, दिल्ली-110 095 में मुद्रित

वाणी प्रकाशन का लोगो मक़बूल फ़िदा हुसेन की कूची से

शब्द–संक्षेप

(नोट : इस पुस्तक में जहाँ भी किसी विस्तृत पद को संक्षिप्त रूप में पहली बार व्यक्त किया गया है, वहाँ कोष्ठक में उसका विस्तृत रूप भी लिखा गया है। आगे इस पुस्तक में प्रयुक्त कुछ शब्द–संक्षेप और उनके अर्थ को प्रस्तुत किया गया है)

बीडीओ	:	ब्लॉक डेवलपमेंट ऑफिसर
भाजपा	:	भारतीय जनता पार्टी
सीडीपी	:	कम्युनिटी डेवलपमेंट प्रोग्राम
माकपा	:	मार्क्सवादी कम्युनिस्ट पार्टी
डीआरडीए	:	डिस्ट्रिक्ट रूरल डेवलपमेंट अथॉरिटी
डीपीडीसी	:	डिस्ट्रिक्ट प्लानिंग ऐंड डेवलपमेंट कौंसिल्स
ईजीएस	:	इम्प्लॉयमेंट गारंटी स्कीम
एचवाईवी	:	हाई यल्डिंग वैरायटी
एचवाईवीपी	:	हाई यल्डिंग वैरायटी (सीड्स) प्रोग्राम
आईएएपी	:	इनटेंसिव एग्रीकल्चर एरियाज़ प्रोग्राम
आईएडीपी	:	इनटेंसिव एग्रीकल्चरल डेवलपमेंट प्रोग्राम
आईआरडीपी	:	इंटिग्रेटेड रूरल डेवलपमेंट प्रोग्राम
पीएसीएस	:	प्राइमरी एग्रीकल्चर क्रेडिट सोसायटी
एमएफएएलए	:	मार्जिनल फार्मर्स ऐंड एग्रीकल्चरल लेबर एजेंसी

एमजीएनआरईजीएस (मनरेगा)	:	महात्मा गाँधी नैशनल रूरल इम्पलॉयमेंट गारंटी स्कीम
एनएबीएआरडी	:	नैशनल बैंक फ़ॉर एग्रीकल्चर ऐंड रूरल डेवलपमेंट
एनसीएईआर	:	नैशनल कौंसिल फ़ॉर एप्लाइड इकोनॉमिक रिसर्च
एनडीडीबी	:	नैशनल डेयरी डेवलपमेंट बोर्ड
ओजीसीएस	:	ऑयलसीड्स ग्रोवर्स को–ऑपरेटिव सोसायटीज़
एसएफडीए	:	स्मॉल फार्मर्स डेवलपमेंट एजेंसी

सह–सम्पादक की क़लम से

ग्रामीण भारत के जीवन के विविध आयामों से सम्बन्धित विद्वत्तापूर्ण और अनुसन्धानपरक आलेखों से बनी यह पुस्तक अपने–आप में अनूठी है। इसका एक स्पष्ट कारण तो यह है कि इसमें भारत के गाँवों के जीवन के विविध आयामों से सम्बन्धित आलेख सम्मिलित हैं, और दूसरा कारण यह है कि यह पुस्तक स्वतन्त्रता प्राप्ति के बाद के भारत के ग्रामीण जीवन में गत्यात्मक परिवर्तनशीलता की तस्वीर प्रस्तुत करती है। इस पुस्तक के अध्यायों को पढ़ते हुए हमें स्वतन्त्रता प्राप्ति के बाद के आरम्भिक दशकों में भारतीय गाँवों की स्थिति, जातियों की भूमिका और उनमें हो रहे परिवर्तन के बारे में जानकारी मिलती है। बाद के अध्यायों में साठ, सत्तर और अस्सी के दशक में राज्य द्वारा निर्मित नीतियों के कारण ग्रामीण जीवन में होने वाले बदलावों का अनुभवसिद्ध अध्ययन प्रस्तुत किया गया है। इसी तरह, कई अन्य अध्याय उदारीकरण और भूमण्डलीकरण के दौर में भारतीय गाँवों की दशा और दिशा को प्रदर्शित करते हैं। इस पुस्तक में संकलित आलेखों में वर्ग, जाति और जेंडर जैसे पहलुओं से भारतीय ग्रामीण जीवन के विविध आयामों का अध्ययन प्रस्तुत किया गया है। हालाँकि यह दावा नहीं किया जा सकता कि इसमें देश के सारे प्रदेशों के ग्रामीण जीवन का अनुभव सम्मिलित है, लेकिन यह अवश्य है कि पुस्तक का दायरा काफ़ी विरतृत है, और यह सिर्फ़ देश के किसी एक भाग की तस्वीर ही प्रस्तुत नहीं करती है, बल्कि इरामें अलग–अलग प्रदेशों का अनुभव पाया जा सकता है।

इस पुस्तक में संकलित शोध–आलेखों की विशिष्टता उनके द्वारा अपनायी गयी अध्ययन–पद्धति भी है। अधिकांश शोध–आलेख अपनी अध्ययन–पद्धति को स्पष्ट रूप से अभिव्यक्त करते हैं। जिन आलेखों में साफ़ तौर पर ऐसा नहीं किया गया है, वहाँ भी पाठक लेखक की लेखन–पद्धति से ग्रामीण जीवन के किसी विषय से सम्बन्धित व्यवस्थित अध्ययन के सूत्र पा सकते हैं। निश्चित रूप से, जो आलेख पचास के

दशक में लिखे गये, वर्तमान में उनकी स्पष्ट सीमाएँ रेखांकित की जा सकती हैं, लेकिन ये आरम्भिक दौर में गाँवों के अध्ययन के स्वरूप और उनसे सम्बन्धित मुद्दों के बारे में महत्त्वपूर्ण अन्तर्दृष्टि प्रदान करते हैं। असल में, ये शोध–आलेख पाठकों और विशेष रूप से समाज विज्ञान में अनुसन्धान करने की चाह रखने वालों को अध्ययन–पद्धति के सन्दर्भ में महत्त्वपूर्ण अन्तर्दृष्टि प्रदान करते हैं।

हक़ीक़त यह है कि इस पुस्तक की तरह ही अन्य अनुसन्धानपरक पुस्तकों को हिन्दी में लाने की आवश्यकता है। विकासशील समाज अध्ययन पीठ (सीएसडीएस) में अभय कुमार दुबे के कुशल नेतृत्व और मार्गदर्शन में समाज विज्ञान से सम्बन्धित बहुत–सी पुस्तकें हिन्दी में प्रकाशित हुई हैं, इनमें अनूदित, सम्पादित, मौलिक अनुसन्धान की पुस्तकों के साथ ही साथ समाज विज्ञान की प्रतिष्ठित जर्नल *प्रतिमान* के प्रकाशन का विशेष रूप से उल्लेख किया जा सकता है। हिन्दी में इस प्रकार की पुस्तकें आने से ज्ञान का लोकतन्त्रीकरण होता है, अर्थात् ज्ञान समाज के उन तबकों तक भी पहुँचता है, जो भाषागत बाधा के कारण अंग्रेज़ी में प्रकाशित इस प्रकार की पुस्तकें नहीं पढ़ पाते हैं। मैंने *इकोनॉमिक ऐंड पॉलिटिकल वीकली* और 'वाणी प्रकाशन' द्वारा प्रकाशित *भारतीय नीतियों का सामाजिक पक्ष* का सह–सम्पादन का काम भी किया है, और विशेष रूप से उत्तर भारत के विविध विश्वविद्यालयों के छात्र–छात्राओं ने उस पुस्तक को अत्यन्त उपयोगी पाया है। मुझे यह उम्मीद है कि यह पुस्तक भी न सिर्फ़ विद्यार्थियों को भारत के ग्रामीण जीवन के बारे में हुए अनुसन्धानपरक अध्ययनों से अवगत करायेगी, बल्कि आम पाठक, ज़मीनी स्तर पर काम करने वाले कार्यकर्त्ता और गाँव स्तर पर सक्रिय युवा आदि भी गाँव और ग्रामीण जीवन के बदलते स्वरूप के बारे में ज़्यादा व्यवस्थित और गहन समझ बना पायेंगे।

हमने यह प्रयास किया है कि पुस्तक की हिन्दी प्रस्तुति की भाषा सहज और सरल रहे। यह अवश्य है कि कई बार दुरूह अवधारणाओं को अभिव्यक्त करने के लिए कुछ–एक ऐसे पारिभाषिक शब्दों का प्रयोग किया है, जिन्हें अमूमन हिन्दी की बोलचाल में इस्तेमाल नहीं किया जाता है। मसलन, पदसोपान (हायरार्की) ऐसा ही एक शब्द है। इसी प्रकार के कई अन्य शब्दों का उल्लेख किया जा सकता है। लेकिन मूल रूप से अंग्रेज़ी में लिखे गये समाज विज्ञान और उससे सम्बन्धित अवधारणाओं

को किसी भारतीय भाषा में लाने के प्रयास में हमें इस तरह की कुछ जटिलताओं का सामना करना ही पड़ेगा। लेकिन आवश्यकता के अनुसार ऐसे शब्दों के आगे कोष्ठक में उनके अंग्रेज़ी शब्दों का भी उल्लेख किया गया है, जिससे पाठक उस अवधारणात्मक शब्द के बारे में ज़्यादा स्पष्टता से समझ बना सकें। इसी तरह, अंग्रेज़ी में अमूमन बहुत से शब्द–संक्षेपों का प्रयोग किया जाता है। पहली दफा ऐसे शब्द–संक्षेप आने पर हमने कोष्ठक में उनका विस्तृत रूप बताया है, और उसके बाद उसी संक्षिप्त रूप का प्रयोग किया है।

असल में, अपनी पहले की पुस्तकों और कई अनुवादों के माध्यम से मेरी यह भी कोशिश रही है कि हिन्दी में समाज विज्ञान की एक ऐसी भाषा का विकास हो जिसमें अवधारणात्मक रूप से कठिन विमर्श भी आसानी से किया जा सके। मुझे यह उम्मीद है कि यह पुस्तक विद्यार्थियों, अनुसन्धानकर्त्ताओं और ज़मीनी स्तर पर काम करने वाले कार्यकर्त्ताओं को भारत के ग्रामीण जीवन के जटिल आयामों से परिचित करायेगी और उनमें इन मुद्दों के बारे में ज़्यादा गहन और साफ़ तरीक़े से विचार करने की क्षमता का विकास करेगी। मेरा यह दृढ़ विश्वास है कि हिन्दी में और अन्य भारतीय भाषाओं में समाज विज्ञान लिखे जाने की आवश्यकता है, और इसके साथ ही इस तरह की उच्च स्तरीय पुस्तकों को अंग्रेज़ी से हिन्दी और अन्य भारतीय भाषाओं में प्रस्तुत करने का व्यवस्थित प्रयास किया जाना चाहिए। इससे दीर्घकालिक रूप से ज्ञान का लोकतन्त्रीकरण होगा, और लोगों की विभिन्न विषयों के सन्दर्भ में आलोचनात्मक तरीक़े से विचार करने की प्रवृत्ति में बढ़ोतरी होगी।

–कमल नयन चौबे

अनुक्रम

प्रस्तावना

सुरिन्दर एस. जोधका

आर्थिक संवृद्धि और विकास से सम्बन्धित प्रचलित परिकल्पना में तक़रीबन सार्वभौमिक रूप से यह माना जाता है कि लोगों को गाँवों को छोड़कर शहरों की ओर जाना अर्थात् शहरीकरण की प्रक्रिया परिवर्तन और विकास की प्रक्रिया के आगे बढ़ने का मुख्य संकेतक है। दरअसल, उत्तरी गोलार्द्ध के आर्थिक रूप से विकसित देशों में ऐसा हुआ भी है, जहाँ बीसवीं सदी के उत्तरार्द्ध तक 'ग्रामीण' क्षेत्र तक़रीबन ग़ायब ही हो गया। पश्चिम विश्व से उभरकर आने वाले विकास चिन्तन के अधिकांश तरफ़दार दक्षिणी गोलार्द्ध के विकासशील देशों में भी इसी तरह का विकास होने की भविष्यवाणी करते हैं। एशिया और लैटिन अमेरिका के कुछ देशों में आर्थिक परिवर्तन के हाल के अनुभव इस बृहद् परिकल्पना की पुष्टि करते हैं।

बहरहाल, हर स्थान पर ऐसी ही स्थिति नहीं रही है। रेखीय प्रगति के लोकप्रिय सिद्धान्तों द्वारा जनसांख्यिक परिवर्तन के स्वरूप के बारे में प्रस्तुत विचारों के विपरीत यह प्रक्रिया ज़्यादा विविधतापूर्ण और जटिल रही है। भारत इसका एक अच्छा उदाहरण है। पिछले दशकों में भारतीय अर्थव्यवस्था में महत्त्वपूर्ण संरचनात्मक बदलाव हुए हैं, जिससे खेती में लगातार गिरावट आयी है।[1] यहाँ की जनसांख्यिक प्रक्रिया में अनुमानित दिशा में परिवर्तन नहीं हुआ है। पिछले सौ वर्षों में भारत में शहरी क्षेत्र का काफ़ी तेज़ी से विस्तार हुआ है, लेकिन असीम या सापेक्षिक सन्दर्भों में 'ग्रामीण' क्षेत्र का संकुचन नहीं हुआ है। इसके विपरीत, 'ग्रामीण' क्षेत्र में भी लगातार वृद्धि हो रही है, और इसकी वृद्धि की गति शहरी क्षेत्र की तुलना में थोड़ी ही कम है। दूसरे शब्दों में, यद्यपि पिछले सौ वर्षों में भारत के ग्रामीण क्षेत्र की सामाजिक, आर्थिक और राजनीतिक जीवन की

संरचना में कई बुनियादी बदलाव हुए हैं, फिर भी, समकालीन भारत में 'ग्रामीण' एक अवशिष्ट या ख़त्म होती श्रेणी नहीं है।

यह बात आँकड़ों से काफ़ी स्पष्ट हो जाती है। मसलन, भारत की स्वतन्त्रता प्राप्ति के समय यहाँ की कुल जनसंख्या में शहरी जनसंख्या का अनुपात तक़रीबन 17 प्रतिशत था और 2011 में यह 31 प्रतिशत से थोड़ा ही ज़्यादा है। यदि हम असीम आँकड़ों के सन्दर्भ में विचार करते हैं तो यह संवृद्धि और ज़्यादा आश्चर्यजनक लगती है। इस अवधि में भारत की शहरी जनसंख्या के आकार में तक़रीबन पाँच गुना वृद्धि हुई। 1951 में शहरी जनसंख्या 62 मिलियन थी, जो 2011 में बढ़कर 377 मिलियन हो गयी। पिछले सौ वर्षों में आधिकारिक रूप से घोषित शहरी क्षेत्रों में भी काफ़ी वृद्धि हुई है। 1901 में ऐसे क्षेत्रों की संख्या 1,827 थी, 1951 में यह 2,843, 2001 में 5,161 तथा 2011 में 7,935 हो गयी। इस अवधि में ग्रामीण जनसंख्या के आनुपातिक आकार में कमी आयी, किन्तु सम्पूर्ण रूप में भारत के बृहद और विविधतापूर्ण ग्रामीण क्षेत्र में रहने वाले लोगों की संख्या में कई गुना वृद्धि हुई। 1951 में 298.6 मिलियन लोग ग्रामीण क्षेत्रों में रहते थे, 1971 में इनकी संख्या बढ़कर 480 मिलियन तथा 2001 में 742 मिलियन हो गयी। 2011 की जनगणना के अनुसार, भारत के पाँच लाख से भी ज़्यादा गाँवों में 833 मिलियन लोग निवास करते थे। 2011 में ग्रामीण जनसंख्या का आकार 1951 की तुलना में तक़रीबन तीन गुना ज़्यादा हो गया था। रोचक बात यह है कि पिछले दशकों में सिर्फ़ ग्रामीण जनसंख्या के आकार में ही बढ़ोतरी नहीं हुई है, बल्कि आधिकारिक रूप में घोषित गाँवों की संख्या भी लगातार बढ़ी है। 1901 में इनकी संख्या 5,67,000 थी, 2001 में यह 6,38,588 और 2011 में 6,40,867 हो गयी।

जनसांख्यिकीय आँकड़ों से आगे[2]

'ग्रामीण' और 'शहर' लोगों की रिहाइश को वर्गीकृत करने वाले जनसांख्यिक या प्रशासनिक श्रेणियाँ नहीं हैं। जैसा कि ऊपर संकेत किया गया है, विकास और आधुनिकीकरण की मुख्यधारा की समझ में रिहाइशों की इन दो श्रेणियों को सामाजिक संघटन के भिन्न रूपों या प्रकारों के रूप में देखा गया है। आधुनिक समय में पूरी दुनिया में सामाजिक, आर्थिक और सांस्कृतिक जीवन की परिकल्पना में इस द्विभाजन का केन्द्रीय स्थान रहा है। अमूमन जहाँ 'ग्रामीण' क्षेत्र को 'परम्परा' का गढ़ माना जाता है, वहीं

शहरी क्षेत्रों को आधुनिकता का प्रतीक माना जाता है। ग्रामीण और शहरी समाजशास्त्र की लोकप्रिय पुस्तकों से यह बात सामने आती है कि एक ग्रामीण रिहाइश या एक गाँव सिर्फ़ आकार में ही छोटा नहीं होता है; असल में इसके सामाजिक और आर्थिक संगठन की प्रणाली भी सरल होती है। दूसरी ओर, शहर जनसंख्या के मामले में गाँव से ज़्यादा बड़ा होता है, और यह एक बुनियादी रूप से अलग तरह की अर्थव्यवस्था, संस्कृति और मानकीय व्यवस्था के आधार पर संगठित होता है। आधुनिक शहर जीवन की जटिलता का प्रतीक है, जहाँ विभिन्न जातीय समूहों और संस्कृतियों से जुड़े लोगों का समूह एक साथ निवास करता है। किन्तु इन समूहों के बीच कोई गहरा जुड़ाव नहीं होता है।

मुख्यधारा की पुस्तकों के इस दृष्टिकोण में हमेशा ही यह माना जाता है कि ग्रामीण आर्थिक जीवन खेती के आसपास संगठित है। खेती यहाँ के लोगों की जीविका का एक स्रोत है। यह माना जाता है कि खेती करने वाले किसानों के सांस्कृतिक जीवन के केन्द्र में भी भूमि ही होती है। दूसरे शब्दों में, एक ठेठ किसान के लिए खेती एक जीवन–शैली है। एक किसान अपने परिवार के सदस्यों के साथ भूमि के जिस टुकड़े पर खेती करता था, वह उसकी जीविका का स्रोत होती थी, तथा उसमें पहचान और जुड़ाव का बोध भी भरती थी। यह उसे समुदाय और अपने गोत्र समूह की पुरानी पीढ़ी के लोगों के साथ भी जोड़ती थी। गाँव का आकार छोटा होने के कारण वहाँ रहने वाले लोग एक–दूसरे को नज़दीकी रूप से जानते थे तथा प्रत्येक घर के अतीत को याद रखते थे। यहाँ तक कि एक गोत्र से न जुड़े होने पर भी, वे एक समुदाय के रूप में एक–दूसरे से जुड़े हुए थे तथा उनमें एकता और सहभागी पहचान की भावना थी। ग्रामीण क्षेत्रों में एक अलग तरह की परिवार व्यवस्था भी थी, जिसमे एक छत के नीचे बहुत से परिवार संयुक्त रूप से रहते थे, तथा व्यापक सगोत्रता परिवार के व्यक्तिगत सदस्यों के जीवन को एक आकार देने में सक्रिय भूमिका निभाती थी (मसलन देखें, देसाई 1969)।

इसके विपरीत, शहरी आर्थिक और सांस्कृतिक जीवन काफ़ी भिन्न है यद्यपि शहर में उद्योग और व्यवसाय को जीविका का प्रमुख स्रोत माना जाता है, लेकिन शहरों के निवासी विभिन्न प्रकार के काम करते हैं। गाँव की तुलना में शहर ज़्यादा विभेदीकृत और असमान होते हैं। ऐतिहासिक रूप से, शहरों में ही आधुनिकता और वैयक्तिकता का जन्म हुआ। यह

एक रैडिकल बदलाव था, जिसने सामुदायिक जीवन के जुड़ावों को काफ़ी कमज़ोर बना दिया, या ऐसे जुड़ाव तक़रीबन ख़त्म ही हो गये। स्वकेन्द्रित और एजेंसी युक्त या चुनाव करने वाले व्यक्तियों ने इसका स्थान ले लिया। इस तरह शिक्षा, पेशा, सामाजिक वर्ग, व्यक्तिगत पसन्द और उपभोग के आसपास शहरी पहचान का निर्माण हुआ।

रोचक बात यह है कि गाँव और शहर के बारे में सिर्फ़ लोकप्रिय परिकल्पनाओं में ही ग्रामीण और शहरी क्षेत्रों को इस रूप में प्रस्तुत नहीं किया गया है। असल में, बहुत से समाज वैज्ञानिक चिन्तकों द्वारा मानव समाज के बारे में किये गये क्लासिकल सैद्धान्तीकरण में भी इस द्विभाजन ने अत्यन्त महत्त्वपूर्ण भूमिका अदा की है। साथ ही, समकालीन नीतिगत और राजनीतिक परिकल्पनाओं में भी इस द्विभाजन की जड़ें काफ़ी गहरी हैं।

पश्चिमी विश्व में ग्रामीण समाजशास्त्र और 'ग्रामीण' का अध्ययन

पश्चिमी यूरोप के समाजों में आधुनिक समय की दो महान क्रान्तियों अर्थात् फ्रांसीसी क्रान्ति और औद्योगिक क्रान्ति के कारण काफ़ी सारे परिवर्तन हुए और नयी चुनौतियाँ सामने आयीं। इसी पृष्ठभूमि में पश्चिमी यूरोप में समाजशास्त्र के अनुशासन का उभार हुआ। फ्रांसीसी क्रान्ति के कारण– समानता, आज़ादी और बन्धुत्व जैसे मूल्यों के नये समूह सामने आये, वहीं औद्योगिक क्रान्ति ने आर्थिक और सामाजिक जीवन को संगठित करने की प्रणालियों में दूरगामी परिवर्तनों की शुरुआत की। आधुनिक उद्योग की स्थापना से श्रमिक उत्पादक कार्यों की ओर आकर्षित हुए, जिसके कारण नये औद्योगिक शहरों का विकास हुआ। इन्हीं परिवर्तनों के परिणामस्वरूप समाजशास्त्र के अनुशासन का जन्म हुआ। अमूमन समाजशास्त्र को परिभाषित करते हुए यह कहा जाता है कि यह 'मानव समूहों और समाजों का अध्ययन है, *जो औद्योगीकृत दुनिया के विश्लेषण पर विशेष बल देता है'* (गिडेन्स 1989 : 732; शब्दों पर ज़ोर जोड़ा गया है)।

पश्चिमी पूँजीवादी विश्व ने अपनी सबसे बुनियादी आत्म–छवि में ख़ुद को 'किसानों से रहित दुनिया' के रूप में परिभाषित किया। आरम्भिक समाज सिद्धान्त की विकासवादी योजना में समाजों को 'आधुनिक' और 'पिछड़े' के रूप में परिभाषित किया गया। इसका अर्थ यह भी था कि

अवधारणा के स्तर पर ग्रामीण जनसंख्या को 'अतीत के अवशेषों' (शानिन 1987 : 468) की मिश्रित श्रेणी का अवशेषीकृत भाग मात्र बना दिया गया है।

निस्सन्देह, पश्चिमी दुनिया की विचारधारात्मक आत्म–छवि में इस महत्त्वपूर्ण बदलाव और आर्थिक जीवन में 'ग्रामीण' क्षेत्र की भूमिका में कटौती हुई। इसके बावजूद 'ग्रामीण' पश्चिमी समाज के सामाजिक और जनसांख्यिक भूदृश्य से विलुप्त नहीं हुआ। बीसवीं सदी के मध्य तक औद्योगीकृत देशों में भी जनसंख्या का एक बड़ा अनुपात ग्रामीण क्षेत्रों में निवास करता था, और इसका राजनीतिक प्रभाव भी था। ग्रामीण और शहरी क्षेत्रों के बीच बढ़ती असमानता तथा शहरी केन्द्रों की ओर ग्रामीण जनसंख्या के पलायन की सम्भावना ने नीति–निर्माताओं और राजनीतिक अभिजनों को गहरी चिन्ता में डाल दिया। दूसरे शब्दों में, पश्चिम के तेज़ी से विकसित होते औद्योगिक देशों में शासन सँभालने वाले लोग भी ग्रामीण क्षेत्रों में हो रहे परिवर्तनों की उपेक्षा नहीं कर पाये (गालेस्की 1972 : 1)। इसी सन्दर्भ में संयुक्त राज्य अमेरिका में ग्रामीण समाजशास्त्र के विशिष्ट उप–अनुशासन का जन्म हुआ।

अन्य बातों के अलावा, उन्नीसवीं सदी के आख़िर में अमेरिका के लम्बे गृह युद्ध ने ग्रामीण क्षेत्रों में गम्भीर 'कृषि संकट' की स्थिति पैदा कर दी। ग्रामीण क्षेत्र गहन मन्दी का शिकार हो गये थे। किसान संगठनों ने इस समस्या को हल करने के लिए संघीय सहायता की माँग की। बुनियादी रूप से, इसी संकट के प्रतिक्रिया स्वरूप में एक व्यावहारिक अनुशासन के रूप में ग्रामीण समाजशास्त्र अस्तित्व में आया (न्यूबी 1980 : 10)। 1908 में अमेरिकी राष्ट्रपति थियोडोर रूजवेल्ट ने कंट्री लाइफ़ कमीशन (ग्रामीण जीवन आयोग) का गठन किया, जिसने इस उप–अनुशासन को आगे बढ़ने में महत्त्वपूर्ण भूमिका अदा की। अध्ययन के व्यावहारिक क्षेत्र के रूप में 'ग्रामीण समाजशास्त्र' की मुख्य चिन्ता अमेरिकी किसानों की सामाजिक और आर्थिक समस्याओं को समझने और उनका निदान करने से सम्बन्धित थी। इसमें 'सामुदायिक जीवन' की आन्तरिक संरचना तथा ग्रामीण जनसंख्या के बदल संघटन से सम्बन्धित प्रश्नों पर ज़्यादा ध्यान दिया गया (श्वार्जवेलर 1984 : xi)। यूरोप में भी, द्वितीय विश्व युद्ध के बाद इसी तरह के दृष्टिकोण के साथ ग्रामीण समाजशास्त्र का विकास हुआ (गालेस्की 1972 : 2)।

यह स्पष्ट है कि ग्रामीण समाजशास्त्र का उभार अमेरिकी किसानों को प्रभावित करने वाले सामाजिक और राजनीतिक संकट और राष्ट्रीय स्तर की राजनीतिक प्रक्रिया में उनके प्रभाव के कारण सामने आयी समस्याओं के सन्दर्भ में हुआ। लेकिन इस उप–अनुशासन ने ख़ुद को ग्रामीण समाज के एक विज्ञान के रूप में देखा, और इसने अपने विषय पर अद्वितीय तरीक़े से ध्यान दिया, मानो यह अन्य सभी विषयों से पृथक् हो। दूसरे शब्दों में, इसने ग्रामीण समाज को शेष देश के राजनीतिक और आर्थिक जीवन से एकीकृत नहीं माना, या फिर इसे एक व्यापक समाज के एक भाग के रूप में देखा। जैसा कि ए. आर. देसाई ने लिखा है :

> *सभी ग्रामीण समाजशास्त्री यह स्वीकार करते हैं कि समुदाय का सामाजिक जीवन दो विशिष्ट भागों–ग्रामीण और शहरी में बँटा हुआ है। यद्यपि ये भाग आपस में अन्तःक्रिया करते हैं, लेकिन प्रत्येक दूसरे से पर्याप्त रूप से अलग है।*
> *ये सभी यह मानते हैं कि ग्रामीण क्षेत्र के सामाजिक जीवन की विशेषताएँ और प्रवृत्तियाँ ख़ास तौर पर इसी से जुड़ी हुई हैं...और...इसलिए वे इसे शहरी क्षेत्र के जीवन से बिल्कुल ही अलग करते हैं।*
> *...ग्रामीण समाजशास्त्र का मुख्य लक्ष्य ग्रामीण सामाजिक संगठन, इसकी संरचना, और विकास की वस्तुनिष्ठ प्रवृत्तियों का एक वैज्ञानिक, व्यवस्थित और व्यापक अध्ययन करना होना चाहिए तथा इसे इस प्रकार के अध्ययन के आधार पर ग्रामीण क्षेत्र के विकास के नियमों की खोज करनी चाहिए। (देसाई 1969 : 9)*

इसी तरह, ग्रामीण समाजशास्त्र की एक अन्य पुस्तक में ग्रामीण सामाजिक जीवन की विशिष्ट प्रकृति पर बल दिया गया है। लेखक यह तर्क देते हैं कि 'ग्रामीण जीवन की तुलना शहरी जीवन से करके इसकी विशिष्ट विशेषताओं को स्पष्ट रूप से रेखांकित किया जा सकता है' : '...गाँव की संस्कृति शहर की संस्कृति से बिल्कुल ही अलग है। शहरों की सामाजिक संरचना तुलनात्मक रूप से बड़ी, अवैयक्तिक और जटिल होती है; ग्रामीण समुदाय छोटे होते हैं, एक–दूसरे से निकटता से जुड़े होते हैं और इनका संगठन सरल होता है' (नेल्सन 1984 : 14)।

कई विद्वानों ने ग्रामीण और शहरी क्षेत्रों को भिन्न प्रकार के समाज मानने वाले दृष्टिकोण की आलोचना की है, तथा इस बात पर बल दिया

है कि दोनों के बीच एक सातत्य (कॉन्टिन्युम) है (रेडफील्ड 1947)। वहीं, सैद्धान्तिक रूप से, अभी भी ग्रामीण समाजशास्त्र सामाजिक परिवर्तन की द्वि ध्रुवीय अवधारणाओं में फँसा हुआ है। इसमें 'ग्रामीण' को 'शहर' के विपरीत माना जाता है, और 'ग्रामीणता' (स्टैलिटी) की परिकल्पना एक स्वायत्त या एक अद्वितीय यथार्थ के रूप में की गयी है (बोनानो 1989)। यह माना जाता है कि इसे व्यापक, सामाजिक, ऐतिहासिक, और राजनीतिक सन्दर्भ से पृथक् रखकर ही समझा जा सकता है (वही : ix)।

विद्वानों ने अन्य समस्याओं का भी उल्लेख किया है। मानव सभ्यता में कई तरह की रिहाइशें रही हैं। जिस प्रकार के बड़े, मध्यम और छोटे आकार के शहर होते हैं, उसी तरह कई प्रकार के 'ग्रामीण' रिहाइशी क्षेत्र भी होते हैं। तेज़ी से वैश्वीकृत होती दुनिया में 'ग्रामीण' और 'शहरी' क्षेत्रों के बीच का समाजशास्त्रीय अन्तर क़ायम रखना और ज़्यादा कठिन हो गया है। इस दौर में दूरसंचार और मास–मीडिया ने शहरों और ग्रामीण क्षेत्रों के बीच के पुराने अन्तर को तक़रीबन मिटा दिया है। पश्चिमी देशों में ग्रामीण समाजशास्त्र का उप–अनुशासन भी पहचान के संकट का सामना कर रहा है, क्योंकि ग्रामीण क्षेत्रों में रहने वाले लोगों की संख्या में लगातार गिरावट हो रही है (फ्राइड लैंड 1982 : 590)।

भारत में 'ग्रामीण' क्षेत्र का अध्ययन

समकालीन भारत के इतिहास में गाँव के विचार को महत्त्वपूर्ण स्थान प्राप्त है। यह उन मुख्य श्रेणियों में से एक थी, जिसके द्वारा अंग्रेज़ औपनिवेशिक शासकों और राष्ट्रवादी नेतृत्व ने उन्नीसवीं और बीसवीं सदियों में भारत की परिकल्पना की और भारत की छवि को इसके माध्यम से प्रस्तुत किया। भारतीय गाँवों पर इतना ज़्यादा ध्यान दिया गया कि इसे भारत के 'देशज जीवन' का प्रतीक माना जाने लगा। इसे एक ऐसे स्थान के रूप में देखा जाने लगा जहाँ आर्थिक जीवन, सामाजिक संगठन और सांस्कृतिक विश्वासों के स्थानीय स्वरूप का अवलोकन किया जा सकता था। जैसा कि बेते ने लिखा है, '...गाँव सिर्फ़ एक ऐसा स्थान नहीं था जहाँ लोग रहते थे; इसका ऐसा स्वरूप था जिससे भारतीय सभ्यता के बुनियादी मूल्य प्रदर्शित होते थे (बेते 1980 : 108)।

यद्यपि दक्षिण एशियाई क्षेत्र के पूर्व–औपनिवेशिक इतिहास में भी गाँवों के विस्तृत सन्दर्भ देखे जा सकते हैं, लेकिन अंग्रेज़ों के औपनिवेशिक

शासन के दौरान ही गाँव ने पारम्परिक भारतीय सभ्यता की लोकप्रिय परिकल्पना में केन्द्रीय स्थान ग्रहण कर लिया। औपनिवेशिक शासन के दौरान विभिन्न विद्वानों द्वारा विविध प्रकृति का लेखन किया गया, लेकिन 'गाँव गणराज्य की भूमि' के रूप में भारत की रूढ़िबद्ध छवि को व्यापक स्वीकार्यता मिली। जेम्स मिल के पहले के लेखन के साथ चार्ल्स मेटकॉफ की 'भारतीय गाँव समुदाय' की अवधारणा ने ग्रामीण भारत के बारे में बाद में होने वाले लेखन की दिशा तय की। अपनी विस्तृत टिप्पणी में मेटकॉफ ने यह विचार व्यक्त किया कि : '....भारत के गाँव समुदाय छोटे गणराज्य थे, उनके पास अपनी आवश्यकता की तक़रीबन सभी वस्तुएँ थीं, और वे विदेश मामलों में तक़रीबन स्वतन्त्र थे। ऐसा प्रतीत होता है कि जब किसी अन्य चीज़ का अस्तित्व नहीं बचा, तब भी इनका अस्तित्व बचा रह गया। वंश–दर–वंश ढ़हते चले गये; क्रान्ति–दर–क्रान्ति होती रही, लेकिन गाँव समुदाय ज्यों–के–त्यों रहें' (कोहेन 1987 : 213 में उद्धृत)।

हर औपनिवेशिक प्रशासक भारतीय गाँव के बारे में मेटकॉफ के मूल्यांकन से सहमत नहीं था, इसके बावजूद यह सबसे लोकप्रिय और प्रभावशाली विवरण बन गया। औपनिवेशिक विमर्श में गाँव एक आत्मनिर्भर समुदाय था, जहाँ भूमि पर सामुदायिक स्वामित्व था, और यहाँ विभिन्न प्रकार के पेशा करने वाले लोगों के बीच एक कार्यात्मक एकीकरण था। इस सन्दर्भ में इण्डेन ने यह लिखा है कि : 'प्रत्येक गाँव एक आन्तरिक विश्व था, एक पारम्परिक समुदाय था और इसकी अर्थव्यवस्था आत्मनिर्भर थी। इसके शासन का स्वरूप पितृसत्तात्मक था, और अपनी सीमा पर यह अन्य विरोधी गाँवों और तानाशाही सरकारों से घिरा हुआ था' (इण्डेन 1990 : 133)।

सर हेनरी मेन से लेकर कार्ल मार्क्स तक–तक़रीबन हर किसी ने बग़ैर किसी आलोचना के अपरिवर्तित सामुदायिक रिहाइश के रूप में भारतीय गाँव की रूढ़िबद्ध छवि को स्वीकार किया। जब मार्क्स और एंगेल्स ने द *न्यूयॉर्क डेली ट्रिब्यून* में 'जड़ भारत' पर अंग्रेज़ों के शासन के सम्भावित परिणामों के बारे में लिखा, तो उन्होंने भी भारतीय गाँव की इस रूढ़िबद्ध छवि को स्वीकार किया। इसी सन्दर्भ में उन्होंने यह सोचा कि भारत में अंग्रेज़ों का शासन एक सामाजिक क्रान्ति की स्थिति उत्पन्न कर सकता है। इस तरह, बहुत से सामाजिक सिद्धान्तकार भारतीय गाँव के सामाजिक संगठन को पूर्व–आधुनिक/पारम्परिक समाज का एक क्लासिक उदाहरण मानने लगें।

इसी प्रकार की परिकल्पना से राष्ट्रवादी विमर्श में भी विविध तरीक़ों, से गाँव को प्रामाणिक देशज जीवन का प्रतिनिधि मानने का विचार उत्पन्न हुआ। विभिन्न राष्ट्रवादी नेताओं के बीच अपने विचारधारात्मक रुझानों या राजनीतिक एजेण्डा के आधार पर असहमति और मतभेद थे। लेकिन इसके बावजूद 'गाँव' का विचार एक ऐसी केन्द्रीय श्रेणी बनी रही, जिसके द्वारा 'पारम्परिक' भारतीय सामाजिक जीवन को समझा गया। बहरहाल, अंग्रेज़ प्रशासकों के विपरीत, भारतीय राष्ट्रवादी आन्दोलन के नेताओं के लिए गाँव सिर्फ़ पहले से मौजूद एक सांस्कृतिक संरचना नहीं था। इसके बजाय, यह राजनीतिक का एक स्थान था। वे यह मानते थे कि 'गाँव' 'वास्तविक भारत' का प्रतिनिधित्व करता है। यह एक ऐसे राष्ट्र का प्रतिनिधित्व करता है, जिसे फिर से प्राप्त करने, मुक्त करने और बदलने की आवश्यकता थी। जहाँ गाँधी ने इसे 'प्रामाणिकता' के स्थान के रूप में देखा, वहीं नेहरू यह मानते थे कि गाँव भारत के 'पिछड़ेपन' के स्रोत और स्थान हैं। अम्बेडकर यह मानते थे कि गाँव शोषण का स्थान है जहाँ जाति की संस्था खुद को सबसे क्रूर और अमानवीय रूप में प्रस्तुत करती थी (देखें जोधका 2002)।

औपनिवेशिक शासन से आज़ादी के बाद, गाँव विभिन्न प्रकार के लोगों के लिए रुचि का विषय बना रहा। भारतीय राज्य ने ग्रामीण क्षेत्रों में विकास के कार्यक्रम आरम्भ किये। मीडिया, सिनेमा और टेलीविज़न में भी भारतीय गाँव काफ़ी प्रमुखता से सामने आता है। यह भारतीय समाज का अध्ययन करने वाले समाजवैज्ञानिकों के लिए पसन्दीदा स्थान रहा है। इसने विभिन्न प्रकार के विषयों और प्रश्नों के अध्ययन के लिए पद्धतिशास्त्रीय प्रवेश बिन्दु की भूमिका अदा की है।

ग्रामीण क्षेत्रों का मानवशास्त्रीय विवरण, 'गाँव अध्ययन'

1947 में भारत को औपनिवेशिक शासन से आज़ादी मिली। इसके बाद विकास प्रक्रियाओं की एक नयी शृंखला आरम्भ हुई, जिसने ग्रामीण समाज के अध्ययन का एक पूरी तरह से नया सन्दर्भ उपलब्ध कराया। गाँव और इसकी अर्थव्यवस्था नये राज्य की विकास नीति के सबसे महत्त्वपूर्ण लक्ष्यों में से एक थी। यद्यपि भारत में अर्थशास्त्रियों ने विकास के विमर्श में अग्रणी भूमिका निभाई, किन्तु समाजशास्त्रियों और सामाजिक मानवशास्त्रियों ने भारत के विभिन्न क्षेत्रों में रोज़मर्रा के ग्रामीण जीवन कीं ज़मीनी हक़ीक़तों

की जाँच–पड़ताल कीं। इस पुस्तक के प्रथम भाग के तेरह अध्याय इस प्रकार के अध्ययनों का बेहतरीन उदाहरण हैं।

अमूमन ये सभी अध्ययन प्रत्यक्ष फील्ड–वर्क (क्षेत्र–अध्ययन) पर आधारित हैं। अधिकांश मामलों में यह अध्ययन एक गाँव में किया गया तथा इसमें 'सहभागी पर्यवेक्षण' (पार्टिशिपेंट ऑब्ज़र्वेशन) की पद्धति का उपयोग किया गया है। इनमें सामाजिक मानवशास्त्रियों ने ग्रामीण लोगों के सामाजिक सम्बन्धों की संरचनाओं, संस्थात्मक स्वरूप, तथा विश्वास और मूल्य व्यवस्थाओं के बारे में लिखा है।[3] भारतीय गाँवों का अध्ययन पश्चिम अकादमिक जगत में किसानों के अध्ययन के बारे में जगी नयी रुचि का प्रत्यक्ष परिणाम था। द्वितीय विश्व युद्ध के बाद विऔद्योगीकरण के कारण बहुत से 'नये राज्यों' का उदय हुआ, जिसने समाज विज्ञान की अनुसन्धान प्राथमिकताओं पर गहरा प्रभाव डाला। नये राज्यों के रूप में उभरकर सामने आये 'तीसरी दुनिया' के इन देशों की सबसे महत्त्वपूर्ण विशेषता यह थी कि इनकी जनसंख्या का एक बड़ा हिस्सा जड़ खेतिहर क्षेत्र पर निर्भर था। औपनिवेशिक शासन से आज़ादी के संघर्ष ने भी इन समाजों की 'आम जनता' और 'अभिजनों' के बीच नवीन आकांक्षाओं को जन्म दिया। इनमें से कुछ देशों की आज़ादी के संघर्ष में किसानों ने महत्त्वपूर्ण भूमिका निभाई थी। इसलिए नयी राजनीतिक व्यवस्था का प्राथमिक एजेण्डा यह था कि उनकी 'पिछड़ी' और जड़ अर्थव्यवस्थाओं में परिवर्तन किया जाये। यद्यपि तीसरी दुनिया के देशों की रणनीतियों और प्राथमिकताओं में भिन्नता थी, किन्तु इनमें से अधिकांश देशों में 'आधुनिकीकरण' और 'विकास' साझा कार्यक्रम के रूप में सामने आये।

इसी ऐतिहासिक पृष्ठभूमि में पूरी दुनिया में विकास अध्ययन अकादमिक रुचि के सबसे महत्त्वपूर्ण विषयों में से एक बन गया। इससे यह उम्मीद की जाती थी कि यह सामाजिक–आर्थिक बदलाव के लिए प्रासंगिक आँकड़े और निर्देशात्मक ज्ञान उत्पन्न करेगा। पश्चिमी शक्तियों की भी इस बात में गहरी रुचि थी कि तीसरी दुनिया के विभिन्न देश विकास का कौन–सा 'पथ' चुनते हैं। दरअसल, बेचैनी का सबसे बड़ा कारण यह डर था कि ये देश विकास के समाजवादी रास्ते का चुनाव न कर लें, और इसके बाद मौजूदा 'सोवियत गुट' की ओर न चले जायें।

चूँकि तीसरी दुनिया के लोगों के बहुत से लोग खेती पर प्रत्यक्ष रूप से निर्भर थे, इसलिए खेतिहर सम्बन्धों की मौजूदा सरंचनाओं को समझने

और उन्हें बदलने के तरीक़ों और साधनों को तैयार करने को विकास अध्ययनों में महत्त्वपूर्ण प्राथमिकता के रूप में स्वीकार किया गया। तीसरी दुनिया के ग्रामीण क्षेत्रों में पश्चिम की राजनीतिक रुचि तथा आधुनिकीकरण और विकास सिद्धान्तों के बढ़ते प्रभावों के कारण किसान अर्थव्यवस्थाओं और समाजों के अध्ययन के लिए पश्चिमी देशों द्वारा काफ़ी बड़ी राशि उपलब्ध कराई गयी (सिल्वरमैन 1987 : 11)। सामाजिक मानवशास्त्र के अनुशासन में 'किसान वर्ग' (पीजॅन्ट्री) की अवधारणा प्रचलित हो गयी। एक ऐसे समय में, जब आदिम जनजातियाँ या तो विलुप्त होने की प्रक्रिया में थीं, या पहले से ही विलुप्त हो चुकी थीं, 'किसान–वर्ग' की 'खोज' ने सामाजिक मानवशास्त्र के अनुशासन को एक नया जीवन प्रदान किया (बेते 1974)।

एक सुप्रसिद्ध सामाजिक मानवशास्त्री रॉबर्ट रेडफील्ड ने यह तर्क दिया है कि किसान वर्ग को एक भिन्न प्रकार का सामाजिक संघटन मानना चाहिए। 'किसान समाज और संस्कृति में कुछ आनुवांशिक बातें निहित थीं। यह मानवता की एक ऐसी व्यवस्था है जिसमें पूरी दुनिया में कुछ समानता है' (रेडफील्ड 1965 : 17)। अपने इस विचार को और ज़्यादा विस्तार देते हुए वे लिखते हैं : '...एक किसान ऐसा व्यक्ति है जिसका भूमि के एक टुकड़े पर प्रभावशाली नियन्त्रण होता है, इससे वह परम्परा और संवेदना के बन्धन से लम्बे समय से जुड़ा रहा है। भूमि और किसान एक ही वस्तु, सम्बन्धों के एक पुराने स्थापित निकाय का अलग–अलग भाग हैं' (वही : 19)।

बहरहाल, आदिम जनजातीय समुदायों के विपरीत, किसान समाजों ने अधिशेष (सरप्लस) का उत्पादन भी किया, जिसे अमूमन शहर में शासकों के प्रभावशाली समूह को हस्तान्तरित किया गया (वोल्फ 1966 : 4)। इस तरह, सभ्यताओं के विकास के साथ किसान समाजों का उभार हुआ तथा किसान वर्ग द्वारा उत्पादित अधिशेष ने शहरों के शासक अभिजनों को क़ायम रखा। इसी धारा में लिखते हुए थियोडोर शानिन ने एक ठेठ किसान समाज के लिए 'आदर्श प्रकार' का विकास किया। उनके अनुसार, इसकी चार प्रमुख विशेषताएँ होती हैं, जो दुनिया के सभी भागों में भिन्न स्तरों में पायी जाती थीं। पहली और सबसे प्रमुख विशेषता यह थी कि एक बहुआयामीय सामाजिक संगठन में परिवार उत्पादन और उपभोग की बुनियादी इकाई था। दूसरा, भूमि पर खेती जीविका का प्रमुख साधन था।

तीसरा, एक विशिष्ट पारम्परिक संस्कृति थी, जो किसान समुदायों की जीवन–शैली से जुड़ी हुई थी। चौथा, समुदाय से बाहर रहने वाले एक अभिजन का किसान वर्ग पर प्रभुत्व था (शानिन 1987 : 3–5)।

द्वितीय विश्व युद्ध के बाद पश्चिम में समाज विज्ञान और विकास अध्ययनों में विकसित किसान समाज की अवधारणा, औपनिवेशिक विमर्श में निर्मित भारतीय गाँव की अवधारणा से काफ़ी मिलती–जुलती थी। जैसा कि ब्रेमन ने लिखा है, 'एशिया में किसान अर्थव्यवस्था की सामाजिक बुनियाद के रूप में 'ग्रामीण समुदाय' को चिन्हित किया गया (ब्रेमन 1988 : 1)। दरअसल, भारत के 'गाँव अध्ययन' में रॉबर्ट रेडफील्ड का प्रभाव काफ़ी स्पष्ट है। भारतीय गाँवों के अध्ययन में सबसे लोकप्रिय अवधारणा रेडफील्ड द्वारा प्रस्तुत 'छोटे समुदाय' (लिटिल कम्युनिटी) की अवधारणा ही है।

मानवशास्त्रियों (इनमें से अधिकांश या तो पश्चिम से थे या फिर पश्चिमी विश्वविद्यालयों में प्रशिक्षित भारतीय विद्वान थे) ने यह पाया कि गाँव अध्ययन के लिए एक प्रासंगिक विषय है। इसलिए 1950 के दशक के आरम्भ से उन्होंने क्षेत्र–अध्ययन (फील्ड–स्टडी) करना आरम्भ कर दिया। विभिन्न गाँवों के अलग–अलग विवरण प्रस्तुत करने वाले लघु निबन्ध भारतीय जर्नल द *इकोनॉमिक वीकली* में अक्टूबर 1951 से मई 1954 के बीच प्रकाशित हुए। इस जर्नल का प्रकाशन हाल में ही आरम्भ हुआ था तथा आगे चलकर इसे *इकानॉमिक ऍंड पॉलिटिकल वीकली* के नाम से जाना गया।[4]

समाजशास्त्रियों और सामाजिक मानवशास्त्रियों के साथ कुछ राजनीतिक वैज्ञानिकों, इतिहासकारों और अर्थशास्त्रियों ने भी ग्रामीण जीवन पर विस्तार से लिखा। मानवशास्त्री एक 'मध्यम'–आकार के गाँव को अध्ययन के लिए चुना, वहाँ वे एक से लेकर दो वर्ष की लम्बी अवधि तक रहे। इस पूरी प्रक्रिया के परिणामस्वरूप अन्त में सामाजिक और सांस्कृतिक जीवन का एक 'सम्पूर्ण' विवरण सामने आ पाया। इस प्रकार के अध्ययनों को मानवशास्त्रीय अध्ययन की श्रेणी में डालने वाली मुख्य विशेषता यह थी कि इसमें क्षेत्र–अध्ययन का घटक जुड़ा था और 'सहभागी पर्यवेक्षण' की पद्धति का उपयोग किया गया। पश्चिम के विद्वानों ने आँकड़ों के संग्रहण की इस पद्धति का विकास जनजाति समुदायों के अध्ययन के लिए किया था। गहन क्षेत्र–अध्ययन (फील्ड–वर्क) को सामाजिक मानवशास्त्र की सर्वप्रमुख विशेषता के रूप में देखा जाने

लगा। इसका एक मानकीय स्वरूप उभरकर सामने आया और इसका व्यवहार करने वाले अनुसन्धानकर्त्ताओं को इसी का अनुसरण करना था (बेते 1972; श्रीनिवास 1975)।

सामाजिक मानवशास्त्रियों ने इस तथ्य की ओर संकेत किया है कि क्षैतिज (हॉरिज़ॉन्टल) जुड़ावों के साथ ही साथ गाँव में एक ऊर्ध्व या लम्बवत (वर्टिकल) जुड़ाव की संरचना भी होती है; मसलन जाति–आधारित व्यवस्था के पदसोपान को इसका उदाहरण माना जा सकता है। यह माना जाता है कि भारत के अधिकांश भागों में एक आम ग्रामीण व्यक्ति के लिए गाँव और जाति उसकी पहचान के प्रमुख स्रोत रहे हैं। विभिन्न विद्वानों ने पहचान के इन दो स्रोतों पर अलग–अलग स्तर तक बल दिया है। मसलन, एम. एन. श्रीनिवास यह तर्क देते हैं कि उनके गाँव के निवासियों में गाँव से जुड़ाव की इतनी मज़बूत भावना थी कि कोई व्यक्ति अपने गाँव के अपमान को अपनी, अपनी पत्नी या अपने परिवार की बेइज़्ज़ती के रूप में देखता था (श्रीनिवास 1976 : 270)। इसी तरह, दुबे इस बात पर बल देते हैं कि :

> *सम्पूर्ण भारतीय उपमहाद्वीप में ग्रामीण समुदायों की कुछ साझा विशेषताएँ हैं। सामाजिक संगठन की एक इकाई के रूप में गाँव गोत्र, जाति और वर्ग से अलग एकजुटता का प्रतिनिधित्व करते हैं।....गाँव में रहने वाले विभिन्न जातियों और समुदायों के लोग इसकी आर्थिक, सामाजिक और कर्मकाण्डीय स्वरूप से, सामान्यतः स्वीकृत परम्पराओं से मान्यता प्राप्त और क़ायम रखे जाने वाले पारस्परिक दायित्वों के जुड़ाव से एक बन्धन में बँधे होते हैं। गाँव के भीतर समूहों और गुटों के अस्तित्व के बावजूद यहाँ के लोग संगठित और सुगठित रूप से बाहरी दुनिया का सामना कर सकते हैं, और वे ऐसा करते भी हैं।*
> (दुबे 1955ख : 202)

सबसे पहले वाइजर ने 'पारस्परिकता' (रेसीप्रोसिटी) की रूपरेखा में भारतीय गाँव में जाति समूहों के बीच के सामाजिक सम्बन्धों की अवधारणा प्रस्तुत की। यह अवधारणा उनकी क्लासिक पुस्तक *द हिन्दू जजमानी सिस्टम* में सामने आयी थी, जो सबसे पहले 1936 में प्रकाशित हुई थी। पारस्परिकता की रूपरेखा का अर्थ यह था कि यद्यपि गाँव का सामाजिक संगठन पदसोपानीय (हायरार्किकल) है, किन्तु विभिन्न जातियों

समूहों के बीच 'अन्तर्निर्भरता' गाँव की चेतना को अभिव्यक्त करती है। इन जातियों के बीच मतभेद थे, किन्तु ग्रामीण समुदाय अन्तर्निर्भरता के कारण एकजुट थे।

बाद में होने वाले अध्ययन ज़्यादा विस्तृत थे और उनमें ग्रामीण समाज में सामाजिक असमानता और भिन्नता के विविध रूपों का लम्बा विवरण था। लेकिन इसके बावजूद इनमें से बहुत से अध्ययनों ने, विशेष रूप से गाँव के सामाजिक जीवन की एकता की अवधारणा तैयार करने के लिए पारस्परिकता की रूपरेखा का उपयोग किया। मसलन, श्रीनिवास ने गाँव के सामाजिक संगठन की बुनियादी विशेषताओं के रूप में 'ज़मींदार और जोतदार के बीच, मालिक और नौकर के बीच तथा साहूकार और कर्ज़दार के बीच' 'लम्बवत (वर्टिकल) जुड़ावों' के अस्तित्व को स्वीकार किया। लेकिन उन्होंने इन सम्बन्धों को अनिवार्य रूप से टकरावयुक्त या शोषणकारी प्रकृति का नहीं माना। इसके विपरीत, इस तरह के जुड़ावों के परिणामस्वरूप जाति समूहों की अन्तर्निर्भरता ने गाँव को परिभाषित किया (श्रीनिवास 1976 : 185)।

बहरहाल, श्रीनिवास, दुबे या वाइजर की तरह हर किसी ने गाँव के जीवन में एकता पर बल नहीं दिया। कुछ मानवशास्त्रियों ने स्पष्ट रूप से गाँव में एकता होने की थीसिस की आलोचना की, वहीं कई अन्य मानवशास्त्रियों ने अपने तर्कों में इस पहलू को भी स्थान दिया कि गाँव के भीतर संघर्ष का अस्तित्व होता है साथ ही, बाहरी दुनिया से गाँव के जुड़ाव में भी संघर्ष निहित है। मसलन, पॉल हिबर्ट ने एक दक्षिण भारतीय गाँव के अपने अध्ययन में यह तर्क दिया कि जाति व्यवस्था ने गाँव को स्थिरता का स्रोत उपलब्ध कराया, लेकिन उन्होंने इस तथ्य को भी रेखांकित किया कि 'गाँव की ऊपर से दिखने वाली एकता में बहुत गहरी दरारें हैं तथा गाँव बहुत से सामाजिक समूहों में विखण्डित है' (हिबर्ट 1971 : 13)। इसी तरह, मजूमदार ने भी इस बात पर बल दिया है कि 'भारतीय स्थितियों में गाँवों को एक सीमित स्तर तक ही एकीकृत सम्पूर्णता, एक जीवनशैली, चिन्तन और भावना के रूप में माना जा सकता की है' (मजूमदार 1958 : 325)।

भारतीय गाँव में सामुदायिक एकता के विचार को प्रश्नांकित करने वाले मानवशास्त्रियों में लेविस और बेली भी शामिल थे। लेविस ने भारत

के 'ग्रामीण समुदाय' की तुलना अमेरिकी पड़ोस से करते हुए यह विचार व्यक्त किया कि :

> *...जाति व्यवस्था गाँव को विभाजित करती है और गाँव में एकजुटता की भावना को कमज़ोर करती है। अमूमन जाति एक विशिष्ट जातीय समूह का प्रतिनिधित्व करती है, जिसका अपना इतिहास, परम्परा और पहचान होती है। और प्रत्येक जाति कमोबेश गाँव के अलग–अलग भागों में निवास करती है...प्रत्येक जाति एक पृथक् छोटे समुदाय का निर्माण करती है। (लेविस 1958 : 314)*

इसी तरह, एफ. जी. बेली ने 'एकता–पारस्परिकता' थीसिस की रैडिकल समीक्षा उपलब्ध कराई, और उन्होंने जाति सम्बन्धों के बल–प्रयोग पर आधारित आयामों को रेखांकित किया (बेली 1960 : 258)। कुछ अन्य विद्वानों ने जजमानी व्यवस्था तथा पारस्परिकता और पदसोपान के मौजूदा मूल्यों की वैकल्पिक व्याख्या प्रस्तुत की। उन्होंने यह तर्क दिया कि प्रभुत्वशाली ज़मींदार आनुवांशिक दायित्वों और पेशागत कर्त्तव्यों का उपयोग पूर्व–पूँजीवादी/सामन्तवादी सम्बन्धों के स्थानीय रूप का स्थायीकरण करने के लिए करते हैं (बीडेलमैन 1959 : 6; ड्ज़ुरफेल्ड्ट और लिंडबर्ग 1976 : 42)। किन्तु इस प्रकार के आलोचनात्मक दृष्टिकोण मोटे तौर पर हाशिये पर ही रहे। 1970 के दशक तक ग्रामीण भारत के बारे में होने वाले समाजशास्त्रीय और सामाजिक मानवशास्त्रीय लेखन पर कार्यवादी दृष्टिकोण (फंक्शनलिस्ट पर्सपेक्टिव) का ही प्रभुत्व रहा।

कार्यवादी दृष्टिकोण के प्रभुत्व के बावजूद 1950 और 1960 के दशक के गाँव अध्ययनों में भारतीय समाज विज्ञान के इतिहास में महत्त्वपूर्ण मील का पत्थर थे। इन अध्ययनों ने औपनिवेशिक प्रशासकों के द्वारा भारतीय गाँव के बारे में बनाई गयी लोकप्रिय रूढ़िबद्ध धारणाओं को चुनौती थी। इन्होंने यह स्पष्ट किया कि औपनिवेशिक शासन द्वारा खेती सम्बन्धी नये क़ानून बनाने से पहले से ही गाँव अपने क्षेत्र की व्यापक अर्थव्यवस्था और समाज से अच्छी तरह से जुड़े हुए थे। इन्होंने यह भी रेखांकित किया कि देश के विभिन्न भागों में गाँव के सामाजिक जीवन के संगठन में क्षेत्रीय भिन्नता है।

हिन्दू धर्मग्रन्थों द्वारा सैद्धान्तीकृत वर्ण व्यवस्था का आदर्शीकृत प्रतिमान

ग्रामीण जीवन की ठोस हक़ीक़त से बिल्कुल ही अलग था। निश्चित रूप से, जाति भारतीय गाँवों की एक महत्त्वपूर्ण संस्था थी, तथा बहुत से अध्ययनों में अन्य भिन्नताओं की तुलना में जाति की भिन्नता को वरीयता दी गयी। लेकिन इसके बावजूद, अनुभवसिद्ध अध्ययनों ने यह दिखाया कि यह पूरी तरह से बन्द और सख़्त तरीक़े से परिभाषित व्यवस्था नहीं थी। जाति सम्बन्धी नियम भी विशिष्ट रूप से कर्मकाण्डीय पदसोपान में किसी की स्थिति से तय नहीं होते थे, और इस व्यवस्था में बहुत से नकारात्मक और विवादित क्षेत्र थे। सबसे ख़ास बात यह है कि गाँव अध्ययन ने भारतीय समाज की समाज वैज्ञानिक समझ में क्षेत्र–अध्ययन (फील्ड–वर्क) की उपयोगिता को साबित किया। आंशिक रूप से, गाँव अध्ययनों की सफलता के कारण ही क्षेत्र–अध्ययन को भारत में समाज विज्ञान के अन्य अनुशासनों में सम्मान दिया जाने लगा।

मध्यकालीन भारत के खेतिहर सम्बन्धों और ग्रामीण जीवन पर ऐतिहासिक अनुसन्धानों ने इन सूत्रीकरणों को बढ़ावा दिया। इन अध्ययनों ने यह स्पष्ट किया कि पूर्व–औपनिवेशिक दौर में भी ग्रामीण जीवन की प्रकृति विविधतापूर्ण और विभेदीकृत थी। इतिहासकारों ने पूर्व–औपनिवेशिक खेतिहर अर्थव्यवस्था की सामुदायिक प्रकृति और निजी सम्पत्ति का अभाव होने सम्बन्धी मान्यताओं को प्रश्नांकित किया। उन्होंने अपने अनुसन्धान के माध्यम से यह दिखाया कि सतही तरीक़े से देखने पर ऐसा लगता है कि भूमि पर सामुदायिक नियन्त्रण था, किन्तु भूमि पर अधिकार काफ़ी हद तक विभेदीकृत थे। चूँकि काफ़ी बड़ी मात्रा में भूमि उपलब्ध थी, इसलिए भारत के ग्रामीण क्षेत्रों के अधिकांश भागों में भूमि की ख़रीद–बिक्री नहीं होती थी। किन्तु हर किसी को खेती करने या भूमि से पैदा होने वाले अनाज पर बराबर अधिकार नहीं था। ये अधिकार प्रथाओं पर आधारित थे, या राज्य के आदेश से तय होते थे (नील 1962 : 21)। मुग़ल काल के बारे में लिखते हुए इरफान हबीब ने यह बताया है कि इन अधिकारों को ख़रीदा या बेचा जा सकता था (हबीब 1963 : 154)। 'गाँव अपनी ज़मीन को साझी ज़मीन के रूप में नहीं रखता था। साझी ज़मीन के लिए अधिकारी और सेवक होते थे' (नील 1962 : 21)।

पूर्व–औपनिवेशिक गाँव राजस्व अधिकारियों के माध्यम से केन्द्रीय प्राधिकार (सेंट्रल अथॉरिटी) से जुड़ा हुआ था। 'मध्यकालीन' समय में भू–राजस्व अधिशेष विनियोग की सर्वप्रमुख पद्धति थी। मुग़ल अधिकारियों ने

भू–राजस्व की दर तय करते समय भूमिपतियों के वर्गों के बीच अन्तर किया। ज़मींदारों या मुखिया या राज्य द्वारा अनुग्रह प्राप्त समुदायों के भूमिपतियों को प्रति इकाई कम भू–राजस्व देना होता था (कुमार 1992 : 329–40)।

पूर्व–औपनिवेशिक खेतिहर सम्बन्ध भी संघर्षों और तनावों से मुक्त नहीं थे। जब भी राजस्व की माँग असहनीय हो गयी, तो एक क्षेत्र के किसानों ने बड़े समूहों में ऐसे क्षेत्र में पलायन कर लिया, जहाँ खेती करने के लिए ज़्यादा अनुकूल माहौल था (हबीब 1963; मूर 1966 : 332)। किसान वर्ग द्वारा स्थानीय शासकों के ख़िलाफ़ विद्रोह करने के भी कई उदाहरण मौजूद हैं। किन्तु इनमें से अधिकांश विद्रोह असंगठित थे तथा किसी धार्मिक विचारधारा या किसी बड़े सपने से प्रेरित थे (धनाग्रे 1983 : 29)।

ग्रामीण विकास

1947 में औपनिवेशिक शासन से आज़ादी ने ग्रामीण भारतीय समाज और इसकी खेतिहर अर्थव्यवस्था के इतिहास में कई तरह से नये चरणों का आगाज़ किया। भारतीय राज्य औपनिवेशिक शासन के ख़िलाफ़ एक दीर्घकालिक संघर्ष से उभरकर सामने आया था, जिसमें विभिन्न सामाजिक श्रेणियों के लोगों ने भागीदारी की थी। भारतीय राज्य ने अपनी जड़ और पिछड़ी अर्थव्यवस्था के बदलाव का कार्य भी अपने हाथों में लिया ताकि वह यह सुनिश्चित कर सके कि आर्थिक संवृद्धि के लाभ पर समाज के एक तबके का ही एकाधिकार न रहे। इस पृष्ठभूमि में 'विकास' आर्थिक परिवर्तन की एक रणनीति और नयी शासन–व्यवस्था की विचारधारा के रूप में सामने आया (देखें इस पुस्तक के भाग 2 में संकलित अध्याय)।

बहरहाल, राजनीतिक व्यवस्था में बहुत ही बुनियादी अर्थ में बदलाव हो जाने के बाद भी ज़मीनी स्तर पर औपनिवेशिक शासन के दौरान विकसित हुई संरचनाओं का अस्तित्व बना रहा। एक लम्बी अवधि के दौरान ग्रामीण क्षेत्र में जो स्थानीय हित सामने आये थे, वे राजनीतिक वातावरण के बदल जाने के बाद भी क़ायम रहे। भारत की आज़ादी के आन्दोलन के नेताओं के लिए 'खेतिहर प्रश्न' विचार–विमर्श का एक महत्त्वपूर्ण मुद्दा था। मसलन, इसके आरम्भिक दौर में ही रानाडे और दत्त ने बहुत विस्तार से इस बात पर वाद–विवाद किया कि औपनिवेशिक शासन की समाप्ति के बाद किस तरह भारतीय समाज और अर्थव्यवस्था को पुनर्संगठित किया जाना चाहिए (देखें जोशी 1987)।

आज़ादी के संघर्ष के आख़िरी वर्षों में 'भूमि प्रश्न' सबसे तीखे वाद–विवाद का विषय बन गया। नियोजन और विकास के विमर्श में भूमि सुधार के प्रश्न ने काफ़ी अकादमिक रुचि और वाद–विवाद को जन्म दिया। खेती में आधुनिकीकरण की शुरुआत करने के लिए इन्हें आवश्यक माना गया। भारतीय राज्य ने भूमि के पुनर्वितरण के माध्यम से खेतिहर सम्बन्धों को नये सिरे से संगठित करने का प्रयास किया, लेकिन इसने ऐसा विस्तृत और रैडिकल तरीक़े से नहीं किया। जोशी ने इन्हें 'आंशिक या अनुभागीय सुधारों' के रूप में वर्णित किया (जोशी 1987 : 56)। भारत सरकार ने अपने राज्यों को यह निर्देश दिया कि वे मध्यवर्ती भूमि अधिकारों को ख़त्म करें, लगान और जोतदारी अधिकारों का नियमन करें, जोतदारों को स्वामित्व अधिकार प्रदान करें, भूमि स्वामित्व की मात्रा की सीमा तय करें, अतिरिक्त भूमि को ग्रामीण ग़रीबों में वितरित करें तथा उनके स्वामित्व को मज़बूती प्रदान करने में सहायता करें। बहुत ही अल्प समय में राज्य सरकारों द्वारा बहुत से क़ानून बनाये गये। थॉर्नर के अनुसार, इन क़ानूनों की संख्या इतनी ज़्यादा थी कि यह कहा जा सकता था कि 'दर्ज़ इतिहास में किसी भी अन्य देश की तुलना में भारत में इतने कम वर्षों में सबसे ज़्यादा क़ानून बने' (थॉर्नर 1956 : 14)।

बहरहाल, इन क़ानूनों का वास्तविक क्रियान्वयन और खेतिहर संरचना पर उनका प्रभाव पूरी तरह से एक अलग कहानी है। अधिकांश क़ानूनों में जानबूझकर कमियाँ छोड़ दी गयी थीं। इनके मदद से प्रभुत्वशाली भूमिपति भूमि दस्तावेज़ों के साथ छेड़खानी कर सकते थे। बहुत से बड़े भूमिपतियों ने कागज़ पर अपनी ज़मीन को अपने रिश्तेदारों में वितरित कर दिया, तथा जोतदारों को बेदखल कर दिया। इस तरह, ऐसे तरीक़ों का प्रयोग करके वे इस क़ानून से बच गये। ठोस 'राजनीतिक इच्छाशक्ति' के अभाव में (जोशी 1976) भूमि सुधार सिर्फ़ उन्हीं क्षेत्रों में सफल हो पाया, जहाँ किसान वर्ग राजनीतिक रूप से गोलबन्द था, और वह नीचे दबाव डाल पाया (राधाकृष्णन 1989)।

कुल मिलाकर भूमि सुधार नाकाम रहा, किन्तु इसे ग्रामीण समाज पर अनुपस्थित ज़मींदारों की पकड़ को कमज़ोर करने में कामयाबी मिली। साथ ही इसने 'प्रभुत्वशाली राजनीतिक और आर्थिक समूहों के रूप में मज़बूत किसानों और छुटभैये ज़मींदारों' के उभार में सहायता प्रदान की (बेल 1974 : 196)। मसलन, राजस्थान के एक गाँव में 'जागीरों (मध्यवर्ती

अधिकारों) का उन्मूलन' सन्तोषजनक नहीं था, लेकिन इसने भू–स्वामित्व के सम्पूर्ण स्वरूप तथा स्थानीय और क्षेत्रीय सत्ता संरचनाओं में काफ़ी बदलाव किया। पूर्व–ज़मींदार राजपूतों के पास अब भूमि सुधार के पहले के दौर की तुलना में काफ़ी कम ज़मीन रह गयी। गाँव की अधिकांश ज़मीन उन किसानों के हाथ में चली गयी, जिन्हें छोटे या मध्यम भूमिपतियों की संज्ञा दी जा सकती थी। एक महत्त्वपूर्ण गुणात्मक परिवर्तन यह हुआ कि अधिकांश ज़मीन पर अब किसान ख़ुद खेती करने लगे तथा जोतदारी की परिघटना में काफ़ी गिरावट आयी (चक्रवर्ती 1975 : 97–98)। बहुत से बड़े भूमिपतियों ने अपनी ज़मीन खोने के डर से या तो अपनी ज़मीन को बेच दिया या फिर इसे इस तरह से पुनर्संगठित किया कि वह भूमि सम्बन्धी क़ानूनों से बच सकें (बाइरेस 1974)।

बहरहाल, ग्रामीण क्षेत्र में पूर्व–'अछूत' जाति से सम्बन्धित लोगों को बहुत कम भूमि मिली। इसी तरह, भूमि सुधार 'जेंडर–अंधता' का शिकार थे। बहुत कम महिलाओं को सम्भावित स्वतन्त्र किसानों के रूप में मान्यता दी गयी। अधिकांश मामलों में लाभार्थी परिवारों में पुरुषों को ही भूमि का मालिकाना पट्टा दिया गया। इस तरह, मुख्य रूप से मध्यम स्तर के जाति समूहों से पुरुषों को ही भूमि सुधारों का लाभ हुआ। ये खेती को अपना पारम्परिक जातिगत पेशा मानते थे। यद्यपि प्राथमिक रूप से परिवार के भीतर भूमि स्वामित्व का विभाजन होने के कारण छोटे और मध्यम आकार के भू–स्वामियों के अनुपात में वृद्धि हुई, फिर भी, भारत में भूमि स्वामित्व की संरचना काफ़ी हद तक असमान बनी रही।

जहाँ यह माना गया कि भूमि सुधार द्वारा ज़मींदारी की समस्या का सामना किया जा सकता है, वहीं किसानों पर साहूकारों की जकड़न को कमज़ोर करने के लिए संस्थात्मक स्रोतों से कर्ज़ देने की व्यवस्था की गयी। पहले इसके लिए उधारदाता संगठनों की और फिर व्यावसायिक बैंकों के राष्ट्रीयकरण के बाद उनकी मदद ली गयी। स्वतन्त्रता प्राप्ति के तुरन्त बाद किये गये एक आधिकारिक सर्वेक्षण से यह निष्कर्ष सामने आया कि अनौपचारिक स्रोतों द्वारा किसानों की कर्ज़ की कुल आवश्यकता के 91 प्रतिशत को पूरा किया जा रहा था (आरबीआई 1969 : 15)। इसका बड़ा हिस्सा (69.7 प्रतिशत) सूदख़ोर साहूकारों द्वारा उपलब्ध कराया जा रहा था। भारतीय राज्य ने इस हालात को मद्देनजर रखते हुए सहकारी ऋण

समितियों के नेटवर्क का विस्तार करने की योजना बनाई। इसके अलावा, व्यावसायिक बैंकों पर पहले 'सामाजिक नियन्त्रण' थोपा गया, और फिर उनका राष्ट्रीयकरण किया गया, और उनसे यह कहा गया कि वे खेतिहर क्षेत्र को प्राथमिकता के आधार पर उधार उपलब्ध करायें। समय बीतने के साथ, ग्रामीण परिवारों की अनौपचारिक स्रोतों पर निर्भरता में काफ़ी कमी आयी है। जहाँ 1961 में कुल उधार आवश्यकता का औसतन 18.4 प्रतिशत संस्थात्मक स्रोतों द्वारा उपलब्ध कराया जा रहा था, वहीं 1981 में यह मात्रा बढ़कर 62.6 प्रतिशत हो गयी (गाडगिल 1986 : 296)।

बहरहाल, यह पूरी कहानी नहीं है। सहकारी ऋण समितियों के मूल्यांकन अध्ययनों से यह पता चलता है कि उन्होंने ज़्यादातर ऋण ग्रामीण समाज के तुलनात्मक रूप से अच्छी स्थिति वाले लोगों को दिया। दूसरी ओर, ग़रीब लोग ज़्यादा महँगे अनौपचारिक स्रोतों पर निर्भर रहें (थॉर्नर 1964; ऑमेन 1984)। इसकी व्याख्या भूमि के पट्टे की तत्कालीन संरचना के आधार पर की गयी (हेरिंग 1977)। इसकी प्रतिक्रिया के रूप में राज्य ने सहकारी समितियों के नौकरशाहीकरण को बढ़ावा दिया। यद्यपि इससे कुछ क्षेत्रों में उधार समितियाँ बड़े भूमिपतियों के नियन्त्रण से मुक्त हुईं, किन्तु नौकरशाहीकरण के कारण भ्रष्टाचार में अत्यधिक वृद्धि हुई, और ये समितियाँ जिनकी सेवा के लिए गठित की गयी थीं, उनके बीच इन समितियों के प्रति उदासीनता बढ़ गयी (जोधका 1995क) और यद्यपि ग्रामीण क्षेत्र के अमीरों ने बैंकों को कभी नियन्त्रित नहीं किया, लेकिन उनके द्वारा दिये जाने वाले उधार का फ़ायदा मुख्य रूप से बड़े किसानों को ही मिला (जोधका 1995ख)। हालाँकि, संस्थात्मक ऋण के ग्रामीण ग़रीब के ख़िलाफ़ निहित पूर्वग्रह होने के बावजूद इसकी उपलब्धता ने हरित क्रान्ति की सफलता में महत्त्वपूर्ण भूमिका निभाई। इसके अलावा, इससे ग्रामीण सत्ता संरचना में पेशेवर साहूकारों के हाशियाकरण में भी सुनिश्चित रूप से मदद मिली।

विकास की एक रणनीति के रूप में, सामुदायिक विकास कार्यक्रम अवधारणात्मक रूप से भूमि सुधार और किसानों को सस्ते संस्थात्मक ऋण उपलब्ध कराने के विचार से काफ़ी अलग था। जहाँ पहले के कार्यक्रमों ने संस्थावादी दृष्टिकोण को प्रदर्शित किया, वहीं सामुदायिक विकास कार्यक्रम ग्रामीण विकास के उत्पादनवादी दृष्टिकोण से सामने आया था।

यह संयुक्त राज्य अमेरिका के खेती विस्तार सेवा से प्रभावित था (दुबे 1958 : 8)। यह एक ऐसे समरसतापूर्ण गाँव समाज की अवधारणा पर आधारित था जिसमें कोई ख़ास आन्तरिक मतभेद या हितों का टकराव न हो (धनाग्रे 1984)। इसमें गाँव के असमान शक्ति सम्बन्धों का बहुत कम उल्लेख किया गया था। इसका लक्ष्य यह था कि खेतिहर उत्पादन में महत्त्वपूर्ण वृद्धि की जाये और बुनियादी सेवाओं में सुधार किया जाये। यह माना गया कि इससे आगे चलकर गाँवों के सामाजिक और राजनीतिक जीवन में बदलाव आयेगा (दुबे 1958)। इसकी बुनियादी मान्यता यह थी कि 'भारतीय किसान अपनी स्वतन्त्र इच्छा और ज़रूरतों के कारण तकनीकी सुधारों को तत्काल ही स्वीकार कर लेगा' (मूर 1966 : 401)।

इस कार्यक्रम की शुरुआत 2 अक्टूबर, 1952 को कुछ चुनिन्दा प्रखण्डों में की गयी, और जल्द ही इसका विस्तार पूरे देश में कर दिया गया। बहरहाल, जिस उत्साह के साथ इस कार्यक्रम की शुरुआत की गयी थी, वह बहुत लम्बे समय तक क़ायम नहीं रह सका। खेतिहर बदलाव के एक ग़ैर–राजनीतिक दृष्टिकोण के कारण सिर्फ़ उन लोगों को मदद मिली, जो पहले से ही गाँवों में शक्तिशाली थे। ग्रामीण अभिजनों के एक छोटे तबके ने अधिकांश लाभों को हड़प लिया।

यद्यपि भारत सरकार द्वारा शुरू किये गये ग्रामीण विकास के आरम्भिक कार्यक्रमों को अपेक्षित कामयाबी नहीं मिली, लेकिन उन्होंने सामाजिक और आर्थिक परिवर्तन की स्थितियाँ तैयार कीं, जिसके कारण देश के कुछ भागों में हरित क्रान्ति हुई। स्वतन्त्रता प्राप्ति के बाद के दौर में आरम्भ किये गये सभी विकासात्मक कार्यक्रमों में हरित क्रान्ति सबसे ज़्यादा सफल हुई है। पूरी दुनिया में इसकी चर्चा हुई है, तथा अकादमिक जगत में भी इस पर काफ़ी विस्तार से अध्ययन और वाद–विवाद होता रहा है। हरित क्रान्ति के कारण खेतिहर उत्पादन में अत्यधिक वृद्धि हुई, जिसने भारत की खाद्य समस्या को तक़रीबन हल कर दिया। इसने भारतीय गाँवों में महत्त्वपूर्ण सामाजिक और राजनीतिक परिवर्तन किये, और एक अर्थ में इसने भारत में 'खेतिहर क्रान्ति' की।

शुद्ध आर्थिक सन्दर्भ में खेतिहर क्षेत्र में प्रति वर्ष 3–5 प्रतिशत तक की संवृद्धि हुई (बाइरेस 1972), यह औपनिवेशिक दौर में होने वाली संवृद्धि (1 प्रतिशत से भी कम) से कई गुना ज़्यादा थी। इसने खेतिहर बदलाव के बारे में पूरी तरह से तकनीकी स्तर पर विचार किया, तथा यह संवृद्धि दर

के बारे में 'रिसाव' (ट्रिकल डाउन) सिद्धान्त पर आधारित था। जानबूझकर 'हरित क्रान्ति' शब्दावली का प्रयोग किया गया, ताकि इसे 'लाल क्रान्ति' से अलग दिखाया जा सके। यह इस दृढ़ विश्वास पर आधारित था कि 'विज्ञान और तकनीक के शान्तिपूर्ण प्रयोग तथा आधुनिकीकरण के आर्थिक लाभों के माध्यम से खेती में परिवर्तन लाया जा सकता है। ऐसा करने से तीव्र परिवर्तन के साथ अमूमन जुड़ी व्यापक उथल–पुथल और अव्यवस्था से भी बचा जा सकता है' (फ्रैंकेल 1971 : v)। इसकी संकल्पना तैयार करने और इसे लागू करने में अमेरिका ने सक्रिय भूमिका निभाई। बहुत से विद्वानों ने यह तर्क दिया है कि उस समय अमेरिका का तीसरी दुनिया की बदलती सामाजिक और आर्थिक स्थितियों में रणनीतिक भू–राजनीतिक हित था, जिसके कारण उसने भारत में 'हरित क्रान्ति' में सहायता की (हैरिस 1987)।

सबसे पहले 1960 के दशक के आख़िर में 'हरित क्रान्ति' शब्द का प्रयोग किया गया। इसका लक्ष्य विकासशील देशों में उच्च उत्पादन करने वाले बीजों के प्रयोग के प्रभावों को वर्णित करना था। लेकिन 'हरित क्रान्ति' सिर्फ़ इस तरह के बीजों के प्रयोग से ही सम्बन्धित नहीं थी। बल्कि यह एक पैकेज के रूप में थी, जिसमें कई अन्य पहलू भी सम्मिलित थे। नये किस्म के बीजों को उर्वरता बढ़ाने वाले कई अन्य कारकों की आवश्यकता थी। मसलन, इनके लिए रासायनिक उर्वरकों, नियन्त्रित सिंचाई की स्थितियों तथा पौधों की सुरक्षा करने वाले रसायनों अर्थात् कीटनाशकों की आवश्यकता थी। इस पैकेज के अन्य घटकों में सस्ता संस्थात्मक ऋण उपलब्ध कराना, अच्छी क़ीमतें देना और बाज़ार की सुविधाएँ उपलब्ध कराना शामिल था। स्थानीय खेतों में नयी तकनीक के प्रयोग का समर्थन करने के लिए नये कार्यक्रम के अन्तर्गत चुने गये क्षेत्रों में बड़ी संख्या में कृषि विश्वविद्यालयों की स्थापना की गयी। फोर्ड फ़ाउण्डेशन के प्रत्यक्ष पर्यवेक्षण में 1961 गहन कृषि विकास कार्यक्रम (इनटेंसिव एग्रीकल्चरल डेवलपमेंट प्रोग्राम–आईएडीपी) की शुरुआत की गयी। आरम्भ में, प्रयोग के तौर पर 14 ज़िलों में इस कार्यक्रम को शुरू किया गया। बाद में, 1965 में गहन कृषि क्षेत्र कार्यक्रम (इनटेंसिव एग्रीकल्चर एरियाज प्रोग्राम–आईएएपी) के अन्तर्गत इसका विस्तार 114 ज़िलों में किया गया (कुल ज़िलों की संख्या 325 थी)।

इसके समर्थकों ने यह तर्क दिया कि नयी तकनीक 'पैमाना तटस्थ' (स्केल न्यूट्रल) है अर्थात् बड़े और छोटे–दोनों तरह के भूमिपति इसका

लाभ उठा सकते थे। लेकिन वास्तविक रूप में इसे लागू करते समय यह पाया गया कि इस तरह के तकनीकी बदलाव कम खेत रखने वाले किसानों के लिए उपयुक्त नहीं थे। दक्षिण भारत में अपने क्षेत्र–अध्ययन (फील्ड वर्क) के दौरान जोआन मेंचर ने यह पाया कि सम्बन्धित कृषि अधिकारी तटस्थ नहीं थे। 'उन्हें यह लगता था कि हरित क्रान्ति को बढ़ावा देने के लिए यह आवश्यक है कि छोटे किसानों की ओर ध्यान न दिया जाये···क्योंकि वे वास्तव में उत्पादन में वृद्धि करने में योगदान नहीं दे सकते थे। ये अधिकारी मानते थे कि प्रगतिशील किसान वे हैं जिनके पास ज़्यादा खेत हैं और जिनकी आर्थिक स्थिति अच्छी है (मेंचर 1978 : 239–40)। हालाँकि रोचक बात यह है कि पंजाब के एक अध्ययन ने यह दिखाया है कि छोटे भूमिपति सिर्फ़ नयी तकनीक को अपनाने के लिए ही उत्सुक नहीं थे, बल्कि एक एकड़ की भूमि से होने वाली उनकी आय बड़े किसानों की तुलना में थोड़ी ज़्यादा ही थी (भल्ला और चड्ढा 1983 : 78)।

बहरहाल, छोटे किसानों के लिए हरित क्रान्ति में भागीदारी करने का अर्थ बड़े किसानों की तरह नहीं था। जहाँ बड़े किसानों के पास इतना अधिशेष था कि वे ज़्यादा पूँजी की माँग करने वाली नयी खेती में निवेश कर सकें, वहीं छोटे भूमिपतियों की उधार पर निर्भरता बढ़ गयी, और विशेष तौर पर उन्हें अनौपचारिक स्रोतों से उधार लेना पड़ा। यद्यपि सैद्धान्तिक रूप से नयी तकनीक 'पैमाना तटस्थ' थी, वहीं निश्चित रूप से यह 'संसाधन तटस्थ' नहीं थी (हैरिस 1987 : 231)। नयी तकनीक ने हर किसी को अनिवार्य रूप से बाज़ार में सम्मिलित कर दिया। पारम्परिक खेती के विपरीत, हरित क्रान्ति के बाद की खेती में किसानों को खेती में प्रयुक्त होने वाली प्रत्येक वस्तु बाज़ार से ख़रीदनी पड़ती थी। इसके लिए अमूमन उन्हें व्यापारियों या संस्थात्मक स्रोतों से ऋण लेना पड़ा। ऐसे में, वे भले ही अपनी फ़सल को अपने उपभोग के लिए रखना चाहते थे किन्तु इस ऋण को चुकाने के लिए उनके पास अपनी उपज को बाज़ार में बेचने के अलावा कोई अन्य उपाय नहीं था। उन्हें अपनी फ़सल की कटाई के तुरन्त बाद ही उसे कम क़ीमत पर बाज़ार में बेचना पड़ता था, और बाद में अपने खाने के लिए उन्हें ज़्यादा ऊँची क़ीमत पर अनाज ख़रीदना पड़ता था। इस तरह, भले ही छोटे किसानों ने नयी तकनीक को अपनाया, लेकिन उनके संसाधन सीमित थे इसलिए वे नये तरीक़े से अन्य स्रोतों पर निर्भरताओं के शिकार हो गयें।

दूसरी ओर, इसने अमीर किसानों की आर्थिक और राजनीतिक स्थिति को मज़बूती प्रदान की।

वर्तमान में ग्रामीण भारत

शायद हरित क्रान्ति की सबसे बड़ी उपलब्धि यह थी कि इसने देश को खाद्य सुरक्षा की गम्भीर समस्या को हल करने में समर्थ बनाया। बहरहाल, अनाजों के उत्पादन में महत्त्वपूर्ण वृद्धि होने के बावजूद भारत की जनसंख्या का एक बड़ा हिस्सा ग़रीब और वंचित बना रहा। इसका लाभ ग्रामीण जनसंख्या के कुछ तबकों तक ही सीमित रहा। जब विकास योजनाकारों को 'रिसाव' (ट्रिकल डाउन) सिद्धान्त की सीमाओं का अहसास हुआ तो उन्होंने ग़रीबों के लिए लक्षित–समूह केन्द्रित कार्यक्रम की शुरुआत की। एकीकृत ग्रामीण विकास कार्यक्रम (इंटिग्रेटेड रूरल डेवलपमेंट प्रोग्राम–आईआरडीपी) और बाद में महात्मा गाँधी राष्ट्रीय ग्रामीण रोज़गार गारण्टी योजना (महात्मा गाँधी नैशनल रूरल इम्पलॉयमेंट गारंटी स्कीम–मनरेगा) इसी प्रकार की पहल का उदाहरण हैं।

नयी तकनीक के साथ एक अन्य समस्या यह थी कि सिर्फ़ उत्तरी, पश्चिमी और दक्षिणी राज्यों के चुनिन्दा भागों में ही इनका प्रयोग आरम्भ किया गया। मध्य और पूर्वी भारत में बहुत ज़्यादा खेतिहर संवृद्धि नहीं हुई। दूसरे शब्दों में, हरित आन्दोलन ने विभिन्न राज्यों के बीच क्षेत्रीय असमानता में बढ़ोतरी की।

ग्रामीण विकास के कार्यक्रम के रूप में हरित क्रान्ति में आर्थिक संवृद्धि की अत्यन्त सीमित परिकल्पना थी। आर्थिक परिवर्तन के सामाजिक, राजनीतिक और सांस्कृतिक प्रभावों पर कोई विचार नहीं किया गया था। इसलिए इसकी गति ज़्यादा समय तक क़ायम नहीं रही। 1980 के दशक के मध्य से भारतीय ग्रामीण क्षेत्रों में एक नयी तरह की बेचैनी दिखने लगी। हरित क्रान्ति क्षेत्रों के अधिशेष उत्पादित करने वाले किसानों ने खेती में लगने वाले घटकों में सब्सिडी और अपने उत्पादन के लिए बेहतर कीमत तय करने के लिए खुद को गोलबन्द करना आरम्भ कर दिया। उन्होंने यह तर्क दिया कि बाज़ार अर्थव्यवस्था बुनियादी रूप से कृषि क्षेत्र के ख़िलाफ़ है, तथा यह शहरी उद्योगों और मध्य वर्ग के उपभोक्ताओं के अनुकूल है। उन्होंने यह भी कहा कि शहरों और ग्रामीण क्षेत्रों के बीच असमान शक्ति सम्बन्धों के कारण व्यापार में खेतिहर क्षेत्र को असमान

शर्तों का सामना करना पड़ता है, जिसका प्रमाण यह है कि किसान वर्गों पर कर्ज़ का बोझ बढ़ा है।

तक़रीबन एक दशक तक भारत के विभिन्न भागों में किसानों ने ख़ुद को सफलतापूर्वक गोलबन्द किया। यद्यपि नेतृत्व और गोलबन्दी की रणनीतियों के सन्दर्भ में इन आन्दोलनों का स्थानीय चरित्र था, लेकिन उन्होंने विभिन्न क्षेत्रों में अपनी गतिविधियों में समन्वय स्थापित किया। एक अर्थ में उन्हें अपने एजेण्डा को राष्ट्रीय राजनीति में स्वीकृति दिलाने में काफ़ी सफलता मिली। 1980 के दशक के कृषक आन्दोलन ने ग्रामीण लोगों के बीच एक नयी सामाजिक श्रेणी के उदय की ओर भी संकेत किया। यह उन लोगों की श्रेणी थी जो हरित क्रान्ति के बाद समृद्ध हुए थे और जो बाज़ार अर्थव्यवस्था से निकटता से जुड़े हुए थे तथा यह मानते थे कि उनकी किस्मत बाज़ार की स्थितियों से तय होती है। इस श्रेणी के लोगों के बीच गाँव से आगे जाने की आकांक्षा थी। खेतिहर अर्थव्यवस्था सामाजिक और सांस्कृतिक गतिशीलता की उनकी आकांक्षाओं को सन्तुष्ट नहीं कर सकती थी। उन्होंने सत्ता के अपने स्थानीय क्षेत्र अर्थात् गाँवों से बाहर निकलना आरम्भ कर दिया तथा वे राज्य की राजधानी में विधानसभा की ओर जाने लगें। खेती में उन्होंने जो अधिशेष उत्पादित किया था, वह शिक्षा, शहरी व्यापार और अन्य ग़ैर–खेतिहर गतिविधियों में ख़र्च होने लगा (ऑमवेट 1992; रुटेन 1995; उपाध्या 1988)। 1980 के दशक के आरम्भ से इस वर्ग की सामाजिक प्रोफ़ाइल में बदलाव की शुरुआत हो गयी। निम्नलिखित पंक्तियाँ बढ़ती विविधता की इस प्रक्रिया का बेहतरीन वर्णन प्रस्तुत करती हैं :

> *...इस वर्ग के एक परिवार की अपने मूल गाँव में ज़मीन है, जिसमें किराये के मज़दूर, बटाईदार, जोतदार या खेतिहर मज़दूर काम करते हैं, पिता या एक पुत्र इसका पर्यवेक्षण करते हैं; शहर में अन्य पुत्रों द्वारा विविध प्रकार के व्यापार किये जाते हैं; और शायद एक युवा और प्रतिभावान बच्चा डॉक्टर या इंजीनियर या प्रोफ़ेसर होता है। यही वर्ग गाँव के ख़िलाफ़ हुए अन्याय के बारे में सबसे ज़्यादा मुखर है।* (बालागोपाल 1987 : 1545)

एक अन्य स्तर पर आर्थिक विकास की प्रक्रिया और गाँवों के व्यापक राजनीतिक और बाज़ार व्यवस्था से बढ़ते एकीकरण से सामाजिक और

सांस्कृतिक परिवर्तन सामने आये। पुराना मालिक–ग्राहक सम्बन्ध तेज़ी से विखण्डित होने लगा और इसका स्थान औपचारिक और समझौता आधारित सम्बन्ध लेने लगे, जिसमें पूरी तरह बाज़ार द्वारा लायी गयी वेतन और अदायगी की व्यवस्था ने मध्यस्थ की भूमिका निभाई। जाति आधारित आर्थिक सम्बन्धों की जजमानी जैसी व्यवस्थाओं का भी तक़रीबन पूरे देश में विखण्डन हो चुका है। यदि कहीं मज़दूरी करवाने की पारम्परिक व्यवस्थाओं का उपयोग किया जाता है तो भी वे संरक्षण और दायित्व के पारम्परिक सम्बन्धों को बढ़ावा नहीं देते हैं। जाति की पुरानी विचारधारा का क्षरण होने के कारण दलित समूह ख़ुद को बेहतर वेतन और सामाजिक गरिमा के लिए गोलबन्द करने में सफल हुए हैं। मसलन, पंजाब में बहुत से दलित समूहों ने अपने पुराने जाति–आधारित पेशे को छोड़ दिया। उन्होंने ख़ुद को ग्रामीण/खेतिहर अर्थव्यवस्था से भी दूर किया तथा बन्धुआ मज़दूर के रूप में खेतों में काम करना बन्द कर दिया। इस बदलाव ने उनके भीतर स्वायत्तता की भावना भरी। उनके भीतर एक नयी राजनीतिक चेतना का जन्म हुआ, जिसके माध्यम से उन्होंने अपने अधिकारों की दावेदारी की तथा अपनी विशिष्ट सामाजिक और धार्मिक पहचान को अभिव्यक्त किया (देखें, जोधका 2015)। यहाँ तक कि (कुछ मामलों में) दलित की बढ़ती राजनीतिक दावेदारी के कारण हिंसा और उत्पीड़न की घटनाओं में वृद्धि हुई। इसने दलितों के स्थानीय स्तर की राजनीतिक संस्थाओं में ऊर्जा का संचार किया। इसके बाद के वर्षों में ग्रामीण पंचायतों में अतीत की तुलना में हाशिये के समूहों का प्रतिनिधित्व बढ़ा तथा विभिन्न जातिगत समूहों और हितों का समावेशन हुआ।

ग्रामीण सत्ता संरचना में परिवर्तन स्वतन्त्रता प्राप्ति के बाद भारतीय राज्य द्वारा आरम्भ की गयी विकास प्रक्रिया का एक महत्त्वपूर्ण घटक था। भूमि सुधार के क़ानूनों को लागू करने का एक मुख्य उद्देश्य यह था कि अनुपस्थित ज़मींदारों और भूमिपति अभिजनों की सत्ता को कमज़ोर किया जाये। इसके अलावा, बलवन्त राय मेहता समिति की अनुशंसाओं के अनुसार 1960 के दशक में तीन–स्तरीय पंचायती राज व्यवस्था की स्थापना की गयी। इसका लक्ष्य स्थानीय सत्ता–संरचना का लोकतन्त्रीकरण करना और शासन को विकेन्द्रीकृत करना था। उसके बाद से भारत सरकार द्वारा नियुक्त बहुत–सी समितियों और आयोगों ने इस व्यवस्था के काम की समीक्षा की है। इन समितियों और आयोगों की अनुशंसाओं के आधार

पर बहुत–से ऐसे परिवर्तन और सुधार किये गये हैं, जिनसे इस व्यवस्था को ज़्यादा प्रभावकारी बनाया जा सके।

स्वतन्त्रता प्राप्ति के बाद पहले दो या तीन दशकों तक सामने आने वाले अनुभवसिद्ध साहित्य में यह बताया गया कि अधिकांश ग्रामीण भारत में पारम्परिक रूप से प्रभुत्वशाली समूहों की सत्ता अभी भी बरकरार है। विद्वानों ने बार–बार यह रेखांकित किया कि मौजूदा सत्ता–संरचना के निहित स्वार्थी तत्त्व ग़रीब और कमज़ोर लोगों के कल्याण के लिए बनाये गये कार्यक्रमों के क्रियान्वयन में बाधा उत्पन्न कर रहे हैं। जाति के सन्दर्भ में ग्रामीण सत्ता प्रभुत्वशाली जातियों के हाथों में केन्द्रित रही (श्रीनिवास 1955)। वर्ग की रूपेरखा का उपयोग करने वालों ने यह तर्क दिया कि अमीर भूमिपतियों और साहूकारों ने ग्रामीण अर्थव्यवस्था को नियन्त्रित किया (थॉर्नर 1956)। विभिन्न क्षेत्रों के विद्वानों द्वारा किये गये स्वतन्त्र अध्ययनों से यह विचार सामने आता है कि पंचायत भी ग्रामीण भारत के पहले से ही प्रभुत्वशाली समूहों के प्रभाव और शक्ति का एक अन्य क्षेत्र बन गया है।

बहरहाल, 1980 के दशक में ही जाति–पदसोपानों की पुरानी संरचना के विखण्डन के बढ़ने और स्थानीय स्तर पर सत्ता–संरचना के कमज़ोर होने की ख़बरें आने लगीं। राजस्थान में अपने काम के आधार पर ऑलिवर मेंडेलसन ने यह दिखाया कि जहाँ श्रीनिवास द्वारा 1950 के दशक में 'प्रभुत्वशाली जाति' की बात करना सही था, वहीं समकालीन भारत में इस प्रकार के सूत्रीकरणों का कोई ख़ास मतलब नहीं है। अब 'गाँवों में निम्न जातियाँ और यहाँ तक कि गाँवों के अस्पृश्य भी पुराने समय के आर्थिक और कर्मकाण्डीय रूप से उच्च जातियों के प्रभाव में नहीं है' (मेंडेलसन 1993 : 808)। इसी तरह, 'ग्रामीण भारत में भूमि और प्राधिकार (अथॉरिटी) एक–दूसरे से पृथक् हो चुके हैं, और इससे भले ही एक ग़ैर–क्रान्तिकारी किन्तु ऐतिहासिक विकास हुआ है' (वही : 807)। यहाँ तक कि भारत के कम विकसित क्षेत्रों के अनुभवसिद्ध अध्ययनों से भी यह बात सामने आयी है कि भारत में जजमानी व्यवस्था का विखण्डन हुआ है (सहाय 2004)।

1980 के दशक से आर्थिक असमानता, जाति सम्बन्धों और सत्ता सम्बन्धों में परिवर्तन से सम्बन्धित प्रश्नों के अतिरिक्त जेंडर और पारिस्थितिकी से सम्बन्धित सवालों ने भी विद्वानों का ध्यान अपनी ओर खींचा है। एक स्तर पर जेंडर का प्रश्न मान्यता से जुड़ा हुआ है। ग्रामीण सामाजिक परिवर्तन से जुड़े अधिकांश लेखन 'जेंडर अन्धता' का शिकार

रहे हैं। अमूमन महिलाओं को ऐसे परिवारों का भाग माना जाता रहा है, जहाँ निर्णय लेने की शक्ति पुरुषों के हाथों में रही है। गाँव के सामाजिक और आर्थिक जीवन में महिलाओं के योगदान को शायद ही कभी उचित मान्यता दी गयी। एक अन्य स्तर पर, ग्रामीण क्षेत्र में विकास की प्रक्रिया का महिलाओं और पुरुषों पर अलग–अलग प्रभाव पड़ा। यहाँ तक कि आज भी अधिकांश मामलों में महिला मज़दूरों को पुरुष मज़दूरों की तुलना में कम वेतन दिया जाता है। अप्रवासन और ग्रामीण जनसंख्या की गतिशीलता की प्रक्रिया का पुरुषों और महिलाओं के लिए अलग–अलग नतीजा सामने आया है (देखें, इस पुस्तक के भाग तीन के अध्याय)।

यह पुस्तक

शायद ग्रामीण भारत के विद्यार्थियों के लिए कोई स्रोत इतना महत्त्वपूर्ण नहीं है, जितना कि *इकोनॉमिक ऐंड पॉलिटिकल वीकली (ईपीडब्ल्यू)* में छपे आलेख। ईपीडब्ल्यू ने ग्रामीण भारत के सम्बन्ध में बहुत से विशेष 'सम्पादकीय', 'टिप्पणियाँ' और 'विशेष आलेख' प्रकाशित किये हैं। इसके साथ ही, इसने इस विषय पर वार्षिक विशेष अंक भी प्रकाशित किये हैं। पहले यह 'रिव्यू ऑफ़ एग्रीकल्चर' (खेती की समीक्षा) तथा बाद में 'रिव्यू ऑफ़ रूरल अफेयर्स' (ग्रामीण मामलों की समीक्षा) शीर्षक से प्रकाशित हुए। इस जर्नल में इस विषय पर प्रकाशित होने वाले 'विशेष आलेखों' या 'समीक्षाओं' की कुल संख्या तक़रीबन 1000 से भी ज़्यादा है। इससे ग्रामीण भारत से सम्बन्धित एक पुस्तक तैयार करने के लिए कुछ प्रतिनिधि आलेखों का चुनाव करना अत्यधिक कठिन हो जाता है। मैंने इस पुस्तक में सम्मिलित आलेखों का चयन करने के लिए ऐतिहासिक दृष्टिकोण का उपयोग करने का प्रयास किया है। इसमें यह ध्यान रखा गया है कि इसमें ऐसे विविध आलेखों को शामिल किया जाये, जो समकालीन समय में ग्रामीण भारत के व्यापक विषय के विभिन्न आयामों का विश्लेषण करते हों। लेकिन ईपीडब्ल्यू में प्रकाशित होने वाले आलेखों के अन्तःअनुशासनात्मक प्रकृति के कारण यह प्रक्रिया और भी कठिन हो गयी। इसके अलावा, 'ग्रामीण' और 'खेतिहर' के आयाम परस्परव्यापी हैं। यद्यपि इस पुस्तक में संकलित बहुत से आलेख 'भूमि' से उभरने वाले मुद्दों से भी सम्बन्धित हैं, लेकिन यह पुस्तक खेतिहर अर्थव्यवस्था, राजनीति या इसके सामाजिक संगठन के विषय पर प्रतिनिधि सामग्री उपलब्ध नहीं कराती है। इन विषयों पर ईपीडब्ल्यू ने अत्यधिक आलेखों का प्रकाशन किया है।

समाज विज्ञान के विद्यार्थियों और शिक्षकों के अतिरिक्त यह पुस्तक नीति निर्माताओं और नागरिक समाज के कार्यकर्त्ताओं के लिए भी उपयोगी साबित होगी, जो ग्रामीण भारत के बारे में गम्भीर और महत्त्वपूर्ण साहित्य चाहते हैं।

अनुवाद : कमल नयन चौबे

टिप्पणियाँ

1. राष्ट्रीय अर्थव्यवस्था के एक भाग के रूप में खेतिहर आय के हिस्से में काफ़ी गिरावट आयी है। 1950 के दशक में यह देश की कुल आय का तक़रीबन आधा था, किन्तु इक्कीसवीं सदी के दूसरे दशक में यह घटकर 15 प्रतिशत रह गया है।
2. इस प्रस्तावना के कुछ भाग मेरे पहले के लेखन से लिए गये हैं (जोधका 1998, 2003, 2012)।
3. सामाजिक मानवशास्त्रियों द्वारा गाँव अध्ययन के एक व्यापक अवलोकन के लिए देखें—जोधका (1998)।
4. इस पुस्तक के आरम्भिक भाग में इन्हीं निबन्धों में से चुनिन्दा निबन्धों को संकलित किया गया है। एम. एन. श्रीनिवास ने 1955 में प्रकाशित अपनी पुस्तक *इंडियाज विलेजेज़* (मैरीयॉट 1955) में इन निबन्धों की एक ज़्यादा बड़ी सूची को संकलित किया है। यह भी रोचक है कि मजूमदार के *रूरल प्रोफ़ाइल्स का पहला खण्ड* 1955 में ही प्रकाशित हुआ (मजूमदार 1955)। 1955 में ही तेलंगाना क्षेत्र में हैदराबाद के निकट एक गाँव का पहला पूर्ण अध्ययन भी इसी वर्ष प्रकाशित हुआ। यह अध्ययन दुबे द्वारा किया गया था, तथा उनकी पुस्तक का शीर्षक *इंडियन विलेज* था।

सन्दर्भ

बेली, एफ. जी. 1960, *ट्राइब, कास्ट ऐंड नेशन,* बॉम्बे : ऑक्सफोर्ड यूनिवर्सिटी प्रेस।

बालागोपाल,के. 1987, 'ऐन आइडियोलॉजी ऑफ़ द प्रोविंसियल प्रॉपर्टिड क्लास', *इकोनॉमिक ऐंड पॉलिटिकल वीकली,* 22 (36–37) : 1544–46।

बीडेलमैन, टी. ओ. 1959, अ *कॉम्पेरेटिव एनालिसिस ऑफ़ द जजमानी सिस्टम,* न्यूयॉर्क : एसोसिएशन फ़ॉर एशियन स्टडीज़।

बेल, सी. 1974, 'आइडियोलॉजी ऐंड इकोनॉमिक इंटरेस्ट्स इन इंडियन लैंड रिफॉर्म', संकलित : *एग्रेरियन रिफॉर्म ऐंड एग्रेरियन रिफॉर्मिज़्म : स्टडीज़ ऑफ़ पेरु, चिली, चाइना ऐंड इंडिया,* सम्पादन : डी. लेहमन, लन्दन : फेबर ऐंड फेबर, 190–220।

बेते, ए : 1972, 'द ट्राइब्यूलेशन्स ऑफ़ फील्डवर्क', *इकोनॉमिक ऐंड पॉलिटिकल वीकली* 7 (31, 32, 33) : 1509–16।

1974, *स्टडीज़ इन एग्रेरियन सोशल स्ट्रक्चर,* दिल्ली, ऑक्सफोर्ड यूनिवर्सिटी प्रेस।

1980, द इंडियन विलेज : पास्ट ऐंड प्रेजेंट', संकलित : *पीजेंट्स इन हिस्ट्री : एसेज इन ऑनर ऑफ़ डेनियल थॉर्नर*, सम्पादन : ई जे. हॉब्सबॉम और अन्य, दिल्ली : ऑक्सफोर्ड यूनिवर्सिटी प्रेस, 107–20।

1996 (1965), *कास्ट, क्लास ऐंड पॉवर : चेंजिंग पैटर्न ऑफ़ स्ट्रैटिफिकेशन इन* तंजौर विलेज, नयी दिल्ली : ऑक्सफोर्ड यूनिवर्सिटी प्रेस।

भल्ला, जी. एस., और जी. के. चड्ढा, 1983, *ग्रीन रिवोल्यूशन ऐंड स्मॉल पीजेंट्स : अ स्टडी ऑफ़ इनकम डिस्ट्रीब्यूशन अमॉन्ग कल्टीवेटर्स, पंजाब*, नयी दिल्ली : कॉन्सेप्ट पब्लिशिंग हाउस।

बोनानो, ए. 1989, *सोशियोलॉजी ऑफ़ एग्रीकल्चर*, नयी दिल्ली : कॉन्सेप्ट पब्लिशिंग हाउस।

ब्रेमन, जे. 1988, *द शैटर्ड इमेज : कंस्ट्रक्शन ऐंड डिकंस्ट्रक्शन ऑफ़ द विलेज इन कोलोनियल एशिया*, कॉम्पेरेटिव एशियन स्टडीज़, वोल्यूम 2, एमस्टर्डम : सेंटर फ़ॉर एशियन स्टडीज़।

बाइरेस, टी. जे. 1972, 'द डायलेक्टिक्स ऑफ़ इंडियाज ग्रीन रिवोल्यूशन', *साउथ एशियन रिव्यू* 5(2) : 99–106।

1974, लैंड रिफॉर्म्स, इंडस्ट्रियलाइजेशन ऐंड मार्केटेड सरप्लस इन इंडिया : ऐन ऐसे ऑन द पॉवर ऐंड रूरल बायस', संकलित : *एग्रेरियन रिफॉर्म एंड एग्रेरियन रिफॉर्मिज़्म : स्टडीज़ ऑफ़ पेरु, चिली, चाइना एंड इंडिया*, सम्पादन : डी. लेहमन, लन्दन : फेबर ऐंड फेबर, 221–61।

चक्रवर्ती, ए. 1975, *कॉन्ट्राडिक्शन ऐंड चेंज : इमर्जिंग पैटर्न्स ऑफ़ अथॉरिटी इन अ राजस्थान विलेज*, दिल्ली : ऑक्सफोर्ड यूनिवर्सिटी प्रेस।

कोहेन, बी. एस. 1987, *ऐन एंथ्रोपोलॉजिस्ट अमॉन्ग हिस्टॉरियन्स ऐंड अदर एसेज*, दिल्ली : ऑक्सफोर्ड यूनिवर्सिटी प्रेस।

धनाग्रे, डी. एन. 1983, *पीजेंट मूवमेंट्स इन इंडिया : 1920–1950*, दिल्ली : ऑक्सफोर्ड यूनिवर्सिटी प्रेस।

'एग्रेरियन रिफॉर्म्स ऐंड रूरल डेवलपमेंट इन इंडिया : सम ऑब्जर्वेशन्स', *रिसर्च इन सोशल मूवमेंट्स, कॉन्फ्लिक्ट ऐंड चेंज* VII (1) : 178–93।

देसाई, ए. आर. 1969, *रूरल सोशियोलॉजी इन इंडिया*, बॉम्बे : पॉप्यूलर प्रकाशन।

ड्ज़ुरफेल्ड्ट, जी. और एस. लिंडबर्ग, 1976, *बिहाइन्ड पॉवर्टी : द सोशल फ़ॉरमेशन ऑफ़ ए तमिल विलेज*, नयी दिल्ली : ऑक्सफोर्ड और आईबीएच।

दुबे, एस. सी. 1955क, *इंडियन विलेज*, लन्दन : रॉटलेज और केगन पॉल।

———, 1955ख, 'अ डेक्कन विलेज, संकलित : *इंडियाज विलेज*, सम्पादन : एन. एन. श्रीनिवास, लन्दन : एशिया पब्लिशिंग हाउस।

फ्रैंकेल, एफ. आर. 1971, *इंडियाज ग्रीन रिवोल्यूशन : इकोनॉमिक गेन्स ऐंड पॉलिटिकल कॉस्ट्स*, बॉम्बे : ऑक्सफोर्ड यूनिवर्सिटी प्रेस।

फ्राइड लैंड, डब्ल्यू. एच. 1982, 'द ऐंड ऑफ़ रूरल सोसायटी ऐंड द फ्युचर ऑफ़ सोशियोलॉजी', *रूरल सोशियोलॉजी* 47(4) : 589–608।

गाडगिल, एम. वी. 1986, 'एग्रीकल्चरल क्रेडिट इन इंडिया : अ रिव्यू ऑफ़ परफॉर्मेंसेज ऐंड पॉलीसीज', *इंडियन जर्नल ऑफ़ एग्रीकल्चरल इकोनॉमिक्स* 14(3) : 282–309।

गालेस्की, बोगफ़सलॉव, 1972, *बेसिक कॉन्सेप्ट्स ऑफ़ सोशियोलॉजी.* मैनचेस्टर : मैनचेस्टर यूनिवर्सिटी प्रेस।

गिडेन्स, एंथोनी. 1989, *सोशियोलॉजी.* कैम्ब्रिज : पॉलिटी प्रेस।

हबीब, आई. 1963, *एग्रेरियन सिस्टम्स ऑफ़ मुग़ल इंडिया,* बॉम्बे : एशिया पब्लिशर्स।

हैरिस, जे. 1987, 'कैपिटलिजम ऐंड पीजेंट प्रोडक्शन : द ग्रीन रिवोल्यूशन इन इंडिया'। संकलित : *पीजेंट्स ऐंड पीजेंट सोसायटीज,* सम्पादन : टी. शानिन, लन्दन : ब्लैकवेल, 227–45।

हेरिंग, आर. जे. 1977, 'लैंड टेनयोर ऐंड क्रेडिट कैपिटल टेनयोर इन कॉन्टेम्परारी इंडिया', संकलित : *लैंड टेनयोर ऐंड पीजेंट्स इन साउथ एशिया,* सम्पादन : आर. ई. फ्राइकेनबर्ग, नयी दिल्ली : मनोहर, 120–58।

हिबर्ट, पी. जी. 1971, कोंडूरु : स्ट्रक्चर ऐंड इंटिग्रेशन इन अ साउथ इंडियन विलेज। मिन्नेपॉलिस : यूनिवर्सिटी ऑफ़ मिन्नेसोटा।

इण्डेन, आर. 1990, *इमैजिनिंग इंडिया,* ऑक्सफोर्ड : बेसिल ब्लैकवेल।

जोधका, एस. एस. 1995, 'ब्यूरोक्रेटाइजेशन, करप्शन, ऐंड डिपॉलिटाइजेशन चेंजिंग प्रोफाइल ऑफ़ क्रेडिट को–ऑपरेटिव्स इन रूरल हरियाणा', *इकोनॉमिक ऐंड पॉलिटिकल वीकली* 30(1) : 311–32।

1998, 'फ्रॉम ''बुक–व्यू'' टू ''फील्ड–व्यू'' : सोशल एंथ्रोपोलॉजिकल कंस्ट्रक्शन्स ऑफ़ द इंडियन विलेज', *ऑक्सफोर्ड डेवलपमेंट स्टडीज़* 26 (3) : 311–32।

2002, 'नेशन ऐंड विलेज : इमेजेज ऑफ़ रूरल इंडिया इन गाँधी, नेहरु ऐंड अम्बेडकर', *इकोनॉमिक ऐंड पॉलिटिकल वीकली* 37(32) : 3343–54।

2003, 'एग्रेरियन स्ट्रक्चर ऐंड देयर ट्रांसफ़ॉर्मेशन्स', संकलित : *ऑक्सफोर्ड इंडिया कॉम्पेनियन टू सोशियोलॉजी ऐंड सोशल एंथ्रोपोलॉजी,* वोल्यूम II, सम्पादन : वीणा दास, नयी दिल्ली : ऑक्सफोर्ड यूनिवर्सिटी प्रेस।

2006, 'बियोंड क्राइसिस : रिथिंकिंग कॉन्टेम्परारी पंजाब एग्रीकल्चर', *इकोनॉमिक ऐंड पॉलिटिकल वीकली* 41(16) : 1530–37।

2012, 'इण्ट्रोडक्शन' संकलित : *विलेज सोसायटी : रीडिंग्स ऑन द इकोनॉमी, पॉलिटी ऐंड सोशायटी,* सम्पादन : एस. एस. जोधका, हैदराबाद : ऑरियन्ट ब्लैकस्वॉन।

2015, *कास्ट इन कॉन्टेम्परारी इंडिया,* नयी दिल्ली : रॉटलेज।

जोशी, पी. सी. 1976, *लैंड रिफॉर्म्स इन इंडिया : ट्रेंड्स ऐंड पर्सपेक्टिव्स,* नयी दिल्ली : अलाईड पब्लिशर्स।

1987, *इंस्टीट्यूशनल एसपेक्ट्स ऑफ़ एग्रीकल्चरल डेवलपमेंट्स : इंडिया फ्रॉम एशियन पर्सपेक्टिव,* नयी दिल्ली : अलाईड पब्लिशर्स।

लेविस, ओ. 1958, *विलेज लाइफ़ इन नॉर्दर्न इंडिया : स्टडीज़ इन अ देल्ही विलेज।* उरबाना : यूनिवर्सिटी ऑफ़ इलिनॉइस प्रेस।

मजूमदार, डी. एन. (सम्पा.), 1955, *रूरल प्रोफाइल्स (1)*, लखनऊ : एथ्नोग्राफिक ऍंड फोक कल्चर सोसायटी।

1958, *कास्ट ऍंड कम्युनिकेशन इन ऐन इंडियन विलेज*, बॉम्बे : एशिया पब्लिशिंग हाउस।

मैरीयॉट, एम. (सम्पा.) 1955, *विलेज इंडिया : स्टडीज इन द लिटिल कम्युनिटी*, शिकागो : द यूनिवर्सिटी ऑफ़ शिकागो प्रेस।

मेंचर, जे. पी. 1978, *एग्रीकल्चर ऍंड सोशल स्ट्रक्चर इनत मिल नाडू : पास्ट ऑरिजिन्स, प्रेजेंट ट्रांसफ़ॉर्मेशन्स ऍंड फ्यूचर प्रॉसपेक्ट्स*, नयी दिल्ली : अलाइड पब्लिशर्स।

मेंडलसन, ओ., 1993, 'द ट्रांसफ़ॉर्मेशन ऑफ़ अथॉरिटी इन रूरल इंडिया', *मॉडर्न एशियन स्टडीज़* 27(4) : 805–42।

मूर, बी. जूनियर, 1966, *सोशल ऑरिजिन्स ऑफ़ डिक्टेटरशीप ऍंड डेमॉक्रेसी*, मिडिलसेक्स : पेंग्विन।

नील, डब्ल्यू. 1962, *इकोनॉमिक चेंज इन रूरल इंडिया : लैंड टेन्योर ऍंड रिफॉर्म इन उत्तर प्रदेश, 1800–1955*. न्यू हैवेन : येल यूनिवर्सिटी प्रेस।

नेल्सन, लॉरी, 1948, *रूरल सोशियोलॉजी*, न्यूयॉर्क : अमेरिकन बुक कम्पनी।

न्यूबी, एच. 1980, 'ट्रेंड रिपोर्ट : रूरल सोशियोलॉजी', *करेंट सोशियोलॉजी* 28 (स्प्रिंग): 1–41।

ऑमवेट, गेल, 1992, 'कैपिटलिस्ट एग्रीकल्चर ऍंड रूरल क्लासेज इन इंडिया', *संकलित : क्लास, स्टेट ऍंड डेवलपमेंट इन इंडिया*, सम्पादन : बी. बेरबेरोलग्ली, नयी दिल्ली : सेज पब्लिकेशन्स।

ऑमेन, टी. के. 1984, *सोशल ट्रांसफ़ॉर्मेशन इन रूरल बंगाल*, नयी दिल्ली : विकास पब्लिशिंग हाउस।

राधाकृष्णन, पी. 1989, *पीजेंट स्ट्रगल्स, लैंड रिफॉर्म्स ऍंड सोशल चेंज : मालाबार 1836–1982*, नयी दिल्ली : सेज पब्लिकेशन्स।

रेडफील्ड, रॉबर्ट, 1947, 'द फोक सोसायटी', *अमेरिकन जर्नल ऑफ़ सोशियोलॉजी* 53 (जनवरी) : 292–308।

1965, *पीजेंट सोसायटी ऍंड कल्चर*, शिकागो : शिकागो यूनिवर्सिटी प्रेस।

रिजर्व बैंक ऑफ़ इंडिया, 1969, *रिपोर्ट ऑफ़ द ऑल इंडिया रूरल क्रेडिट रिव्यू कमिटी* बॉम्बे : आरबीआई।

रुटेन, एम. ए. एफ. 1995, *फार्म्स ऍंड फैक्टरीज : सोशल प्रोफाइल ऑफ़ लार्ज फार्मर्स ऍंड रूरल इंडस्ट्रियलिस्ट्स इन वेस्ट इंडिया*, नयी दिल्ली : ऑक्सफोर्ड यूनिवर्सिटी प्रेस।

सहाय, गौरांग आर. 2004, 'हायरार्की, डिफरेंस ऍंड द कास्ट सिस्टम : अ स्टडी ऑफ़ रूरल बिहार', *कंट्रीब्यूशन्स टू इंडियन सोशियोलॉजी* 38 (1 और 2) : 113–26।

श्वार्जवेलर, एच. के. (सम्पा.) 1984, *रिसर्च इन रूरल सोशियोलॉजी ऍंड डेवलपमेंट*, वोल्यूम I, ग्रीनवीच : जय प्रेस।

शानिन, टी. (सम्पा.) 1987, *पीजेंट ऍंड पीजेंट सोसायटीज*, लन्दन : ब्लैकवेल।

सिल्वरमैन, एस. 1987, 'द कॉन्सेप्ट ऑफ़ पीजेंट ऍंड द कॉन्सेप्ट ऑफ़ कल्चर', संकलित : *सोशल एंथ्रोपोलॉजी ऑफ़ पीजेन्ट्री*, सम्पा. जे. मेंचर. बॉम्बे : सोमैया पब्लिकेशन्स. 7–31।

श्रीनिवास, एम. एन. 1995क. 'द सोशल स्ट्रक्चर ऑफ़ अ मैसोर विलेज'. संकलित : *विलेज इंडिया,* सम्पादन मैकीम मैरियट. शिकागो : यूनिवर्सिटी ऑफ़ शिकागो प्रेस, 1–35।

(सम्पा.). 1955ख. *इंडियाज विलेज.* लन्दन : एशिया पब्लिशिंग हाउस।

1975, 'विलेज स्ट्डीज, पार्टिशिपेंट ऑब्जर्वशेन्स ऐंड सोशिल सांइस रिसर्च इन इंडिया'. *इकोनॉमिक ऐंड पॉलिटिकल वीकली* 10 (33–35)।

1976, *द रिमेम्बर्ड विलेज,* दिल्ली : ऑक्सफर्ड यूनिवर्सिटी प्रेस।

थॉर्नर, डी. 1956. *द एग्रेरियन प्रॉस्पेक्ट्स ऑफ़ इंडिया.* दिल्ली : ऑक्सफोर्ड यूनिवर्सिटी प्रेस।

1964, *एग्रीकल्चरल को–ऑपरेटिव्स इन इंडिया,* बॉम्बे : एशिया पब्लिशर्स।

उपाध्या, कैरॉल बी. 1988, 'द फार्मर–कैपिटलिस्ट्स ऑफ़ कोस्टल आन्ध्र प्रदेश', *इकोनॉमिक ऐंड पॉलिटिकल वीकली* XXIII (27 और 28) : 1376–82, 1433–42।

वाइजर, डब्ल्यू. एच. 1968 (1936), *द हिन्दू जजमानी सिस्टम,* लखनऊ : लखनऊ पब्लिशिंग हाउस।

वोल्फ, एरिक आर. 1966, *पीजेन्ट्स,* इंगलवुड क्लिफस, एन. जे. : प्रेंटिस हॉल।

अध्यायों की रूपरेखा

कमल नयन चौबे

भारतीय ग्राम अध्ययन श्रृंखला के इस पहले भाग में सुरिन्दर एस. जोधका की प्रस्तावना के अतिरिक्त कुल बारह अध्याय हैं। असल में, इस श्रृंखला के सभी भागों में सम्मिलित शोध–आलेख की बेहतरीन समझ बनाने के लिए यह आवश्यक है कि यह ध्यान रखा जाये कि ये किस वर्ष प्रकाशित हुए थे। लेकिन इस श्रृंखला के पहले भाग के सन्दर्भ में इस बारे में विशेष रूप से जागरूक रहने की आवश्यकता है। इस भाग में सम्मिलित सभी आलेख विभिन्न मानवशास्त्रियों द्वारा भारत के गाँवों के गम्भीर अध्ययन को प्रस्तुत करते हैं। सुरिन्दर एस. जोधका ने अपनी प्रस्तावना में भारत में गाँव के अध्ययन के ऐतिहासिक विकास का विशद वर्णन करने के साथ ही साथ इसकी विभिन्न विशिष्टताओं और चुनौतियों को रेखांकित किया है। चूँकि इस श्रृंखला के तीनों भाग काफ़ी हद तक स्वतन्त्र पुस्तक के रूप में भी हैं, इसलिए भारत में गाँवों के अध्ययन से जुड़े विविध आयामों की गहन समझ के लिए इस प्रस्तावना को तीनों ही भागों में सम्मिलित किया गया है।

पहले अध्याय में एम. एन. श्रीनिवास ने मैसूर के एक गाँव रामपुरा की सामाजिक संरचना और यहाँ के लोगों के जीवन के विविध आयामों का चित्र उकेरा है। उन्होंने इसमें एक ग्रामीण समुदाय के सदस्यों को एक–दूसरे से जोड़ने वाले सम्बन्धों के बारे में पर्याप्त संकेत दिया है। उनके अनुसार ये सम्बन्ध मज़बूत और पारम्परिक हैं। लेकिन पिछले 150 वर्षों में जो शक्तियाँ गतिमान हुई हैं, उन्होंने इसे कमज़ोर किया है, और आज़ादी मिलने के बाद इन सम्बन्धों को ख़त्म करने पर ध्यान केन्द्रित किया गया है। वे इस बात पर भी बल देते हैं कि इस बारे में सिर्फ़ अनुमान ही लगाया जा सकता है कि भविष्य में किस प्रकार के समुदायों का अस्तित्व होगा।

दूसरे अध्याय में एरिक जे. मिलर ने केरल के एक गाँव की संरचना का अत्यन्त रोचक वर्णन प्रस्तुत किया है। अपने अध्ययन के आधार पर मिलर यह दावा करते हैं कि गाँव का एक समेकित स्वतन्त्र ग्रामीण समुदाय के रूप में अस्तित्व नहीं होता है। वे गाँव या देसम में मौजूद विभेदीकरण पर बल देते हैं। जाति व्यवस्था, ग़ैर–हिन्दू जनसंख्या के अनुपात, अर्थव्यवस्था, भूसंरचना, तथा अन्य कारकों के कारण स्थानीय विविधताएँ उत्पन्न होती हैं। मिलर यह रेखांकित करते हैं कि भले ही केरल में एक समाजशास्त्री अनुसन्धानकर्त्ता अस्थायी रूप से आधुनिक देसम या गाँव को अध्ययन की उपयुक्त इकाई माने, उसे कई व्यापक क्षेत्रों में सभी प्रकार के सामाजिक सम्बन्धों के दायरे का भी परीक्षण करना चाहिए। अठारहवीं सदी और पहले के देसम के आन्तरिक स्वयं निर्वाह की चाहे जो भी पद्धति हो, वर्तमान केरल में किसी भी ऐसे समुदाय को इंगित करना कठिन है जो स्पष्ट रूप से समेकित और स्वतन्त्र ग्रामीण समुदाय हो।

डब्ल्यू. एच. नेवेल ने तीसरे अध्याय में एक हिमालय की गोद में बसे एक गाँव का मानवशास्त्रीय अध्ययन पेश किया है। गद्दी लोगों के जीवन के विविध आयामों की जीवन्त तस्वीर प्रस्तुत करते हुए नेवेल इस बात पर बल देते हैं कि असल में, भारत अत्यन्त विशाल देश है और यहाँ विविध भागों में रहने वाले लोगों को ऐसा लगता है कि जैसा उनका गाँव है, वैसे ही हिन्दुस्तान के दूसरे गाँव होते हैं। किन्तु हक़ीक़त यह है कि भारत के गाँवों में काफ़ी भिन्नता है। मसलन, हिमालय की तलहटी में बसे गाँवों के स्थिति और यहाँ रहने वाले लोगों के आर्थिक और सामाजिक व्यवहार देश के अन्य भाग के गाँवों से बिल्कुल ही अलग हैं। उनके अनुसार, गद्दियों को लोगों के एक ऐसे बड़े समुदाय के रूप में देखा जा सकता है, जो पहाड़ों से लेकर मैदानी क्षेत्रों तक तक़रीबन 200 वर्ग मील की दूरी तय करते हैं। ये एक जैसे कपड़े पहनते हैं, एक जैसी बोली बोलते हैं और इनकी प्रथाएँ भी एक जैसी हैं। इनमें आपस में जुड़ाव की एक मज़बूत भावना है और इनके गाँवों की व्यवस्था सरल है। असल मे, नेवेल के अनुसार, इन्हें एक साथ जोड़े रखने में एक गाँव में निवास करने से ज़्यादा मज़बूत कारक की भूमिका जाति द्वारा निभाई जाती है।

अध्याय चार में ज्योतिर्मयी शर्मा ने बंगाल के एक गाँव का मानवशास्त्रीय वर्णन प्रस्तुत किया है। उन्होंने जिस गाँव का विवरण दिया है, वह हुगली ज़िले के हावड़ा रेलवे स्टेशन से 30 मील की दूरी पर है। इस आलेख में उन्होंने इस गाँव के घरों की स्थिति, खेती के

स्वरूप, गाँव की आत्म–निर्भरता सहित गाँव विभिन्न समुदायों के जीवन के बारे में बताया है। लेखिका यह बताती हैं कि चूँकि यह गाँव कलकत्ता (अब कोलकाता) शहर से नज़दीक बसा है इसलिए यहाँ बहुत सारे लोग कलकत्ता में सुबह काम करने के लिए जाते हैं, और शाम में वापस आ जाते हैं। लेकिन यदि हम बंगाल के अन्दरुनी क्षेत्रों में जायेंगे तो यह विशेषता ख़त्म हो जायेगी। दूर बसे गाँवों के लोग रोज़–ब–रोज़ गाँव से कलकत्ता नहीं आते, बल्कि वे वहीं रहने लगते हैं। इसके अतिरिक्त, विभिन्न क्षेत्रों में उपजाये जाने वाली सहायक फ़सलों में भी भिन्नता आ जाती है। लेकिन लेखिका के अनुसार, बहुत–सी विशेषताएँ पूरे बंगाल के ग्रामीण समुदाय में पायी जाती हैं। ऐसी विशेषताओं में निम्नलिखित पहलुओं को सम्मिलित किया जा सकता है : जातियों के बीच श्रम का विभाजन और ग्रामीण जीवन की एकजुटता के निर्माण में उनकी परस्पर–निर्भरता; उच्चतर जातियों में संयुक्त परिवार; जाति भिन्नताओं के बावजूद गाँव के सभी सदस्यों के साथ व्यक्तिगत सम्बन्ध; यूनियन बोर्ड का औपचारिक प्रशासन; पर्याप्त शिक्षा, स्वच्छता और चिकित्सा हासिल करने में कठिनाई; वैज्ञानिक चिन्तन का अभाव और ऐसे धार्मिक कर्मकाण्ड जो परिवार के साथ ही साथ सम्पूर्ण गाँव को आपस में जोड़ते हैं।

मेरियन डब्ल्यू. स्मिथ ने पंजाब के एक गाँव की सामाजिक संरचना का अध्ययन प्रस्तुत किया है। इसमें गाँव में बसे जनजातीय समूह, गाँव के उप–भाग, विजातीय विवाह करने वाली इकाइयों आदि का वर्णन किया है। स्मिथ का यह मानना है कि पट्टी और गाँव की एकता धर्म और जाति से परे होती है। साथ ही, यद्यपि सिक्ख और मुस्लिम–दोनों ही स्पष्ट रूप से वैदिक जाति व्यवस्था को नकारते हैं, लेकिन फिर भी सिक्ख और मुस्लिम जातियों का अस्तित्व है। इनके धार्मिक विश्वासों के कारण गुरुद्वारा और मस्जिद की छाया के भीतर सभी व्यक्तियों को बराबर मानने की प्रवृत्ति होती है, भले ही उनकी जाति कुछ भी क्यों न हो। लेकिन इसके बावजूद, रोज़मर्रा के जीवन में सिक्ख और मुस्लिम जातियों को पूरी तरह मान्यता दी जाती है। स्मिथ दावा करते हैं कि बहुत ही सीमित स्तर पर गाँव को एकल 'समुदाय' माना जा सकता है। पंजाबी समाज आत्मनिर्भर गाँवों के खण्डों से निर्मित पच्चीकारी (मोजैक) नहीं है, यह एक ऐसे कालीन की तरह है, जिसमें प्रत्येक भाग अपने आप में अलग से पहचाना जा सकता है, किन्तु काफ़ी निकटता से कालीन के अन्य भागों से जुड़ा हुआ है।

एस. सी. दुबे ने दक्कन में हैदराबाद राज्य के अदीलाबाद ज़िले के एक मिश्रित गाँव देवारा का अध्ययन प्रस्तुत किया है, जहाँ मुख्य रूप से आदिवासियों का प्रभुत्व है। तेलंगाना और मराठवाडा के सांस्कृतिक क्षेत्र का अदीलाबाद में मिलन होता है, और देवारा दक्कन पठार के उत्तरी सीमान्त पर अवस्थित है। वे यह रेखांकित करते हैं कि पूरे भारत के गाँवों के कई साझा पहलू होते हैं, लेकिन इनमें विभिन्नता के कई आधार भी मौजूद होते हैं। दुबे यह इंगित करते हैं कि विभिन्न जनजातियों, यहाँ तक कि मुस्लिमों के भी अपने कुछ भिन्न रीति–रिवाज हैं, लेकिन इसके साथ कुछ ऐसे पारम्परिक कर्मकाण्ड हैं, जो गाँव में अन्तर्जातीय एकता पैदा करते हैं, और इसमें सभी समुदाय, यहाँ तक की मुस्लिम भी भागीदारी करते हैं।

सातवें अध्याय में एड्रियान सी. मेयर ने मालवा के एक गाँव में होने वाले बदलावों का अध्ययन प्रस्तुत किया है। वे इस बात पर बल देते हैं कि भारतीय गाँव का कोई भी अध्ययन यहाँ होने वाले बदलावों की उपेक्षा नहीं कर सकता है। इनमें से कुछ बदलाव गाँव के लिए जागरूक नीति का नतीजा नहीं हैं, बल्कि ये जनसंख्या में वृद्धि, प्राकृतिक आपदाओं या सामान्य आर्थिक और सांस्कृतिक प्रवृत्तियों के कारण सामने आये हैं। अन्य बहुत से बदलाव सरकार की पुनर्संगठन और बदलाव की नीतियों के कारण उत्पन्न हुए हैं। इनका यह स्पष्ट मानना है कि गाँव के इतिहास, उसके जातिगत संघटन, जातियों के मनोभावों अर्थात् संक्षेप में वहाँ होने वाले अनौपचारिक परिवर्तनों के ज्ञान के बगैर उस गाँव में होने वाले परिवर्तनों का वर्णन नहीं किया जा सकता है, और न ही उनके बारे में भविष्यवाणी की जा सकती है। किसी भी बदलाव की सामान्य प्रवृत्ति पर भी यही बात लागू होती है। 'भारतीय गाँव' के ज्ञान का कोई भी आसान रास्ता नहीं हो सकता है।

आंद्रे बेते ने तंजौर जिले के श्रीपुरम नामक गाँव और वहाँ के जीवन के विविध आयामों का अध्ययन किया है। वे यह बताते हैं कि श्रीपुरम में ब्राह्मणों की संख्या सबसे ज़्यादा न होने के बावजूद कर्मकाण्डीय श्रेष्ठता के कारण गाँव में उनका वर्चस्व है। ग्रामीण जीवन का सूक्ष्म परीक्षण करते हुए वे बताते हैं कि गाँव के कुछ भागों में निम्न जाति के लोग रहते हैं, वहाँ से गुज़रने के बाद ब्राह्मण स्नान किये बग़ैर कोई अनुष्ठान नहीं करते हैं। इसके अलावा, गाँव के विभिन्न समूहों में आन्तरिक विभेदीकरण पाया जाता है। ब्राह्मणों में केवल ग़ैर–ब्राह्मणों और

आदि–द्रविड़ों की तुलना में एकता दिखाई पड़ती है लेकिन आन्तरिक रूप से, ब्राह्मणों के बीच भी कई उप–विभाजन हैं। बेते यह भी स्पष्ट करते हैं कि पिछले पचास वर्षों में तमिलनाडु में राजनीतिक परिवर्तनों के कारण सामाजिक स्थिति ज़्यादा जटिल हो चुकी है, और ब्राह्मणों की स्थिति पहले की तुलना में कमज़ोर हुई है।

वी. नाथ द्वारा लिखित आलेख में राजस्थान के एक बदलते गाँव की तस्वीर प्रस्तुत की गयी है। इनका मानना है कि आन्तरिक विभेदीकरण के बावजूद गाँव के लोग इसे अपना 'घर' मानते हैं, और इस लिहाज से गाँव के स्तर पर एकता क़ायम है। जिस गाँव का उन्होंने अध्ययन किया है, उसमें कुल 26 जातियों के लोग रहते हैं। जिसमें ब्राह्मण और राजपूतों के अलावा चमार जाति के लोगों की भी काफ़ी संख्या है। नाथ यह रेखांकित करते हैं कि यहाँ जजमानी व्यवस्था पूरी तरह से खण्डित हो चुकी है। आज़ादी के बाद के एक दशक में सबसे बड़ा बदलाव यह आया कि चमार जाति के लोगों ने ख़ुद को राजनीतिक रूप से गोलबन्द किया, और उन्होंने अपना चमड़ा निकालने का परम्परागत काम छोड़ दिया। इससे गाँव के स्तर पर थोड़ा–बहुत असन्तोष पैदा हुआ, लेकिन धीरे–धीरे लोगों ने इस बदलाव को स्वीकार कर लिया। साथ ही, गाँव और शहर के बीच में अन्तःक्रिया में भी बढ़ोतरी हुई है।

एम. एन. श्रीनिवास और ए. एम. शाह ने भारतीय गाँवों में आत्मनिर्भरता के मिथक की गहराई से पड़ताल की है। इनके अनुसार, सबसे पहले 1830 में सर चार्ल्स मेटकॉफ़ ने यह विचार प्रस्तुत किया था कि भारतीय गाँव एक–दूसरे से पृथक् और आत्म–निर्भर हैं और इसके बाद बहुत से विद्वानों और राजनीतिज्ञों ने इसका समर्थन किया। सर हेनरी मेन और कार्ल मार्क्स ने इस विचार का समर्थन किया। हाल के समय में, महात्मा गाँधी और उनके समर्थकों ने न सिर्फ़ यह कहा कि भारतीय गाँव पारम्परिक रूप से आत्म–निर्भर रहे हैं, बल्कि वे एक ऐसा कार्यक्रम भी लाना चाहते थे जिससे गाँवों की पवित्र आत्म–निर्भरता फिर से क़ायम हो सके। इन दोनों लेखकों ने खेतों के विस्तार, विभिन्न गाँवों में सगोत्रीय लोगों के अस्तित्व, साप्ताहिक बाज़ार, भू–स्वामित्व के स्वरूप, बाहरी व्यापार, विभिन्न क्षेत्रों के बीच व्यापार, शहरों पर निर्भरता, राजनीतिक संरचना जैसे आयामों का विश्लेषण करते हुए इस बात पर बल दिया है कि विभिन्न गाँव अलग–थलग होने के बजाय एक–दूसरे पर निर्भर होते हैं।

बरनार्ड एस. कोहेन ने एक उत्तर भारतीय गाँव के चमार परिवार में हो रहे संरचनात्मक परिवर्तनों का अध्ययन किया है। इस अध्याय का तर्क यह है कि हमें परिवार के प्रकारों में हो रहे बदलावों और विभिन्न सांस्कृतिक परिघटनाओं को अपनी चर्चा में सम्मिलित करने की आवश्यकता है। साथ ही, परिवार के प्रकार को परिभाषित करने के लिए उपयोग की जाने वाली सरल संरचनात्मक कसौटियों की नये सिरे से समीक्षा करने की ज़रूरत है। इसके माध्यम से यह तय किया जा सकता है कि ऐसी कौन सी संरचनात्मक पूर्व–स्थितियाँ हैं, जो यह तय करती हैं कि व्यक्ति अपने जीवन के किसी दौर में किस प्रकार के परिवार में रहेंगे। कोहन इस बात पर बल देते हैं कि भारत में परिवार की संरचना के बारे में बात करने वाले अधिकांश क्षेत्र–अध्ययनकर्त्ताओं (फील्ड वर्कर्स) ने समय के साथ होने वाली प्रक्रियाओं को सुनिश्चित बना दिया है। असल में, परिवारों के प्रकारों का विश्लेषण करने के लिए यह आवश्यक है कि हम किसी समय जिन व्यक्तिगत परिवारों का अध्ययन कर रहे हैं, उन पर ध्यान केन्द्रित करें। कोहन परिवार को एक सुनिश्चित निकाय के रूप में देखने का प्रयास नहीं करते हैं, बल्कि वे इसे एक संरचनात्मक आकस्मिकता के रूप में देखते हैं। कोहन की प्रकल्पना यह है कि चमारों के बीच सिर्फ़ भूमि या सम्पत्ति के कारण ही संयुक्त परिवार क़ायम नहीं रहते हैं; इसके बजाय इसमें कई प्रकार के कारण सम्मिलित हो सकते हैं। भूमि एक महत्त्वपूर्ण कारक है किन्तु यह पर्याप्त नहीं है। कुछ सबसे सम्पन्न चमार परिवार संयुक्त परिवार के रूप में नहीं रहते हैं। असल में, संयुक्त परिवार को क़ायम रखने वाले कारकों में शहरी रोज़गार और साक्षरता को शामिल किया जा सकता है। साक्षरता संस्कृतीकरण की प्रक्रिया को बढ़ावा देती है, जिससे संयुक्त परिवार को प्रोत्साहन मिलता है।

एम. एस. ए. राव ने अपने आलेख में दिल्ली के एक गाँव में शहरीकरण के कारण होने वाले सामाजिक परिवर्तनों का विश्लेषणात्मक अध्ययन पेश किया है। शहर और गाँव के बीच अन्तःक्रिया की एक प्रक्रिया के रूप में शहरीकरण का अध्ययन ग्रामीण–शहरी सम्बन्धों के रूप में किया जा सकता है; अर्थात् यह देखा जा सकता है कि शहर के सामाजिक और सांस्कृतिक जीवन में ग्रामीण लोगों की क्या भागीदारी है, या गाँवों के सामाजिक–सांस्कृतिक जीवन में शहर के लोगों की क्या भागीदारी है। इसी प्रकार, इसमें गाँवों और शहरों के निवासियों के बीच

आपसी व्यक्तिगत सम्बन्धों पर भी ध्यान केन्द्रित किया जा सकता है। राव ने गाँवों के दृष्टिकोण से शहरीकरण की प्रक्रिया पर विचार किया है। राव ने इस आलेख में अंग्रेज़ों के आगमन से पूर्व, उनके शासन के दौरान और स्वतन्त्रता के बाद हुए बदलावों का विवरण पेश किया है। इसके बाद उन्होंने दिल्ली रेलवे स्टेशन से उत्तर–पश्चिम में 7 किलोमीटर दूर यादवपुर गाँव का मानवशास्त्रीय अध्ययन प्रस्तुत किया है। वे यह बताते हैं कि सब्जियों की बागवानी और शहरी रोज़गार के कारण लोगों का शहरों के साथ सम्बन्ध बढ़ा है और इससे पेशागत विविधता भी आयी है अर्थात् बहुत सारे लोग अपने पुराने काम को छोड़कर शहर में नये तरह के काम करने लगे हैं। खेती का व्यावसायीकरण हुआ और लोग नये यन्त्रों में निवेश करने लगें। वयस्क मताधिकार ने गाँव के लोगों विभिन्न राजनीतिक स्तरों के लिए होने वाले चुनावों में भागीदारी करने का अवसर उपलब्ध कराया है।

मैसूर के एक गाँव की सामाजिक संरचना*

एम. एन. श्रीनिवास

आरम्भिक समाजशास्त्रीय साहित्य में भारतीय ग्रामीण समाज का वर्णन काफ़ी प्रमुखता से सामने आता है। सर हेनरी मेन ने भारतीय ग्रामीण समुदाय को सम्पत्ति के आदिम साम्यवाद (प्रिमिटिव कम्युनिज्म ऑफ़ प्रॉपर्टी) का आधार बनाया और इस तरह इसे समाजशास्त्रीय साहित्य में प्रमुख स्थान दिलाया। उन्होंने अपने सिद्धान्तों को उत्तर भारत के कुछ भागों में मौजूद ग्रामीण समुदाय के एक निश्चित प्रकार पर आधारित किया। उन्होंने यह तर्क दिया कि मूल रूप से भूमि अर्थात् सम्पत्ति पर परिजनों का संयुक्त स्वामित्व रहा है, और भूमि का व्यक्तिगत स्वामित्व मानव समाज के इतिहास की बाद की परिघटना है। उन्नीसवीं सदी के उत्तरार्द्ध में सामाजिक संस्थाओं के इतिहास को पुनर्निर्मित करने का प्रयास काफ़ी प्रचलित था। आज सामाजिक मानवशास्त्र या तुलनात्मक समाजशास्त्र ज़्यादा प्रौढ़ विषय है, और इसके परिणामस्वरूप सामाजिक मानवशास्त्री अपने विक्टोरियाई पूर्ववर्तियों की तुलना में ज़्यादा विनम्र है। वे या तो एक ऐसे छोटे समाज की संरचनात्मक विशेषताओं को वर्णित करने का प्रयास करते हैं जिसका उन्होंने दो या तीन वर्षों तक गहन अध्ययन किया है, या फिर वे आस–पड़ोस के कुछ अन्य समाजों की ऐसी ही संस्थाओं की तुलना करते हैं।

पंचायत या वरिष्ठ लोगों की सभा पूरे भारत में ग्रामीण समुदाय की एक सामान्य विशेषता है। यह गाँव के लोगों के बीच के विवादों पर फ़ैसला करती है तथा त्योहार मनाने, मन्दिर या सड़क आदि बनाने जैसे साझा हित के मसलों पर चर्चा करती है। यदि हम पिछले तक़रीबन 150 वर्षों में संचार साधनों के विकास तथा राजस्व, पुलिस और क़ानूनी अदालतों

---

* *इकोनॉमिक ऐंड पॉलिटिकल वीकली*, 30 अक्टूबर 1951 : 1053–56।

आदि के रूप में प्रशासनिक केन्द्रीकरण की कुछ समय के लिए उपेक्षा कर दें तो हम ग्रामीण समुदाय की प्रकृति को ज़्यादा बेहतर तरीक़े से समझ सकते हैं। इसके पहले, ग्रामीण समुदाय आज की तुलना में कहीं ज़्यादा अलग–थलग थे। उस समय व्यक्तियों को प्रभावकारी सम्पर्क और सम्बन्ध अमूमन उसके पैदायशी गाँव से कुछ मील दूर तक ही सीमित होता था। शायद दूर तीर्थयात्रा पर जाना या पशु मेले की यात्रा कुछ ऐसे अवसर होते थे, जब व्यक्ति अपने सामान्य सम्पर्क के दायरे से आगे जाता था। इस स्थिति में भी अमूमन उसके दोस्त और सम्बन्धी उसके साथ होते थे। अकाल, युद्ध या दूसरे धर्म के शासक द्वारा धार्मिक सज़ा दिये जाने की बाध्यकारी स्थिति होने पर रिश्तेदारों या मित्रों का समूह अपने गाँव से निकलकर काफ़ी दूर किसी अन्य स्थान पर चला जाता था।

ऐसा प्रतीत होता है कि इन गाँवों के सम्बन्ध में सम्पूर्ण राजनीतिक प्राधिकार सिर्फ़ कर संग्रहण करने वाला निकाय ही था। जब तक एक गाँव अपना कर अदा करता था, तब तक यहाँ कोई बड़ा अपराध नहीं होता था, उसे अपने तरीक़े से जीवन यापन करने की अनुमति दी जाती थी। गाँव के आनुवांशिक मुखिया या आनुवांशिक लेखपाल ग्रामीण समुदाय के ऐसे मुख्य सदस्य होते थे, जो सरकार के लिए कुछ निश्चित कर्त्तव्यों का निर्वाहन करते थे। यदि एक क्षण के लिए इनके अस्तित्व को भुला दिया जाये, तो यह कहा जा सकता है कि सरकारी अधिकारी कभी–कभार ही गाँवों की यात्रा करते थे। कोडागाहाली के बुजुर्गों ने मुझे यह बताया कि मैसूर राज्य की राजधानी से उनका गाँव सिर्फ़ 22 किलोमीटर की दूरी पर है, फिर भी 50 साल पहले तक उनके गाँव में शायद ही कभी कोई पुलिसवाला दिखता था। पहले प्रत्येक गाँव के पास अपनी घड़ी और निगरानी व्यवस्था होती थी, और कुछ ख़ास गाँवों में अभी भी यह व्यवस्था क़ायम है।

इन ग्रामीण समुदायों की पृथक्ता और स्थिरता हर किसी को प्रभावित कर सकती है। कुछ आरम्भिक अंग्रेज़ प्रशासकों ने ग्रामीण समुदायों का उन पर पड़े प्रभावों का वर्णन किया है। 1832 में सर चार्ल्स मेटकॉफ ने यह लिखा कि :

> *ग्रामीण समुदाय छोटे गणराज्य हैं। उनके पास अपनी आवश्यकता के अनुसार तक़रीबन सारी वस्तुएँ हैं, और ये किसी बाहरी सम्बन्ध से तक़रीबन पूरी तरह स्वतन्त्र है। ऐसा प्रतीत होता है कि जब*

कुछ नहीं बचता है, तब भी ये बच रहते हैं। वंश दर वंश नष्ट होते गये; क्रान्ति दर क्रान्ति होती रही...लेकिन ग्रामीण समुदाय ज्यों का त्यों रहा...मेरा यह मानना है कि ग्रामीण समुदाय के इस संघ में से प्रत्येक अपने–आप में एक छोटा राज्य है, और इसने भारत के लोगों के सामने हुई सभी प्रकार की क्रान्तियों और परिवर्तनों के दौरान उनकी सुरक्षा में किसी भी अन्य कारक की तुलना में ज़्यादा योगदान दिया है; यह उच्च स्तर तक उन्हें आनन्द प्रदान करता है, तथा उन्हें अपनी आज़ादी और स्वतन्त्रता का उपभोग कराने में समर्थ बनाता है (रिपोर्ट ऑफ़ द स्लेक्ट कमिटी ऑफ़ द हाउस ऑफ़ कॉमन्स, वोल्यूम III, अपेनडिक्स 84 : 311)

बंगाल, असम तथा गुजरात और दक्षिणी भारत के पश्चिमी तटीय क्षेत्र के अलावा शेष भारत में गाँव घरों और झोंपड़ियों का ऐसा समूह है, जिसके चारों ओर खेत होते हैं। घरों के बीच में संकुचित और टेढ़ी–मेढ़ी गलियाँ होती हैं। घर या तो मिट्टी के होते हैं जिनमें घास–फूस या खपड़े की छत लगी होती है, जिसे शायद स्थानीय कुम्हार द्वारा बनाया जाता है। गाँव बहुत ही सीमित क्षेत्र में होता है–रामपुरा कुछ हद तक बड़ा गाँव है। इसमें कुल 1,523 लोग निवास करते हैं और फिर भी कोई भी आधे घण्टे में इस गाँव का चक्कर लगा सकता है।

प्रत्येक ग्रामीण व्यक्ति गाँव के अन्य लोगों को जानता है। हर व्यक्ति किसी न किसी जाति से है, एक संयुक्त परिवार और एक ऐसे सगोत्रीय समूह का सदस्य है, जो कुछ संयुक्त परिवारों से मिलकर बनता है। एक आदमी की व्यक्तिगत विशिष्टता साझा सम्पत्ति होती है। वयस्क लोगों को गाँव के तक़रीबन प्रत्येक वयस्क परिवार के 'इतिहास' की जानकारी होती है। ऐसा लगता है कि दो व्यक्तियों के बीच का सम्बन्ध उनके माता–पिता के बीच के सम्बन्ध से क़ायम रहता है, और फिर यह उनके बच्चों के बीच के सम्बन्ध के रूप में आगे बढ़ता है। कुछ ऐसे उदाहरण भी मिल सकते हैं, जहाँ दो संयुक्त परिवारों के बीच की अतीत की दुश्मनी उनके वर्तमान प्रतिनिधियों के बीच एक जुड़ाव का काम करती है।

गाँव के मुखिया को अमूमन *पटेल* कहा जाता है, और मुनीम या लेखपाल को *शानभोग* कहा जाता है। ये दोनों समुदाय के मुख्य व्यक्ति

होते हैं। ये दोनों ही गाँव से सम्बन्धित होते हैं और इनके पद वंशानुगत होते हैं। अमूमन एक ग़ैर–ब्राह्मण व्यक्ति मुखिया होता है, वहीं मुनीम हमेशा ही एक ब्राह्मण होता है। मुखिया सरकार के सामने गाँव का प्रतिनिधि होता है, तथा गाँव के सामने सरकार का प्रतिनिधि होता है। सरकार के एजेंट (अभिकर्त्ता) और गाँव के प्रतिनिधि के रूप में अपनी दोहरी भूमिका के कारण उसे हर किसी का सम्मान मिलता है। वह एक अनिवार्य कड़ी होता है। जहाँ सरकार यह मानती है कि उसे गाँव के लिए ज़िम्मेदार माना जा सकता है, वहीं गाँव के लोग उसे अपना प्रवक्ता मानते हैं। ऐसा प्रतीत होता है कि अभी हाल ही के समय तक लोग सरकार को बहुत ही कौतूहल और भय से देखते थे। जब कोई उच्च सरकारी अधिकारी गाँव के दौरे पर आता था, तो सबसे साहसी व्यक्ति ही उससे मिलने जाते थे– और शायद इस तरह की मुलाकात तभी की जाती थी, जब गाँव में कोई गम्भीर समस्या हो। जब हम इन तथ्यों को ध्यान में रखते हैं तो गाँव के प्रवक्ता की आवश्यकता को ज़्यादा बेहतर तरीक़े से समझ सकते हैं।

लेखपाल के पास इस बात का विवरण होता था कि एक परिवार या संयुक्त परिवार के मुखिया के पास कुल कितनी ज़मीन है, और इस ज़मीन पर कितना कर बनता है। फ़सल की कटाई से पहले लेखपाल फ़सलों की स्थिति के बारे में सरकार को सूचित करता है। वह अमूमन अपनी रिपोर्ट इस रूप में भेजता है : 'इस वर्ष रुपये में 8 आना की कटाई होगी'। उच्चतर अधिकारी द्वारा लेखपाल के आकलन की जाँच करने के बाद सरकार के मूल्यांकन को इस आकलन के अनुसार समायोजित किया जायेगा।

गाँव बहुत से अर्थों में एक एकता का प्रतिनिधित्व करता है। पहला, यह एक भौतिक एकता है। यदि मानसून ख़राब रहता है, तो यह हर किसी के लिए ख़राब रहता है। पहले जब कॉलरा, प्लेग या चेचक का हमला होता था, तो सम्पूर्ण गाँव एक इकाई के रूप में फ़ैसला करता था और किसी अन्य स्थान पर चला जाता था। (रामपुरा का वर्तमान स्थान सिर्फ़ 75 वर्ष पुराना है, पुराने स्थान को मलेरिया की महामारी के कारण छोड़ दिया गया था)। यहाँ के सभी लोगों ने मिलजुलकर इन बिमारियों के देवताओं को सन्तुष्ट किया–कर्मकाण्ड की माध्यम से इस रोग को गाँव से बाहर किया गया–गाँव के सीमा का एक निश्चित कर्मकाण्डीय महत्त्व था।

गाँव की कर्मकाण्डीय एकता महत्त्वपूर्ण होती है। 1948 के ग्रीष्म के आरम्भिक भाग के दौरान एक लम्बा सूखा पड़ा था और इसने ग्रीष्मकालीन फ़सलों–चने की दाल, काला चना, हरा चना आदि पर नकारात्मक प्रभाव डाला था। गाँव के लोगों ने यह महसूस किया कि उन्हें ईश्वर द्वारा सजा दी गयी है। कुछ लोगों ने यह कहा कि सूखे का कारण यह है कि बासवा मन्दिर का बुजुर्ग। विधुर पुजारी विवाह किये बग़ैर दो महिलाओं के साथ रह रहा है। बारिश ने होने के लिए कई अन्य कारण भी ज़िम्मेदार माने जाते हैं : कोढ़ी व्यक्ति की लाश धरती में दफ़नाने से धरती माता (*भूमिताई*) अपवित्र हो जाती हैं, और इसका नतीजा सूखे के रूप में सामने आता है। एक कोढ़ी व्यक्ति की लाश को जलाया जाना चाहिए या उसे नदी में बहा देना चाहिए।

इस गाँव में मेरे प्रवास के दौरान यहाँ के लोगों के बीच अद्भुत एकता सामने आयी। सरकार ने अचानक ही यह आदेश पारित किया कि पूरे राज्य में तालाबों में मछली पकड़ने का अधिकार नीलामी द्वारा बेचा जायेगा। जब कोडागाहाली लोगों को इसके बारे में पता चला तो उनकी स्वतः स्फूर्त प्रतिक्रिया यह थी कि 'सरकार को हमारे तालाबों में मछली पकड़ने के अधिकार की नीलामी करने का क्या हक़ है?' उनके अनुसार, सरकार उनसे सम्बन्धित दायरे का अतिक्रमण कर रही थी। (यहाँ इस बात का उल्लेख करना आवश्यक है कि कोडागाहाली में मुखिया और अन्य वरिष्ठ लोग वर्ष में एक बार गर्मी के मौसम में जलस्तर के निम्न होने पर मछली पकड़ने का अभियान चलाते हैं। चाँदनी रात में अधिकांश वयस्क मछली का जाल लेकर तालाब के पास जाते हैं और मछली पकड़ते हैं। अगले दिन हर घर में दावत होती है)। सरकार ने नीलामी के लिए जो दिन निश्चित किया था, उस दिन गाँव से या पड़ोसी गाँवों से कोई भी व्यक्ति बोली लगाने के लिए नहीं आये। गाँव के दौरे पर आये सरकारी अधिकारियों को बिना किसी नीलामी के ही वापस जाना पड़ा।

जब गाँव के लोग ख़ुद को दूसरों से अलग करते हैं तब भी अमूमन एकता की यह भावना सामने आती है। कोडागाहाली के लोग ख़ुद सिहाली के लोगों की तुलना में ज़्यादा परिष्कृत मानते हैं। वे यह स्वीकार करते हैं कि अराकिरी के लोग उनसे ज़्यादा शिक्षित हैं, लेकिन उनके अनुसार अराकिरी के लोग झगड़ालू हैं तथा वे सृजनात्मक कार्यों में अन्य लोगों के साथ सहयोग नहीं करते हैं। दूसरी ओर, अराकिरी के लोग ख़ुद को विकसित मानते हैं तथा कोडागाहाली के लोग पिछड़े हैं। अपने गाँव पर

गर्व होना बहुत ही सामान्य बात है, हालाँकि इसके चलते वस्तुनिष्ठता को पूरी तरह से ख़ारिज नहीं किया जाना चाहिए।

हमने यह दिखाने के लिए बहुत कुछ कहा है कि गाँव की एकता के विविध आयाम हैं। गाँव के अधिकांश लोग, चाहे उनकी जाति कुछ भी हो, यह मानते हैं कि वे कुछ ख़ास सन्दर्भों में उस गाँव के बाशिन्दे हैं। कोडागाहाली में 16 उप–जातियों के लोग रहते हैं। इसमें से प्रत्येक उप–जाति की एक विशिष्ट परम्परा है। इसका नज़दीक के गाँवों के अपनी ही उप–जाति के लोगों से गहरा जुड़ाव भी होता है अर्थात् गाँव बहुत से जातियों की लम्बवत (वर्टिकल) एकता के रूप में होता है, वहीं जाति एक क्षैतिज एकता होती है, और इसका गठजोड़ गाँव से परे भी जाता है।

जाति व्यवस्था का एक ऐसा आयाम है जिस पर पर्याप्त रूप से ध्यान नहीं दिया गया है। गाँव की विविध जातियाँ अन्तर्निर्भर होती हैं। यह रोज़मर्रा के मसलों से स्पष्ट होता है, तथा कर्मकाण्डीय और अन्य महत्त्वपूर्ण मौक़ों पर इसकी अहम भूमिका होती है। कोई भी ग्रामीण व्यक्ति यह बता सकता है कि एक किसान की शादी के समय सभी जातियों के सहयोग की आवश्यकता होती है। ब्राह्मण पुजारी होता है, बढ़ई पण्डाल बनाता है, सोनार गहने तैयार करता है, कुम्हार बर्तन बनाता है, धोबी दूल्हा–दुल्हन के लिए साफ़ कपड़े देता है, नाई दूल्हे की दाढ़ी बनाता है, तेली जलाने और खाना बनाने के लिए तेल की आपूर्ति करता है, चरवाहा दूल्हे की कलाई पर पवित्र धागा बाँधने के लिए ऊन देता है, बानाजिगा (व्यापारी) अन्य प्रबन्ध करता है, मेड (टोकरी बनाने वाला) टोकरियों की आपूर्ति करता है, तथा होलेवा (अछूत) सेवक का काम करता है और दूल्हे के लिए जूते की जोड़ी तैयार करता है।

बढ़ई (यह याद रखना महत्त्वपूर्ण है कि वह लोहार या सोनार जाति से होता है) किसानों का हल बनाता है। उसका यह कर्त्तव्य है कि वह यह देखे कि किसानों के सभी औज़ारों की ठीक से मरम्मत हुई हो। वह जिन परिवारों की सेवा करता है, वे उसे वार्षिक कटाई के समय निश्चित मात्रा में धान और भूसा देते हैं। उसे गर्मी के मौसम में उपजाये जाने वाले अनाज से भी एक हिस्सा मिलता है, हालाँकि यह हिस्सा काफ़ी छोटा होता है। इसी तरह, धोबी सिर्फ़ अत्यन्त निम्न जाति के परिवारों को छोड़कर गाँव के प्रत्येक परिवार के कपड़े साफ़ करता है। धोबी के परिवार के पुरुष सदस्य पुरुषों के कपड़े साफ़ करते हैं, वहीं इनके परिवार की महिला

सदस्य महिलाओं के कपड़े साफ़ करती हैं। एक पुरुष महिलाओं के कपड़े धोने को अपनी हैसियत से नीचे का काम मानता है। कई कर्मकाण्डों में धोबी के विशेष कर्त्तव्य और विशेषाधिकार होते हैं। वह जिन परिवारों का काम करता है, उनके द्वारा उसे वार्षिक रूप से धान और भूसा दिया जाता है। यही बातें कुम्हार और नाई पर भी लागू होती हैं।

ऐसा प्रतीत होता है कि तेल निकालने वाला या तेली इस तरह की पारम्परिक व्यवस्थाओं में सम्मिलित नहीं किया गया है। कोडागाहाली के तीन महत्त्वपूर्ण मन्दिरों के ब्राह्मण और लिंगायत (दक्षिण भारत का एक ग़ैर–ब्राह्मण शैव सम्प्रदाय) पुजारियों को भी वार्षिक रूप से थोड़ी मात्रा में धान और भूसा दिया जाता है। यहाँ इस बात पर भी ग़ौर करने की आवश्यकता है कि इन तीनों मन्दिरों के नाम पर ज़मीन भी है, जिसका उपयोग पुजारियों के परिवारों द्वारा किया जाता है।

पहले कोडागाहाली में यह प्रथा थी कि दो परिवार मालिक–सेवक के सम्बन्ध से जुड़े होते थे। इनमें से एक उच्च जाति का परिवार मालिक होता था, तथा एक अछूत परिवार सेवक होता था। सेवक को मालिक का हलेमागा (पुराना पुत्र) कहा जाता था। सामाजिक और कर्मकाण्डीय मौक़ों पर उनके कुछ निश्चित कर्त्तव्य होते थे। मसलन, मालिक के परिवार में विवाह होने पर सेवक को दूल्हे को एक जोड़ी चप्पल *(चेमालिगे)* देना होता था। सेवक के परिवार को कटाई के समय धान और भूसा की एक निश्चित मात्रा दी जाती थी। इसके अलावा, मालिक के घर में किसी गाय या बैल की मृत्यु हो जाने पर उसके शव पर इनका अधिकार होता था।

आजकल अछूतों ने ऐसे काम करने से इनकार कर दिया है जिन्हें निम्न कोटि का माना जाता है। लेकिन उच्च जाति के लोग चाहते हैं कि वे इन कामों को जारी रखें। इसके कारण इनके बीच एक दरार पैदा हुई है।

ऐसा लगता है कि पहले पदसोपान में बहुत निम्न स्थिति वाली बहुत–सी उप–जातियों को *हलेमागा* के रूप में तुलनात्मक रूप से उच्च जाति वाली कुछ निश्चित उप–जातियों से जोड़ दिया जाता था। इस तरह, हम पाते हैं कि उच्च जाति का एक व्यक्ति यह कहता है कि 'पहले फलाँ–फलाँ जातियाँ हमारी हलेमागा थीं। लेकिन अब वे ऐसा नहीं हैं।' कई बार यह सम्बन्ध सिर्फ़ नाममात्र का होता है। मसलन, जब एक यहाँ–वहाँ भटकने वाली उप–जाति गरुडिगा (कलाबाज़ों और जादूगरों की एक जाति) गाँव की एक उप–जाति के *हलेमागा* हैं। अमूमन गरुडिगा

इस ख़ास गाँव में साल में एक बार यात्रा करते हैं, वह भी तय नहीं है। कई बार एक व्यक्ति अपनी उप–जाति की स्थिति मज़बूत करने के लिए यह दावा कर सकता है कि उसकी अपनी उप–जाति से कोई उच्चतर उप–जाति उसकी *हलेमागा* है।

अपने मालिक की ज़मीन पर खेती करने वाले सेवकों को उनके काम के बदले में धान या धान के साथ पैसा दिया जाता है, तथा जोतदार ज़मीन के मालिक को अपनी फ़सल का एक निश्चित हिस्सा देते हैं। काफ़ी हद तक धान अर्थव्यवस्था में पैसे की भूमिका अदा करता है, और व्यक्तिगत लेन–देन में आज भी वस्तु–विनिमय की व्यवस्था मौजूद है। पैसे के बदले में इसका ज़्यादा से ज़्यादा उपयोग होता है।

गाँव आज भी मोटे तौर पर आत्मनिर्भर हैं। लेकिन आजकल गाँव से बाहर बनी या उपजाई गयी वस्तुओं की आवश्यकता पड़ती है। मसलन, कपड़े, नमक, चीनी, माचिस, कैरोसीन, साबुन, चाय, कॉफी, बीड़ी, लालटेन, साइकिल और तिजोरियाँ कुछ ऐसी वस्तुएँ हैं, जो बाहर से आती हैं। एक आत्मनिर्भर अर्थव्यवस्था तभी मुमकिन है जब सभी उप–जातियाँ अपने पारम्परिक पेश के अनुसार ही काम करें। ये पेशे एक–दूसरे के अनुपूरक हैं। आज भी कोडागाहाली के बारे में यह बात काफ़ी हद तक सच है, हालाँकि या तो खेती प्रत्येक जाति का मुख्य पेशा है या वह अपने मुख्य पेशे के साथ खेती का काम भी करती है। किसान जाति के सदस्य खेती करते हैं, नाई बाल काटने का काम करते हैं, धोबी कपड़े धोते हैं, कुम्हार बर्तन बनाते हैं, बानाजिगा व्यापार करते हैं, गंगा तेल निकालने और बेचने का काम करते हैं, बेस्था मछली पकड़ने का काम करते हैं, इडिगा ताड़ी बेचने का काम करते हैं (हालाँकि वे इसे निकालते हैं), मेडा टोकरी बनाते हैं, और कोरमा सूअर पालने का काम करते हैं। अछूत लोग मज़दूर और सेवक के रूप में काम करते हैं।

यद्यपि कुरहा लोगों का पारम्परिक काम भेड़ पालना और उनके कम्बल बनाना है किन्तु अधिकांश कुरहा लोग खेती का काम करते हैं। कोडागाहाली में कुछ मुस्लिम भी हैं, जो हाल ही में यहाँ आकर बसे हैं और ये मुख्य रूप से व्यापार और ठेकेदारी का काम करते हैं।

कुछ किसानों और एक लिंगायत ने किराना की दुकानें भी खोली हैं तथा एक कुम्हार और एक मछुआरा सिलाई मशीन से कपड़े सिलने का काम करते हैं। पुजारी जातियाँ भी ज़मीन पर खेती का काम करती हैं। आज भी किसी व्यक्ति द्वारा अपने पारम्परिक पेशे को अपनाने को उचित

माना जाता है। (बहरहाल, स्कूल की शिक्षा प्राप्त करने वाले और शहरी दृष्टिकोण रखने वाले बहुत से युवक ऐसे विचार को नहीं मानते हैं।)।

एक जाति का अपने पेशे में प्रयुक्त होने वाले यन्त्रों, औज़ारों, या वस्तुओं के प्रति कर्मकाण्डी दृष्टिकोण होता है। हर साल गौरी (शिव की पत्नी पार्वती) के त्योहार के समय प्रत्येक जाति अपने यन्त्रों की पूजा करती है। पुस्तकों को शिक्षा की देवी सरस्वती की पहचान माना जाता है, और प्रत्येक व्यक्ति इसके प्रति कर्मकाण्डीय सम्मान रखता है। ब्राह्मण दशहरे के दौरान पुस्तकों की पूजा करते हैं। गाँव के स्कूल में सरस्वती पूजा करने की प्रथा है।

सभी हिन्दुओं जातियों से मिलकर बने सम्पूर्ण समुदाय द्वारा पृथ्वी को धरती माता माना जाता है, तथा फ़सलों और खाद को सम्पत्ति की देवी लक्ष्मी के रूप में देखा जाता है। घरेलू दीया, अन्न–भण्डार, अनाज के ढ़ेर, अनाज की माप आदि सभी कर्मकाण्डीय सम्मान दर्शाने के विविध तरीक़े हैं।

एक गाँव के भीतर विविध उप–जातियाँ आर्थिक और अन्य तरीक़ों से एक–दूसरे पर निर्भर होती हैं, और वे कुछ निश्चित सन्दर्भों में ख़ुद को गाँव का निवासी भी मानती हैं; किन्तु इसके कारण जातियों के भीतर होड़ या यहाँ तक शत्रुता पर पूरी तरह रोक नहीं लगती है। यह जातिगत एकजुटता का स्वाभाविक परिणाम है। अन्तर्जातीय होड़ एक जाति के व्यक्ति द्वारा किसी अन्य जाति की प्रथाओं और व्यवहारों के बारे में चुटकुला सुनाने के रूप में सामने आती है। अपनी जाति पर गर्व के साथ ही अन्य जातियों के तौर–तरीक़ों और प्रथाओं के प्रति अज्ञानता और अमूमन अवमानता की भावना भी मौजूद रहती है। विशेष रूप से, उच्च जातियाँ निम्न जातियों के तौर–तरीक़ों के बारे में अवमानना की भावना रखती हैं।

कई मौक़ों पर उप–जातियों के बीच झगड़े होते हैं। हाल ही में, बेस्था और लिंगायत के बीच कोडागाहाली के नज़दीकी गाँव में झगड़ा हुआ। इन दोनों जातियों के लोगों के बीच जाति के नाम पर गहरी एकजुटता मौजूद है।

कई ऐसे गाँव भी हैं जहाँ एक जाति की सीमा–रेखा दर्शाने के लिए पत्थर गाड़े गये हैं। यदि कोई व्यक्ति पत्थर को पारकर अपनी जाति की सीमा से बाहर चला जाता है तो उसकी पिटाई की जा सकती है। विषय से हटने का जोख़िम उठाते हुए भी यहाँ यह उल्लेख करना आवश्यक है कि गोत्र, जाति और गाँव के अलावा एकजुटता का एक अन्य प्रमुख आधार भी है। एक गाँव की विविध उप–जातियाँ दो भागों अर्थात् *नाडू*

और *देशा* में संगठित होती हैं। यह पता लगाना आसान नहीं है कि कौन–सी उप–जाति नाडू समूह से और कौन–सी देशा समूह से सम्बन्धित है। एक वर्णन के अनुसार, ब्राह्मण, क्षत्रिय, ओक्कालिगा नाडू समूह से सम्बन्धित होते हैं, वहीं अमूमन शेट्टी (यह संस्कृत के 'श्रेष्ठी' शब्द से व्युत्पन्न हुआ है) प्रत्यय रखने वाली जातियाँ देशा समूह का भाग होती हैं। इस तरह बानाजिगा, अगस्ता (माडीवाला), कुमबारा, गनिगा, हजामा, बेस्था, बुनाई करने वाली जातियाँ, मेडा और कोरमा देशा समूह का भाग हैं। ओक्कालिगा तो निश्चित रूप से नाडू समूह से सम्बन्धित हैं, लेकिन ब्राह्मण और क्षत्रिय के बारे में यही बात सुनिश्चित रूप से नहीं कही जा सकती है। शायद बाहर अन्य कई मामलों की तरह ही इस मामले में भी गाँव से बाहर होता है।

यहाँ एक अन्य प्रासंगिक मसले का उल्लेख करना आवश्यक है : यह माना जाता है कि लोहार (या सुनार) जातियों का समूह अन्य जातियों से 'एक रंग कमतर' होता है। पहले इस समूह को गाँव के भीतर कुछ निश्चित अधिकार प्राप्त नहीं थे। गाँव के भीतर उनके विवाह का कर्मकाण्ड नहीं किया जा सकता था। उन्हें गाँव की सामूहिक बैठकों, पूजा–स्थलों और विवाह–गृहों से बाहर रखा जाता था। उन्हें लाल चप्पल पहनने की अनुमति नहीं थी। कोई भी अन्य जाति, यहाँ तक कि अस्पृश्य माने जाने वाली होलेया जाति के लोग भी लोहार जाति के लोगों के घर खाना नहीं खाते थे। आमतौर पर यह कहा जाता है कि होलेया सबसे निम्न और दायाँ–पक्ष विभाजन से सम्बन्धित जाति है। लेकिन ऐसी जातियाँ भी हैं जिनके बारे में होलेया जाति का व्यक्ति यह कह सकता है कि वह उनके यहाँ बना खाना नहीं खाता है, उनके यहाँ का पानी नहीं पीता है, या यहाँ तक कि उनके चूनम (पान के पत्ते पर लगने वाला चूना) भी नहीं लेता है।

लोहार (या सुनार) जातियों द्वारा ख़ुद को अन्य जातियों के बराबर मानने के दावे के कारण इनके और अन्य जातियों के बीच संघर्ष हुआ है। पचास वर्ष पूर्व अराकेरी गाँव चेलुवाडी (अछूत और गाँव के वंशानुगत सेवक के रूप में काम करने वाली और दायाँ–पक्ष विभाजन से सम्बन्धित जाति) लोगों ने मैसूर के एक अमीर लोहार श्रेणी से सम्बन्धित व्यक्ति को इसलिए पीटा था क्योंकि वह गाँव में लाल चप्पल पहनकर आ गया था, जबकि उस व्यक्ति ने गाँव के लोगों को 50,000 रुपये तक का उधार दिया था।

शायद जातियों को 'सभी रंगों से युक्त' और 'एक रंग कम' के रूप

में समूहन दायाँ–पक्ष और बायाँ पक्ष विभाजनों के अनुरूप है। निश्चित रूप से, लोहार (सुनार) बाद वाले समूह का भाग है। अछूत जातियों में होलेया दायाँ–पक्ष और मडिगा बायाँ–पक्ष विभाजन से सम्बन्धित हैं। पहले अक्सर उस समय झगड़ा होता था, जब एक बायाँ–पक्ष जाति उस विशेषाधिकार का दावा करती थी, जिसे दायाँ–पक्ष भाग द्वारा नकारा जाता था।

गाँव की विभिन्न जातियों के संघटित होने के बावजूद वहाँ एकजुटता है। इसके साथ ही, हर जाति की अन्य गाँवों में रहने वाले अपनी जाति के लोगों के साथ एकजुटता है। तीसरा, एक गाँव में रहने वाली विभिन्न जातियों को नाडू और देशा भागों में बाँटा जा सकता है। 'सभी रंगों से युक्त' और 'एक रंग कम' विभाजन की तरह ही दायाँ–पक्ष और बायाँ–पक्ष विभाजन भी जातियों के बीच का सामान्य अन्तर है और यह एक गाँव की जातियों तक सीमित नहीं है। एक गाँव के भीतर भी दाँया और बाँया पक्ष विभाजन, 'सभी रंग' और 'एक रंग कम' विभाजन, तथा नाडू और देशा विभाजन पाया जा सकता है।

हमें यहाँ जाति अदालतों के अस्तित्व का भी उल्लेख करना चाहिए, जो लोगों को जाति अपराधों की सज़ा देती है। यद्यपि अंग्रेज़ों द्वारा स्थापित की गयी क़ानूनी व्यवस्था ने इस व्यवस्था को क़रीब–क़रीब ख़त्म कर दिया, किन्तु ये आज भी शक्तिशाली संगठन हैं। मसलन, यदि किसी व्यक्ति को उसकी जाति की अदालत द्वारा जाति से बहिष्कृत कर दिया जाता है, तो वह क़ानून की अदालत में मानहानि का मुक़दमा दायर कर सकता है। लेकिन फिर भी हक़ीक़त यही है कि जातीय अदालतें प्रभावकारी तरीक़े से काम कर रही हैं। 1945 तक इस बात के प्रमाण मौजूद हैं। मसलन, इस वर्ष धोबी जाति की एक महिला को उसकी जाति से तक़रीबन बाहर निकालने का फ़ैसला कर लिया गया था क्योंकि उसने अपनी उस बहन के साथ तथाकथित रूप से खाना खा लिया था जिसे पहले एक अछूत व्यक्ति के साथ रहने के कारण जाति से बहिष्कृत कर दिया गया था। जातीय अदालतों के हाथ में सबसे मज़बूत हथियार यही है कि वे अपनी जाति के किसी भी सदस्य का जाति से बहिष्करण कर सकती हैं। यह बहिष्करण हमेशा के लिए और अपरिवर्तनीय हो सकता है, या फिर कई मौक़ों पर यह अस्थायी भी हो सकता है। किसी निम्न व्यक्ति के साथ रहने या उसके साथ भोजन करने जैसे गम्भीर अपराधों के मामले में हमेशा के लिए जाति से बहिष्कृत कर दिया जाता है। छोटे किस्म के अपराधों के लिए छोटी सजाएँ दी जाती थीं : अपराध करने

वाला व्यक्ति अपने काम के लिए अफसोस जताता है, जुर्माना अदा करता है, शुद्धीकरण की प्रक्रिया से गुज़रता है, और इसके बाद वह अपनी जाति के लोगों को दावत देता है। यदि किसी अच्छे मकसद से किसी को जाति से बहिष्कृत किया जाता है, तो वह व्यक्ति अपनी जाति के लिए तक़रीबन मृत हो जाता है, और उसकी जाति के लोग उससे हर तरह के सामाजिक सम्बन्ध ख़त्म कर लेते हैं। अमूमन इसके बारे में एक ख़बर फैला दी जाती है, जिससे बहिष्कृत व्यक्ति के लिए कहीं और बस पाना कठिन हो जाता है। यदि अपराधी एक परिवार का मुखिया होता है, तो जब तक पूरा परिवार उसे त्याग नहीं देता, तब तक पूरे परिवार को प्रतिबन्ध का सामना करना पड़ता है।

विवाह के मौके पर सभी मेहमानों को पान के पत्ते और अखरोट वितरित किया जाता है। यह वितरण एक सुनिश्चित क्रम के अनुसार होता है। इसमें प्रत्येक अतिथि की योग्यता को ध्यान में रखा जाता है। विवाह में आने वाले मेहमान वरिष्ठता को लेकर काफ़ी संवेदनशील होते हैं, और यदि कोई मेहमान यह महसूस करता है कि उसका अपमान किया गया है, तो वह हंगामा कर देता है। पान के पत्तों का औपचारिक वितरण इतना कठिन काम है कि कई वर्ष पूर्व कोडागाहाली के बुर्जुर्गों ने यह फ़ैसला किया कि यदि कोई व्यक्ति गाँव के कोष में 8.40 रुपया जमा करवाता है, तो वह इस कर्म काण्ड को छोड़ सकता है। आजकल सभी लोग बचने के इसी रास्ते का इस्तेमाल करते हैं।

केरागोडू और अष्टाग्रामा में कुम्हारों की जातीय अदालत है। इन अदालतों को *गडी* कहा जाता है, जिसका शाब्दिक अर्थ सीमा–रेखा होता है। प्रत्येक जाति की बहुत सारी जातीय अदालतें होती हैं, और यह माना जाता है कि इनका एक पदसोपान होता है। लेकिन ऐसा लगता है कि यह पदसोपान पूरी तरह परिभाषित नहीं है। मिसाल के तौर पर, केरागोडू *गडी* और मैसूर *गडी* के बीच तीखी प्रतियोगिता की स्थिति बनी रहती है। मैसूर के लोग इस आधार पर केरागोडू के लोगों से पूर्वता का दावा करते हैं कि उनकी जातीय अदालत मैसूर राज्य की राजधानी का प्रतिनिधित्व करती है। इस सन्दर्भ में केरागोडू के लोग यह उत्तर देते हैं कि ये जातीय अदालतें या *गडी* टीपू सुल्तान के पिता हैदर अली के समय में अस्तित्व में आयी; और उस समय भी केरागोडू को मैसूर राज्य के उस समय की राजधानी अष्टाग्रानिया से पूर्वता प्राप्त थी। कहने का तात्पर्य यह है कि केरागोडू को हमेशा ही राजधानी से पूर्वता मिली है।

विवाह में पान के पत्ते के वितरण का कर्मकाण्ड गाँव के संगठन के बारे में बताता है, और इससे यह बात भी उजागर होती है कि जातीय अदालतों के एक पदसोपान का अस्तित्व है। कई बार इस पदसोपान को स्पष्ट रूप से परिभाषित नहीं किया जाता है। इसका एक कारण यह तथ्य हो सकता है कि एक क्षेत्र की सर्वोच्च जातीय अदालत दूसरे क्षेत्रों में अपने प्राधिकार की दावेदारी करने का प्रयास कर सकती है। इससे यह बात सामने आती है कि एकीकरण की प्रक्रिया को सही तरीक़े से लागू नहीं किया गया।

कुछ मसले बहुत स्पष्ट रूप से जातीय अदालतों के अधिकार–क्षेत्र में आते हैं, मसलन निम्न जाति के किसी व्यक्ति के साथ रहना या खान–पान करना। किसी अन्य के पेड़ की शाखा को काटने, किसी अन्य के खेत से सम्बन्धित पानी की दिशा को मोड़ने, दूसरे के खेत से घास चुराने, किसी के सूखी घास के ढेर पर आग लगाने आदि जैसे मसले गाँव के प्राधिकारियों के अधिकार–क्षेत्र में आते हैं। इनके पास काफ़ी महत्त्वपूर्णा शक्तियाँ होती हैं और ये अपराधी पर जुर्माना लगाने से लेकर उसका बहिष्कार करने तक का फ़ैसला कर सकते हैं। यदि किसी अपराधी (और उसके परिवार) का बहिष्कार कर दिया जाता है, तो वह गाँव के कुएँ या नहर का इस्तेमाल नहीं कर सकता है। अब उसके जानवर गाँव के चरागाह में चराई भी नहीं कर सकते हैं। इसके अलावा, नाई, धोबी आदि उसका काम नहीं करेंगे। कोई भी पड़ोसी 'आग या गर्म पानी' नहीं देगा। आज भी गाँवों में लोग सामान्य रूप से अपने पड़ोसी के चूल्हे से आग लेकर अपने यहाँ चूल्हा जलाते हैं। इसी तरह, यदि किसी पड़ोसी के पास खौलते पानी का हंडा है तो बाक़ी पड़ोसी उससे नहाने या कपड़े धोने के लिए पानी लेते हैं।

अमूमन गाँव और जाति के प्राधिकारी एक साथ मिलकर काम करते हैं। कई बार गाँव के प्राधिकारी शिकायतकर्त्ता से यह कह सकते हैं कि 'हम इस जाति के मामले में दखल नहीं देंगे। यह ज़्यादा अच्छा होगा कि आप यह मसला अपने जाति के प्राधिकारियों के सामने उठायें।' इसी तरह, कोई तथ्यात्मक जानकारी लेने के लिए जाति के प्राधिकारी गाँव के प्राधिकारियों से सम्पर्क कर सकते हैं। गाँव के प्राधिकारी अपने गाँव के लोगों और वहाँ घटी घटनाओं के बारे में अच्छी तरह जानते हैं, इसलिए वे इसके बारे में सही जानकारी दे सकते हैं।

गाँव एक स्वतन्त्र इकाई है, आर्थिक रूप से आत्मनिर्भर है, इसकी अपनी ग्राम सभा होती है, इसके पास अपने चौकीदार, अधिकारी और सेवक होते हैं। प्रत्येक गाँव के भीतर प्रत्येक जाति अपना जीवन व्यतीत करती है, हालाँकि यह गाँव के भीतर और गाँव के बाहर अन्य जातियों पर निर्भर होती है। वर्ग के अनुसार भी एक विभाजन का अस्तित्व होता है। अछूत लोग कभी भी अमीर नहीं होते हैं, और वे अमूमन उच्च जातियों के घरों में सेवकों और मज़दूरों के रूप में काम करते हैं। लेकिन उच्च जातियों में भी ग़रीब सदस्य हैं, जो अपनी ही जाति के अमीर लोगों के यहाँ नौकर के रूप में काम करते हैं। इस तरह, अक्सर एक ग़रीब ओक्कलिगा अमीर ओक्कलिगा के यहाँ नौकर के रूप में काम करता है। आमतौर पर, कभी भी एक उच्च जाति का व्यक्ति निम्न जाति के व्यक्ति के घर में नौकर के रूप में काम नहीं करता है।

हमने अभी एक ग्रामीण समुदाय के सदस्यों को एक–दूसरे से जोड़ने वाले सम्बन्धों के बारे में पर्याप्त संकेत दिया है। ये सम्बन्ध मज़बूत और पारम्परिक हैं। लेकिन पिछले 150 वर्षों में जो शक्तियाँ गतिमान हुई हैं, उन्होंने इसे कमज़ोर किया है, और आज़ादी मिलने के बाद इन सम्बन्धों को ख़त्म करने पर ध्यान केन्द्रित किया गया है। इस बारे में सिर्फ़ अनुमान ही लगाया जा सकता है कि भविष्य में किस प्रकार के समुदायों का अस्तित्व होगा।

अनुवाद : कमल नयन चौबे

उत्तरी केरल में गाँव की संरचना*

एरिक जे. मिलर

जाति व्यवस्था में, ग़ैर–हिन्दू जनसंख्या के अनुपात में, अर्थव्यवस्था में, भू–संरचना में तथा अन्य कारकों में स्थानीय विविधताओं ने विभिन्न क्षेत्रों में काफ़ी भिन्नता उत्पन्न करने में योगदान दिया है। मालाबार तटीय क्षेत्र को शेष भारत से अलग करने वाले कारकों में पश्चिमी घाट और समुद्र के बीच इसकी सापेक्षिक पृथक्ता, इसकी जातियों की अनूठी और पहले की मज़बूत श्रेणीबद्धता तथा इसका शक्तिशाली किन्तु तरल क़बीलों में विभाजन प्रमुख है। उल्लेखनीय है कि इन क़बीलों में से कुछ का आज भी अस्तित्व है।

यहाँ तक कि इस क्षेत्र के भीतर भी अलग–अलग स्थानों पर ग्रामीण समुदायों के संगठित होने के तरीक़े में भिन्नता है। इस अध्याय में मालाबार ज़िले के दक्षिण तालुकाओं के बहुत से मुख्य रूप से मुस्लिम (मापलिया) समुदायों पर तथा त्रावणकोर और कोचीन के उन गाँवों पर ध्यान नहीं दिया गया है, जहाँ मुख्य रूप से सीरीयन क्रिश्चियन का बहुमत है। असल में, इन पर अलग से विवेचना करने की आवश्यकता है। सम्पूर्ण मालाबार ज़िले और कोचीन राज्य में ग्रामीण अधिकारियों के माध्यम से ऊपर से एक जैसा प्रशासन थोपा गया है। विभिन्न गाँवों के इस तरह के प्रशासन के बीच थोड़ा अन्तर ही है। लेकिन ऐसे हिन्दू गाँवों की संरचना में भी काफ़ी भिन्नता है। यहाँ किसी एक गाँव के विस्तृत संगठन पर ध्यान केन्द्रित करने के बजाय उत्तरी केरल के गाँव की एक सामान्य तस्वीर उपलब्ध कराने का प्रयास किया गया है।

एक ओर, मालाबार ज़िले के उत्तरी भाग (जिसे संक्षेप में उत्तरी मालाबार के रूप में वर्णित किया गया है) और दूसरी ओर, कोचीन राज्य

* *इकोनॉमिक ऐंड पॉलिटिकल वीकली*, 9 फरवरी 1952, 159–64।

के साथ मालाबार ज़िले के दक्षिण तालुकाओं (दक्षिण मालाबार) के बीच मोटे तौर पर अन्तर किया जा सकता है। यह आंशिक रूप से उत्तर के ज़्यादा स्वायत्त क़बीलों और मुखियाओं से जुड़ा हुआ है, जहाँ भू–क्षेत्र ज़्यादा पहाड़ी है, तथा गाँव बिखरे हुए और पृथक् हैं। अमूमन दक्षिणी गाँव घरों और वृक्षों के द्वीप हैं, जो धान के 'समुद्र' से घिरे हुए हैं। उत्तर में धान के खेत झीलों या नदियों से मिलते–जुलते हैं–अमूमन ये लम्बी संकुचित पट्टियों के रूप में सामने आते हैं, जो एक मुख्य धारा से सिंचित होते हैं। साथ ही, यहाँ के ढलान वाले क्षेत्रों में पेड़ों के पीछे घर छिपे होते हैं।

बहुत से भारतीय सड़कों के आसपास भीड़–भाड़ में रहना पसन्द करते हैं। लेकिन एक मलयाली अपने पड़ोसियों से दूर अपने घेरे हुए अहाते में निजता के साथ रहना पसन्द करता है। नारियल के पेड़ों, केले और अन्य वनस्पतियों के बीच एक घर होता है, जो अपने अगले घर से अदृश्य होता है। जिन स्थानीय क्षेत्रों में धान की फ़सल कम होती है, वहाँ या दूसरी दिशा में मीलों तक इसी तरह की बसाहट होती है, जिसमें किसी एक गाँव की कोई स्पष्ट भू–क्षेत्रीय सीमा नहीं होती है। यहाँ तक कि निम्नतम जाति का सबसे ग़रीब परिवार भी अपने पड़ोसियों और परिजनों से थोड़ी दूरी पर रहता है, हालाँकि अक्सर यह गाँव की बाहरी सीमा या खेतों के निकट निवास करता है। इस अपवाद के अतिरिक्त, गाँव की सम्पूर्ण बसाहट बेतरतीब होती है, और इसमें एक विशेष जाति के लोगों के एक समूह में रहने की प्रवृत्ति नहीं होती है।

यहाँ उत्तरी केरल के ज़्यादा महत्त्वपूर्ण जातिगत विभाजनों का कुछ विवरण देना आवश्यक है। चार वर्णों में, यहाँ कोई क्षत्रिय नहीं है, और वैश्य जाति के बहुत कम लोग हैं : शूद्र और अछूत जातियाँ ही जनसंख्या का बड़ा हिस्सा हैं।

हिन्दुओं में नम्बूदरी ब्राह्मण एक छोटा किन्तु महत्त्वपूर्ण पितृवंशीय (*मक्काथयम*) जाति सर्वोच्च स्थान पर है। ये समुदाय के नाममात्र के पुजारी होते हैं और इनमें से बहुत से लोग धनवान भूमिपति भी हैं। कर्मकाण्डीय स्तर पर इनके नीचे बहुत–सी ऐसी क़बीलाई जातियाँ होती हैं, जो आर्थिक रूप से इनकी ही तरह या इनसे ज़्यादा शक्तिशाली होती हैं। इन्हें *मारुमक्कथयम* कहा जाता है, और इनका वंश महिलाओं की ओर से आगे बढ़ता है। इनमें से एक या दो क्षत्रिय होने का दावा करते हैं और इनके बीच हमेशा ही यह विवाद चलते रहता है कि किसका स्थान पहला है। ये सभी पृथक् रूप से, या एक साथ अमूमन विजातीय विवाह करते

हैं। ये अपनी महिलाओं का विवाह नम्बूदरियों से करते हैं, और इनके पुरुष नायर जाति से अपनी पत्नियाँ ले आते हैं। ये जातियों के बड़े पितृवंशीय समूह का निर्माण करते हैं, जो मुख्य रूप से समाज के मध्य वर्ग का आधार होता है। नायर पारम्परिक रूप से सैनिक, और वर्तमान में अमूमन सरकारी कर्मचारी हैं, लेकिन ये मुख्य रूप से किसान हैं। मन्दिरों में सेवक का काम करने वाली कुछ छोटी जातियों का स्थान नायरों से थोड़ा उच्च होता है। सबसे निम्नतर नायर उप–जातियाँ सभी उच्चतर समूहों के लिए धोबी और नाई का काम करती हैं।

ये सभी हिन्दू जातियों से सम्बन्धित हैं, और क़बीला जातियों से नीचे सभी शूद्र हैं। ये समूह बहुत से आयामों में एक साझा संस्कृति में भागीदारी करते हैं, जो उच्च वर्ग में विवाह (हाइपरगेमी) के कारण काफ़ी हद तक समान है। इसमें उच्चतर जातियों और उप–जातियों के पुरुष अपने से नीचे के समूहों से पत्नियाँ लाते हैं। लेकिन अब इस व्यवहार के स्थान पर बड़े पैमाने पर सगोत्र अन्तर्विवाह पर बल दिया जाने लगा है। क़बीला जातियों (और कई बार उच्चतर नायरों) और नम्बूदरियों के बीच के वैवाहिक सम्बन्धों जाति–हिन्दुओं (कास्ट हिन्दूज़) के बीच एक तरह की एकता स्थापित की है।

हिन्दू जनसंख्या का एक–चौथाई भाग नायरों से सम्बन्धित है, और अन्य हिन्दू जातियाँ 10 प्रतिशत से भी कम हैं; शेष दो–तिहाई दूषित जातियाँ हैं। इन्हें दो मुख्य समूहों में बाँटा जा सकता है। उच्च समूह में मज़दूरों और छोटे जोतदारों की एक ज़्यादा बड़ी संख्या वाली जाति सम्मिलित होती है। विभिन्न क्षेत्रों में इसे तिया या इरवा के नाम से जाना जाता है, और इसमें लोहार, सोनार, वैद्य और धोबी आदि जैसी निम्नतर जातियाँ सम्मिलित होती हैं। इसके नीचे बहुत–सी निम्नतर दूषित जातियाँ होती हैं जिनमें टोकरी बनाने वाले, मोची और अन्य कारीगर, गाने–बजाने वाली, शैतान नर्तक, भिखारी और सबसे बड़ी संख्या में भूमिहीन मज़दूर शामिल होते हैं, जो पहले खेतिहर भू–दास थे।

गाँव के भीतर पहले भी जाति का स्तर भूमि, और विशेष धान की खेती के लिए उपयुक्त भूमि से सम्बन्धित था, और अब भी ऐसा ही है। उत्तरी मालाबार में मुखिया का परिवार कई बार अभी भी मुख्य भूस्वामी होता है, वहीं दक्षिण में अमूमन नम्बूदरी या एक मन्दिर *देवास्वम* मुख्य भूमिपति हो सकता है। मन्दिर या देवास्वम होने की स्थिति में मुखिया के परिवार के पास कुछ ज़मीन स्वतन्त्र रूप से होती है और शेष ज़मीन पर

यह जोतदार के रूप में नियन्त्रण रखता है। यद्यपि मुखिया परिवार अपनी आवश्यकताओं से ज़्यादा भूमि जोत सकता है, लेकिन इनमें अधिकांश भूमि जोतदारों को दे दी जाती है, वे इस पर या तो ख़ुद खेती कर सकते हैं या फिर इसे खेती के लिए किसी अन्य किसान को किराये पर दे सकते हैं। नम्बूदरी और क़बीला जातियों में भूमिपति होने की प्रवृत्ति होती है; उच्चतर नायर उप–जातियाँ या तो भूमिपति होती हैं या फिर ग़ैर–खेतिहर जोतदार ('प्रथागत *कनामदार*'); निम्नतर नायर और कुछ तिया खेती करने वाले उप–जोतदार होते हैं–या तो वे स्थायी पट्टे पर यह काम करते हैं ('खेतिहर *कनामदार*) या फिर वार्षिक पट्टे पर (*वेरूपमपट्टामदारस*); उच्चतर दूषित जातियों का बहुमत भूमिहीन श्रमिक है, वहीं निम्नतर दूषित जातियाँ अभी हाल तक भू–दास थीं, वे ज़मीन एक विशिष्ट टुकड़े से बँधी हुई थीं, और यदि ज़मीन बेची जाती थी, तो वे भी अपने–आप ज़मीन के नये मालिक के पास स्थानान्तरित हो जाती थीं।

दरअसल, गाँव में प्रत्येक परिवार का किसी न किसी समय भूमि से जुड़ाव अवश्य होता था। हालाँकि कई परिवारों के लिए यह जुड़ाव सिर्फ़ खेती के लिए अनुपूरक श्रम उपलब्ध कराने के लिए होता था। विविध सामाजिक समूहों का भूमि के साथ यह अलग–अलग स्तर का सम्बन्ध उनके भिन्न सामाजिक स्तर की महत्त्वपूर्ण अभिव्यक्ति थी। समाज ने कर्मकाण्डीय और पेशेवर प्रकृति की विस्तृत कसौटियाँ उपलब्ध कराई थीं, जो उस क्षेत्र की अन्य जातियों के सम्बन्ध में हर जाति की स्थिति स्पष्ट करती थीं। एक गाँव में जातियों के बीच अपने श्रेष्ठ होने को लेकर होने वाला विवाद एक नवीन परिघटना है; पहले ऐसी जातियों के व्यक्तियों के बीच सामाजिक सम्बन्धों का कोई अवसर नहीं होता था (युद्ध जैसे सम्बन्धों के अलावा) जिनका पारस्परिक स्तर और इससे सम्बन्धित व्यवहार पहले से नहीं पूरी तरह से निर्धारित न हो।

विभिन्न अन्तर्निर्भर जातियों (अमूमन 15 और 25 के बीच) से मिलकर बना गाँव अमूमन आत्मनिर्भर होता था। हर जाति के स्थानीय सदस्य सगोत्रीय बन्धन से जुड़े हुए थे। पहले उल्लेखित उच्च वर्ग से विवाह (हाइपरगेमी) के बावजूद, वे मुख्य रूप से अन्तर्विवाही थे। प्रत्येक जाति में उसके प्रमुख बुजुर्गों के नेतृत्व में उसका अपना आन्तरिक प्रशासन था, और काफ़ी हद तक यह प्रशासन गाँव से संलग्न होता था, किन्तु जाति के स्थानीय सदस्यों की संख्या काफ़ी कम या काफ़ी ज़्यादा होने की स्थिति में ऐसा नहीं होता था। अमूमन एक नम्बूदरी परिवार द्वारा स्थानीय

मन्दिर को पुजारी उपलब्ध कराया जाता था, लेकिन असल में गाँव में नायर जाति का राजनीतिक प्राधिकार और आर्थिक नियन्त्रण होता था। अमूमन गाँव का आनुवांशिक नेतृत्व सबसे सम्पन्न नायर परिवार के पास होता था (जो अन्य नायर परिवारों में तुलनात्मक रूप से ज़्यादा उच्चतर होता था); और जहाँ सभी जातियों का अपनी नीचे की जातियों पर कुछ प्राधिकार होता था, वहीं स्थानीय क़ानून और व्यवस्था को क़ायम रखने की सबसे ज़्यादा ज़िम्मेदारी नायर परिवार की होती थी।

गाँव उच्चतर सरदारों के अन्तर्गत छोटे राज्यों में संगठित थे, और ये राज्य सबसे महत्त्वपूर्ण शासकों मसलन कोचीन के महाराज और कालीकट के प्रति निष्ठावान होते थे। गाँव से ऊपर किसी भी भू-क्षेत्रीय इकाई का आकार और महत्त्व इस बात पर निर्भर करता था कि यह कितने नायर योद्धाओं को उपलब्ध करा सकता है। नम्बूदरी ब्राह्मणों (जो लौकिक स्तर पर आंशिक रूप से उच्चतर थे) की कर्मकाण्डीय प्राधिकार और राजाओं तथा मुखियाओं का प्राधिकार एक-दूसरे को नियन्त्रित करने का काम करता था। हमेशा यह सम्भावना बनी रहती थी कि नायर लोग किसी अन्य शासक के प्रति अपनी निष्ठा बदल सकते थे, असल में इसके माध्यम से उन्होंने सरदारों को तानाशाह बनने से रोका; लेकिन शायद ही कभी नायर सभा इस तरह का क़दम उठाने की धमकी भी देती थी।

मुख्य संरचनात्मक विभाजन जातियों के बीच नहीं था, बल्कि यह गाँव, सरदारी (चीफ़डम) और राज्य के बीच था। इसके विपरीत, अन्तर्जातीय सम्बन्ध अनुपूरक प्रकृति के थे, जिसमें पारम्परिक रूप से संगठित और स्पष्ट अधिकार और दायित्व, प्राधिकार और अधीनता; न्यायिक प्राधिकार तक़रीबन पूरी तरह से राजनीतिक प्राधिकार और आर्थिक शक्ति पर निर्भर था; साथ ही, मुखियाओं और सरदारों के राजनीतिक और न्यायिक प्राधिकार को उस क्षेत्र के मन्दिरों के न्यासिता (ट्रस्टीशिप) और अन्य तरीक़े से मदद मिली।

गाँव *देसम* था; मुखिया *देसावरी* था। दक्षिण में *देशावरी* के प्राधिकार में नायर सभाओं की शक्ति से कटौती हुई थी। इसका कारण यह था कि वह उनकी सशस्त्र शक्ति पर काफ़ी हद तक निर्भर था, और वह ऐसा कोई भी निर्णय नहीं ले सकता था, जिसे ये सभाएँ स्वीकार नहीं करतीं। वह काफ़ी हद तक (*समान लोगों में प्रथम था*) यद्यपि उसके पास गाँव के मन्दिर के प्रशासन की ज़िम्मेदारी थी, लेकिन वह सिर्फ़ आनुवांशिक न्यासियों की एक समिति का अध्यक्ष था, और इस समिति में भी अधिकांश

सदस्य नायर ही होते थे। न्याय का प्रशासन मुख्य रूप से वरिष्ठ नायर लोगों के फ़ैसलों के अनुमोदन से सम्बन्धित था।

जैसा कि हमने देखा है, गाँव की प्रत्येक जाति का एक तरह का आन्तरिक संगठन था, जिसके द्वारा वह अपने आन्तरिक विवादों को हल करती थी। भू–दासों की निम्नतम जातियों में इस तरह का संगठन अमूमन अपर्याप्त होता था, इसका कारण यह था, और अभी भी यह कारण है कि इन जातियों में अलग–अलग भूमिपतियों के प्रति निष्ठा रखने वाले गुट थे। गाँव के भीतर हमेशा ही यह प्रवृत्ति थी कि जो विवाद जाति के भीतर हल नहीं होता था उसे एक उच्चतर जाति के पास भेजा जाता था। बड़ी तिया जाति की यह ज़िम्मेदारी थी कि वह निम्नतर जातियों के बीच क़ानून और व्यवस्था को *क़ायम* रखे, और उनके विवादों में हस्तक्षेप करे। गाँव के बुजुर्ग तिया व्यक्ति को कारीगर जातियों के विवाहों में उपस्थित रहना होता था, तथा यदि किसी अन्य गाँव में विवाह होता था तो उन्हें या उनके प्रतिनिधि को वहाँ जाना होता था। जिन मामलों को तिया जाति के लोग हल करने में नाकाम रहते थे, उसमें व्यक्तिगत रूप से नायर (शायद विवाद के एक पक्ष का भूमिपति) और, यदि आवश्यक हो तो *देसावरी* हल करते थे। जाति–बहिष्करण जैसे गम्भीर दण्ड के लिए *देसावरी* (और जहाँ उच्च जातियाँ सम्मिलित थीं, वहाँ एक उच्चतर शासक) के अनुमोदन की आवश्यकता थी। उसकी यह ज़िम्मेदारी थी कि वह यह सुनिश्चित करे कि दण्ड को सही तरीक़े से लागू किया जा रहा है।

प्राधिकार को सौंपने और दूषण से दूरी के बीच निरन्तरता पर बल देने की आवश्यकता है : जहाँ नायर तिया विवादों को 24 फ़ीट की क़ानूनी दूरी से निपटाते थे, वहीं वे निम्न भू–दास जातियों के विवादों को 64 फ़ीट की दूरी से निपटाते थे। निश्चित रूप से, निम्न जातियों से इससे नज़दीक जाने से नायर दूषित हो सकते थे।

निश्चित रूप से, इस व्यवस्था में व्यक्तिगत रूप से दमन की सम्भावना थी : समाज का सार्वभौमिक मूल्य लोगों की हैसियत को सम्मान देने और उनकी सुरक्षा करने से सम्बन्धित था, और इसने इस प्रकार के दमन को मुमकिन बनाया। बहरहाल, केवल उसी व्यक्ति के सन्दर्भ में अन्याय की भावना महसूस की गयी, जो अपने अधिकारों से आगे चला गया था, और जिसने जातियों के बीच या शासक और प्रजा के बीच के भेद की उपेक्षा की थी। इस प्रकार के सभी पदसोपानीय व्यवस्थाओं की तरह

ही, यहाँ उच्चतर व्यक्ति जिस चीज़ का सामना करता था, उसे निम्नतर व्यक्ति पर भी थोपा जा सकता था। दमन करने वाले व्यक्तियों को भी पारलौकिक शक्तियों के दण्ड या बदले का भय होता था। इसके अलावा, पूरा समाज धर्म के साझा दर्शन से एकता के सूत्र में बँधा हुआ था। यह माना जाता था कि सबसे बड़ा शुभ यह है कि प्रत्येक व्यक्ति जीवन में अपनी स्थिति के अनुसार व्यवहार करे। मसलन, यदि कोई व्यक्ति अपने से उच्च जाति की महिला के साथ व्यभिचार करता था, जो इसे सम्पूर्ण समाज की यथा–स्थिति के लिए ख़तरा माना जाता था। महिला की जाति के लोगों से भी ज़्यादा खुद उसकी जाति के लोग इस जुर्म–दरअसल, पाप– की मज़बूती से निन्दा करते थे। जो परिवार इस अपराधी सदस्य को अपने परिवार से बहिष्कृत नहीं करता था, ख़ुद उसे जाति से बहिष्करण का सामना करना पड़ता था, लेकिन शायद ही कभी इस परिवार को ऐसे आदमी की मृत्यु के बाद उसका अन्तिम संस्कार करने से रोका जाता था। इस तरह, प्रत्येक जाति और सम्पूर्ण गाँव की जीवन–शैली का संरक्षण प्रत्येक व्यक्ति की ज़िम्मेदारी थी।

अठारहवीं सदी के आख़िर में अंग्रेज़ों ने मालाबार क्षेत्र के प्रशासन की ज़िम्मेदारी अपने हाथों में ले ली, इसके कारण बहुत से दूरगामी परिणाम सामने आये (पिछले 40 वर्षों में मैसूर के हमले के दौरान इसके संकेत मिले थे)। सरदार या मुखियाओं के पुराने परिवारों को उनकी पहली सम्प्रभुता के बदले में राजनीतिक पेंशन दी गयी थी। और नये प्रशासनिक विभाजनों की सीमाएँ पुराने सरदारियों या क़बीलों की सीमाओं से बहुत कम मिलती थीं। मुखिया या सरदार जैसे प्राधिकारों को ज़मींदार के रूप में उनकी प्रोन्नति और जातिगत स्तर के उप–उत्पाद के रूप में क़ायम रखा गया। अभी भी जातियों की श्रेणीबद्धता को मान्यता दी जाती है, हालाँकि बहुत से मामलों में अलग–अलग राजनीतिक, न्यायिक और आर्थिक स्तर के तत्त्व धुँधले पड़ गये हैं। यद्यपि अब सिर्फ़ जाति ही उच्चता या अधीनता के सामाजिक सम्बन्धों को परिभाषित करने वाली एकमात्र कारक नहीं है, लेकिन अभी भी इसकी महत्त्वपूर्ण भूमिका है। सम्पत्ति और सरकारी सेवाओं में पद हैसियत के नये निर्धारक बन गये हैं, लेकिन इस पर अभी भी मुख्य रूप से उच्च जातियों का ही वर्चस्व है, जिसके कारण जाति अभी भी अपने–आप में हैसियत का निर्धारक बनी हुई है।

इन परिवर्तनों ने गाँवों और सरदारियों (नाद) को भी प्रभावित किया है। प्रशासनिक उद्देश्यों से मालाबार ज़िले को तालुका, फिरका (ऐसे क्षेत्र

जिनका उपयोग सिर्फ़ भू–राजस्व के संग्रहण के लिए किया जाता है), *अमसाम* और *देसम* में विभाजित किया गया है। गाँव का तथाकथित मुखिला (अधिगारी) और लेखपाल (मेनन) *अमसाम* के प्रमुख हैं। कई मामलों में पूर्व *देसम* (अर्थात् *देसावरी* का क्षेत्र) को ही *अमसाम* घोषित कर दिया गया है, लेकिन अमूमन यह बड़ा होता है; और आधुनिक *देसम* राजस्व और सर्वेक्षण के उद्देश्य को पूरा करने वाली सबसे छोटी इकाई है। इसके साथ कोई भी अधिकारिक सम्बद्ध नहीं होता है, और यह पूर्व *देसम* का एक छोटा क्षेत्र है। कोचीन राज्य में भी इसी तरह के प्रशासनिक बदलाव हुए हैं। अब *विलेज या गाँव* (स्थानीय भाषाओं में इन शब्दों का प्रयोग किया जाने लगा है और ये मालाबार के *अमसाम* के समतुल्य हैं) सबसे छोटी इकाई है, जिसका मुखिया *परवादयम* होता है और देसम गाँव का उप–भाग होता है, किन्तु आधिकारिक उद्देश्यों के लिए इसका प्रयोग नहीं किया जाता है। कोचीन में भी गाँवों के समूह पंचायत में एकत्रित होते हैं।

बीसवीं सदी के *देसम* और अंग्रेज़ों के आगमन से पहले के *देसम* के बीच के अन्तर को समझना महत्त्वपूर्ण है। समाजशास्त्रीय उद्देश्यों के लिए वर्तमान समय के *देसम* को एक गाँव कहा जा सकता है, जिसका एक अपना सामुदायिक जीवन है। मेरा यह मानना है कि पिछले 150 वर्षों में जनसंख्या में अत्यधिक वृद्धि के कारण इसके सामुदायिक जीवन में बढ़ोतरी हुई है। पूर्व–*देसम* के विभिन्न अनुभाग या क्षेत्र अब अपने–आप में *देसम* बन चुके हैं। अब इनके अपने पृथक् मन्दिर हैं, स्वीकृत नेता हैं और बहुत से मामलों में आन्तरिक रूप से सक्रिय जाति समितियाँ हैं। कोचीन राज्य में आधिकारिक रूप से इकाई को मान्यता नहीं दी गयी है, और यहाँ प्राचीन देसम दो या तीन पृथक् गाँव बन चुका है, अमूमन विखण्डन की यह प्रक्रिया ज़्यादा स्पष्ट रही है। मसलन, मध्य कोचीन में एक देसम में चार बस्तियाँ थीं, जो महत्त्वपूर्ण भद्रकाली मन्दिर के चारों ओर फैली हुई थीं। पहले इस क्षेत्र का सम्पूर्ण प्रशासन एक ज़्यादा बड़े मन्दिर देवास्वम के प्रबन्धकों के हाथों में था, और आन्तरिक प्रशासन के लिए नायरों की एक संयुक्त समिति ने *देसावरी* के स्थान पर *देसम* का गठन किया। विशेष रूप से, तेज़ी से फैलते शहर के निकट बसी बस्तियों की जनसंख्या में तेज़ी से वृद्धि हुई, जिससे *देसम* का चार छोटे *देसम* में विखण्डन हो गया। अब इनमें से प्रत्येक की अपनी नायर समिति है, और सभी *देसम* मिलकर भद्रकाली मन्दिर के वार्षिकोत्सव का आयोजन नहीं करते हैं, बल्कि प्रत्येक *देसम* द्वारा बारी–बारी इसका आयोजन किया जाता

है। चारों *देसम* को तीन पृथक् प्रशासनिक गाँवों में सम्मिलित करने से, या पहले इनके एक *देसम* होने से इस तथ्य पर कोई प्रभाव नहीं पड़ता है कि अब ये चारों पृथक् ग्रामीण समुदाय हैं।

बहरहाल, कुछ क्षेत्रों में, और विशेष रूप से उत्तरी मालाबार में, या तो जनसंख्या में कम वृद्धि के कारण या आनुवांशिक देसावरी के अस्तित्व क़ायम रखने की शक्ति के कारण पृथक् समुदायों के रूप में आधुनिक *देसम* के विकास में रुकावट आयी है। इसलिए पूर्व *देसम* के समतुल्य *अमसाम* सामाजिक इकाई बना हुआ है, यह अभी भी *देसावरी* परिवार के प्रति निष्ठा के कारण एकजुट है, हालाँकि हाल में सृजित *देसम* के कारण विखण्डन की प्रवृत्तियाँ भी बढ़ी हैं।

व्यापक राजनीतिक संरचना में बड़ा बदलाव होने के बावजूद गाँव की आन्तरिक संरचना को तुलनात्मक रूप से पूर्ववत रखने में *अधिगारी* के लिए उम्मीदवारों के चयन की पद्धति ने महत्त्वपूर्ण भूमिका अदा की है। आरम्भ से ही, राजस्व एकत्रित करने के अपने प्रारम्भिक कर्त्तव्य के अतिरिक्त उनके पास छोटे–मोटे दीवानी और फ़ौजदारी मुक़दमों की सुनवाई करने की शक्ति भी थी। आनुवांशिक *देसावरी* नये पदों के लिए स्वाभाविक उम्मीदवार के रूप में सामने आये। सिर्फ़ उन स्थानों पर ही ऐसा नहीं हुआ, जहाँ उन्होंने रुकावट डालने का काम किया, या जहाँ ये मैसूर से होने वाले आक्रमण के उथल–पुथल के कारण ग़ायब हो गये। अधिकांश गाँवों में इन्हें ही *अधिगारी* का पद दिया गया। इसके पीछे यह परोक्ष समझ थी कि यदि इनका व्यवहार अच्छा रहा, तो मुखिया का पद परिवार के पास ही रहेगा। स्वाभाविक रूप से अब पहले जैसी स्थिति नहीं है, किन्तु बहुत से गाँवों में अभी भी पारम्परिक *देसावरी* परिवार से ही *अधिगारी* बनते हैं।

कई गाँवों में समुचित आवासीय और शैक्षिक योग्यता रखने वाले निम्न स्तर के सरकारी कर्मचारी भी *अधिगारी* बने हैं। असल में, जिन गाँवों में पारम्परिक *देसावरी* परिवार से *अधिगारी* बने, और जिनमें सरकारी कर्मचारी *अधिगारी* बने, उनके बीच कुछ महत्त्वपूर्ण भिन्नताओं का उभार हुआ है। जिन गाँवों में सरकारी कर्मचारी *अधिगारी* बने हैं, वहाँ यदि पुरानी व्यवस्था के मुखिया का परिवार मौजूद भी है, तो उसके पारम्परिक आर्थिक और अन्य अधिकार ख़त्म हो गये थे, और उसे कोई नया अधिकार नहीं मिला है। इस तरह के गाँव एक निकाय कम, और गुटबन्दी और दरार से पटे आधुनिक समाज के ज़्यादा निकट हैं।

जिन गाँवों में आधुनिक मुखिया का पद अभी भी उस परिवार के पास है, जिसके पास यह पारम्परिक रूप से रहा है, वहाँ एक बहुत ही अलग तस्वीर सामने आती है। विशेष रूप से, उत्तरी मालाबार में इस तरह के मामले ज़्यादा हैं। कुछ ख़ास शक्तिशाली नायर परिवारों का अभी भी बहुत से आधुनिक *देसमों* पर नियन्त्रण है, जो उनके पूर्व एकल *देसम* से सम्बन्धित हैं। कई बार ऐसे परिवार के सबसे वरिष्ठ सदस्य को *यजमानन* या मालिक कहा जाता है। इसके कुछ कर्मकाण्डीय अधिकार अब शक्तिहीन हो चुके हैं। मसलन, आधुनिक परिस्थितियों के अन्तर्गत एक महिला को *माटिन* (यह एक शुद्धीकरण कपड़ा होता है जो उच्चतर जाति की महिला की मासिक अवधि के बाद निम्न जाति की धोबी महिला द्वारा दिया जाता है) से वंचित करने का कोई ख़ास अर्थ नहीं है। लेकिन वह अभी भी अपने राजनीतिक और न्यायिक प्राधिकार का प्रयोग करते हुए आर्थिक प्रतिबन्ध लगा सकता है। इसमें आधुनिक प्रशासन में उसके पद द्वारा लगाये जाने वाले नये प्रतिबन्ध सम्मिलित हैं। इस तरह, वह दो स्रोतों से शक्ति ग्रहण करता है–राज्य द्वारा नीचे की ओर, तथा ग्रामीण समुदाय द्वारा ऊपर की ओर।

ऐसा लगता है कि ज़मींदार या भू–स्वामी के रूप में उसकी स्थिति उसके प्राधिकार में सबसे महत्त्वपूर्ण कारक की भूमिका अदा करती है। इस तरह के गाँव में जातियों के बीच उनके स्तर पर आधारित पारम्परिक अधिकार और दायित्व तथा उच्चता और निम्नता के मूल्य काफ़ी मज़बूत हैं। एक व्यापक क्षेत्र में अपनी जाति के प्रति टकरावयुक्त आधुनिक निष्ठा की तुलना में ग्रामीण समुदाय को एकता के सूत्र में बाँधने वाली भू–क्षेत्रीय निष्ठा ज़्यादा प्रबल है। अन्य स्थानों पर निम्नतर जातियों में यह प्रवृत्ति सामने आयी है कि वे अपने आन्तरिक विवादों को आन्तरिक स्तर पर ही सुलझा रहे हैं, और इस तरह वे उच्चतर जातिगों पर निर्भरता से खुद को मुक्त कर रहे हैं, लेकिन इन गाँवों में इस तरह की प्रवृत्ति काफ़ी कम है। यहाँ पहले की तरह अभी भी विवादों को सुलझाने के लिए उच्चतर जातियों की मदद ली जाती है। यह सामान्य रूप से नायरों और विशेष रूप से *यजमानन* के प्रभुत्व को मज़बूत करने का काम करता है। और सम्पूर्ण भारत में हिन्दू–मुस्लिम विभाजन के बावजूद यहाँ कई बार स्थानीय मुस्लिम अल्पसंख्यकों के झगड़ों का मामला भी *यजमानन* के पास आता है।

यजमानन के काम के इस आयाम में एक विशेष रुचि है। नायरों और अन्य निम्न जातियों के विवादों को वरिष्ठ नायरों या मुखिया के पास भेजा

जाता है जो *यजमानन* या *अधिगारी* के रूप में इनका निपटारा करता है। *अधिगारी* के सरकारी प्राधिकार में लगातार कटौती हुई है, और सरकारी सेवक के रूप में उसके काम में वृद्धि हुई है। इसलिए अब सम्पन्न परिवार के वरिष्ठ सदस्य ख़ुद यह पद नहीं लेना चाहते हैं; दरअसल, इससे उसकी वंशानुगत प्रतिष्ठा को चोट पहुँच सकती है। इसलिए, अमूमन यह पद परिवार के ज़्यादा युवा सदस्य को दिया जाता है। किन्तु गाँव के लोगों द्वारा इसके सरकारी पद के बजाय इसके परिवार के आधार पर इसकी हैसियत तय की जाती है। इसका एक असंगत नतीजा सामने आया है। जब विवाद में उलझे दो लोग इसके सामने कोई मामला ले आते हैं, और वे इसके निर्णय से असन्तुष्ट होते हैं, तो वे अमूमन अगली उच्चतर दीवानी अदालत में अपील करने के बजाय ख़ुद *यजमानन* से अपील करते हैं, जो *अधिगारी* के परिवार का वरिष्ठ सदस्य होता है।

मैंने एक *यजमानन* को यह कहते हुए सुना कि उसे यह महसूस होता है कि यह उसका नैतिक दायित्व है कि विवादों को निपटारे के लिए गाँव से बाहर अदालत में न भेजा जाये। उसने यह बताया कि 'मुश्किल मामलों में वह लगातार स्थगन के माध्यम से समझौते की भावना भरने का प्रयास करता है'। निश्चित रूप से, यदि उसके क्षेत्र में विवादों का निपटारा होता है तो इससे उसके प्राधिकार और प्रतिष्ठा को बल मिलता है। साथ ही, इससे उसकी आय भी बढ़ती है, क्योंकि शिकायतकर्त्ता उसे कई तरह के उपहार भी देते हैं। (*अधिगारी* के पास मामला जाने पर उसे भी अमूमन उपहार दिया जाता है)। *यजमानन* के पास आने वाले ज़्यादातर मामले सम्पत्ति के विवादों से सम्बन्धित होते हैं। इसके अलावा, उसके पास हमला करने, जानबूझकर फ़सलों को नुक़सान पहुँचाने और अतिक्रमण आदि के मामले आते हैं। ऐसे मामलों में वह जुर्माना लगाता है, जिसका मालिक वह ख़ुद होता है।

यजमानन के पास अभी भी यह देखने का प्राधिकार है कि उसके फ़ैसले सही तरीक़े से लागू हों, और विवाद के मसले अदालत में न जायें। चूँकि विवाद से जुड़े अधिकांश लोग उसके परिवार के जोतदार होते हैं, वह उन्हें अपनी ज़मीन से बेदखल करने की धमकी का प्रयोग कर सकता है, वहीं आवश्यकता पड़ने पर उसके नौकर–चाकर बल प्रयोग भी कर सकते हैं। आज भी दो यजमाननों के नौकर–चाकरों के बीच सीधा टकराव होता है, क्योंकि कई बार ये दोनों ही सीमान्त क्षेत्रों पर अपना आधिपत्य होने का दावा करते हैं।

उत्तरी केरल के *यजमानन* परिवार की शक्ति को सिर्फ़ गाँव के मन्दिर के न्यासिता के प्रबन्धन से ही नहीं, बल्कि स्थानीय देवी–देवताओं के धार्मिक स्थलों से होने वाले संग्रहण के स्वामित्व से ही क़ायम नहीं रखा जाता है। इन देवियों की अराधना वर्ष का सबसे महत्त्वपूर्ण त्योहार होता है। मन्दिर के त्योहारों की तरह ही इन उत्साहजनक और रंगारंग आराधना उत्सवों के लिए *यजमानन* के प्राधिकार वाले क्षेत्र की तक़रीबन 20 विभिन्न जातियों को व्यापक सक्रिय सहयोग की आवश्यकता होती है। कुछ परिवारों का यह वंशानुगत कर्त्तव्य है कि वे इस आराधना में भागीदारी करने वाले लोग उपलब्ध करायें। इस तरह के *यजमानन* के पास छोटे उत्सवों, विवाहों आदि के सम्बन्ध में कई सामन्ती अधिकार और दायित्व होते हैं।

पूरे उत्तर केरल में आज भी गाँव के मन्दिर में त्योहार के दौरान विभिन्न जातियाँ अपनी पारम्परिक भूमिकाओं का निर्वहन करती हैं, जो यह दर्शाता है कि अभी भी गाँवों में जातियों की अनुपूरक अन्तर्निर्भरता क़ायम है। मन्दिर प्रवेश का मन्दिर महोत्सव या त्योहार के सिद्धान्तों से अन्तर्विरोध है, जो कर्मकाण्डीय रूप से जातियों की अन्तर्निर्भरता का प्रमाण है : मन्दिर प्रवेश (1947 में मालाबार ज़िले में और 1948 में कोचीन राज्य में मन्दिर प्रवेश आरम्भ हो चुका था) प्रत्येक जाति को मन्दिर के सभी भागों में यात्रा करने का समान अधिकार देती है; वहीं मन्दिर त्योहार स्थानिक दूरी के सन्दर्भ में जातियों के विभेदीय स्तर को अभिव्यक्त करता है। निम्नतम जाति को मन्दिर के गर्भ–गृह से सबसे ज़्यादा दूर रखा जाता है। बहरहाल, सार्वभौमिक मन्दिर प्रवेश के पहले ही मन्दिर के त्योहारों में निम्न जातियों की भागीदारी में कमी आना शुरू हो गयी थी। ऐसा विशेष रूप से उन गाँवों में हुआ, जहाँ उच्च जातियों–मुख्य रूप से नायरों के संयुक्त परिवार की सम्पत्ति में अत्यधिक विभाजन के कारण उनकी आर्थिक प्रधानता और नियन्त्रण में कमी आयी।

फिर भी, एक ऐसा गाँव मिलना मुश्किल है जहाँ अभी भी जातियों के बीच अन्तर्निर्भरता के बहुत सारे उदाहरण न हों। यहाँ जातियाँ सिर्फ़ आर्थिक मामले में ही नहीं, बल्कि अन्य कर्मकाण्डीय आयामों में भी एक–दूसरे पर निर्भर हैं। यहाँ यह उल्लेखनीय है कि पूरे केरल के विभिन्न ज़िलों में भी हाल ही के वर्षों में विभिन्न जातियों के भीतर ऐसे संगठन सामने आये हैं, जिन्होंने अखिल भारतीय स्तर पर हिन्दू धर्म के अनुरूप अपनी आन्तरिक प्रथाओं में सुधार करने का प्रयास किया है, और शायद इनका

लक्ष्य अपनी जाति के लिए राजनीतिक प्रतिनिधित्व हासिल करना भी है। लेकिन इसके बावजूद, जातियों के बीच पारस्परिक निर्भरता से सम्बन्धित ये व्यवहार अभी भी जारी हैं। परम्पराएँ इतनी मज़बूत हैं कि आने वाले बहुत से वर्षों तक ये अनुपयोगी नहीं होंगी। बहुत से परिवार अभी भी एक–दूसरे के साथ प्राचीन मालिक–सेवक सम्बन्धों से जुड़े हुए हैं। शहरों के निकट बसे गाँवों में बड़ी संख्या में लोगों ने अपने पारम्परिक पेशे को छोड़कर उद्योगों में श्रमिकों के रूप में काम करना आरम्भ कर दिया है; किन्तु ऐसे बहुत कम उदाहरण हैं जिसमें हिन्दू अपनी जाति के काम के अतिरिक्त कोई अन्य काम कर रहे हैं।

जनसंख्या में वृद्धि और गतिशीलता बढ़ने के बावजूद, प्रत्येक गाँव में सभी जातियों में कुछ ऐसे परिवार हैं जो अनन्त काल से उस गाँव में रह रहे हैं। भले ही बाहर से आये परिवार पिछली पाँच पीढ़ियों से उस गाँव में रह रहे हों, और भले ही उन्होंने गाँव में अपनी उप–जाति के परिवारों से विस्तृत अन्तर्वैवाहिक सम्बन्ध बना लिये हों, फिर भी उन्हें परदेशी के रूप में जाना जाता है। बहरहाल, शायद आंशिक रूप से जनसंख्या की गतिशीलता, और ज़्यादा विशेष रूप से जनसंख्या की सघनता के कारण केरल के गाँव शेष भारत के गाँवों की तुलना में कम आत्मनिर्भर हैं।

जैसा कि प्रोफ़ेसर श्रीनिवास ने बताया है, हमें निश्चित रूप से 'बहुत सी जातियों की ऊर्ध्व (वर्टिकल) एकता' अर्थात् गाँव तथा एक व्यापक क्षेत्र में फैले व्यक्तिगत जातियों की क्षैतिज (हॉरिजॉण्टल) एकता के बीच अन्तर करना चाहिए। हम एक ऐसे निपॉलिटन आइसक्रीम की कल्पना कर सकते हैं, जिसमें गुलाबी, सफेद और पीला स्तर होता है, और हर रंग अलग–अलग भाग में होता है–गाँव में भी हर रंग का वाज़िब हिस्सा होता है।

बहरहाल, कम–से–कम केरल में संरचना इतनी ज़्यादा सरल नहीं है। मिसाल के तौर पर, कोचीन के एक गाँव में निम्न जाति वेलन ऐसी धोबिन उपलब्ध करा सकता है जो नियमित रूप से इरवा जाति के कपड़ों को साफ़ करे और नायर जाति को विशेष अवसरों पर शुद्धिकरण वस्त्रों की आपूर्ति करे। ऐसी स्थिति में आधा दर्ज़न वेलन परिवार इरवा का काम कर सकते हैं, और दो अन्य ख़ुद को सिर्फ़ नायर जाति के लोगों के काम तक सीमित कर सकते हैं (इस प्रकार के अन्तर के कारण पृथक् उप–जातियों का संघटन हो सकता है)। इसके अलावा, इस तरह की जाति का एक परिवार गाँव के एक निश्चित हिस्से की ही सेवा कर सकता है। दूसरी

ओर, कानीसान (ज्योतिषी) जाति के परिवार के पास अपने गाँव में ज़्यादा काम नहीं होता है।

फिर से, यदि कोचीन में दो नायर अजनबियों की तरह मिलते हैं, तो उनका सामान्य प्रश्न यह नहीं होता है कि 'आप किस गाँव के हैं?', बल्कि वे पूछते हैं कि 'आप कौन से नायर हैं?' यह प्रत्येक नायर परिवार (कम–से–कम शूद्र नायर उप–जाति के बारे में) और एक विशेष नम्बूदरी परिवार के बीच मौजूद विशेष जुड़ाव के बारे में बताता है, जिसके प्रति नायर परिवार का एक विशेष सेवा अर्द्ध–कर्मकाण्डीय प्रकृति का जुड़ाव होता है। यद्यपि नम्बूदरी परिवार अमूमन गाँव का नाम लेते हैं, लेकिन एक शूद्र नायर परिवार को विभिन्न गाँवों से जुड़े नम्बूदरी परिवारों के प्रति दायित्व हो सकता है।

इसलिए जातियों के बीच अधिकारों और दायित्वों की 'ऊर्ध्व' व्यवस्था गाँव तक सीमित नहीं होती है। असल में, यह परस्परव्यापी कारक *नाड* (क़बीले) की एकता में योगदान करने वाले कारकों में एक रहा है।

हमारे निपोलिटन आइसक्रीम का क्षैतिज स्तर साझा संस्कृति में भागीदारी करने वाले व्यापक क्षेत्रों में फैला हुआ है; लेकिन पहले केवल नम्बूदरी और नायर लोगों का ही *नाड* से परे कोई संगठन था। कई मौक़ों पर बड़े क्षेत्र के *नाडो* का सम्मेलन होता था (शायद यह दो क़बीलों या सरदारियों के नायरों के बीच शक्ति परीक्षण होता था), लेकिन अधिकांश जातियों के लिए *नाड* उनके किसी भी आन्तरिक प्रशासन की बाहरी सीमा था, जो शायद ही कभी ज़्यादा बड़ा होता था। जैसा कि पहले ही उल्लेख किया जा चुका है कि एक ज़्यादा बड़े क्षेत्र में ज़ातियों के आन्तरिक संगठन के साथ ही साथ गाँव में जातियों के बीच का टकराव एक आधुनिक परिघटना है।

इसलिए, हम यह देखते हैं कि उत्तरी केरल में जातियों की एकता एक अस्पष्ट अवधारणा है। एक भौतिक, भू–क्षेत्रीय एकता का अस्तित्व हो सकता है, लेकिन बिखरी हुई बसाहट के कारण यह भी स्पष्ट नहीं होता है। यह मुमकिन है कि आस–पड़ोस में रहने वाले लोग अलग–अलग देसम से सम्बन्धित हो। आधुनिक प्रशासनिक विभाजन अमूमन मनमाने होते हैं, जिसके कारण एक *देसम* के बाहरी भाग में बसे परिवारों का अपने *देसम* के बजाय पड़ोस के *देसम* के लोगों से ज़्यादा सामाजिक सम्बन्ध हो सकता है। विभिन्न गाँवों तक जाति के दायित्वों का विस्तार

होने या एक गाँव के एक भाग तक सिमट जाने से आर्थिक एकता में बदलाव हो सकता है। कई मरतबा आधुनिक प्रशासनिक इकाई *अमसाम* का पूर्व *देसम* के साथ सह–अस्तित्व होता है, और यदि *देसावरी* और *यजमानन* परिवार मज़बूत बने रहते हैं, तो यह इकाई अपने पूर्व राजनीतिक और न्यायिक समरसता को क़ायम रख सकती है। ऐसी स्थिति में इसके आधुनिक घटक देसम की स्वतन्त्र ग्रामीण समुदायों में विकास पर रोक लगी है। लेकिन कई मौक़ों पर आधुनिक देसम ने अपना सामुदायिक जीवन हासिल कर लिया है, और यह एक 'बड़े परिवार' और मन्दिर की प्रमुख भूमिका है, जो पहले बाहरी *देसावरी* के अधीन था। यह बात एक गाँव की कर्मकाण्डीय एकता पर भी लागू होती है : साल का मुख्य मन्दिर त्योहार *देसम* मन्दिर में या आस–पड़ोस के *देसम* द्वारा प्रयोग किये जाने वाले मन्दिर में हो सकता था।

इसलिए भले ही केरल में एक समाजशास्त्री अनुसन्धानकर्त्ता अस्थायी रूप से आधुनिक देसम को अध्ययन की उपयुक्त इकाई माने, उसे एक व्यापक क्षेत्र में सभी प्रकार के सामाजिक सम्बन्धों के दायरे का भी परीक्षण करना चाहिए। अठारहवीं सदी और पहले के देसम के आन्तरिक स्वयं निर्वाह की चाहे जो भी पद्धति हो, वर्तमान केरल में किसी भी ऐसे समुदाय को इंगित करना कठिन है जो स्पष्ट रूप से निर्दिष्ट, समेकित, स्वतन्त्र ग्रामीण समुदाय हो।

अनुवाद : कमल नयन चौबे

हिमालय का एक गाँव*

डब्ल्यू. एच. नेवेल

जो लोग भारत जैसे एक बड़े देश के नागरिक होते हैं, उनके भीतर यह मानने की प्रवृत्ति होती है कि उनका पूरे देश में उसी तरह के लोग रहते हैं, जैसे लोग उनके अपने गाँवों या शहरों में रहते हैं। यदि किसी व्यक्ति का अपना गाँव किसी ख़ास तरीक़े का होता है तो वह यह सोचता है कि हर गाँव या शहर इसी तरह का होता है, सिर्फ़ वहाँ की भाषा अलग तरह की होती है। यदि कोई अपने शहर में लोगों को एक ख़ास तरीक़े से दिवाली या लोहिड़ी मनाते हुए देखता है, तो वह सोचता है कि भारत के अन्य भागों में भी लोग यही त्यौहार मनाते हैं, और त्यौहार मनाने का उनका तरीक़ा भी एक ही जैसा होता है। लेकिन हक़ीक़त यह है कि भारत जैसे एक बड़े देश में अलग–अलग स्थानों पर भिन्न–भिन्न प्रकार की प्रथाओं, त्यौहारों और कर्मकांडों का अस्तित्व है। एक स्थान के त्यौहार, कर्मकांड या प्रथाएँ वहाँ की वैयक्तिक्ता को प्रदर्शित करती हैं। यह अध्ययन एक ज़िले की व्यक्तिगत विशिष्टताओं से सम्बन्धित है, और इसका प्रत्येक भाग सम्पूर्ण भारतीय समाज की सामान्य विशेषताओं जितना ही महत्त्वपूर्ण है। असल में, यह ज़्यादा महत्त्वपूर्ण है। ग़ौरतलब है कि भौतिकी के इतिहास में उन अनुसंधानकर्त्ताओं द्वारा प्रमुख खोज की गयी, जिन्होंने अपने प्रयोगात्मक नतीजों के छोटे अन्तरों को सिद्धान्त में वर्णित प्रयोगात्मक कमियों के रूप में स्वीकार करने से इनकार कर दिया। ठीक इसी तरह, तुलनात्मक समाजशास्त्र में प्रथाओं के छोटे–छोटे अन्तर ज़्यादा स्पष्टता से ऐसे नये समाजशास्त्रीय सिद्धान्त को जन्म दे सकते हैं, जो शायद पूरी ज़िन्दगी वेदों को पढ़ने से भी न मिल पाये। लेकिन भारत में ग्रामीण समुदायों के काम करने के वास्तविक तरीक़ों के वैज्ञानिक अध्ययनों का ही अभाव है।

---

* *इकोनॉमिक ऐंड पॉलिटिकल वीकली,* 23 फरवरी 1952 : 208–10।

गद्दी लोग विशेष रूप से इसी दृष्टिकोण से रोचक है। यहाँ की पूरी जनसंख्या हिन्दू है और 90 प्रतिशत लोग निरक्षर हैं। लेकिन यहाँ के बहुत से पुरोहितों को रामायण की लम्बी चौपाईयाँ कंठस्थ हैं, जिन्हें वे गाकर सुनाते हैं। यह चम्बा राज्य के ऊपरी रावी और बौडी नदियों के किनारे बिखरे हुए छोटे–छोटे गाँवों में रहते हैं। यह क्षेत्र पूर्वी पंजाब के कांगड़ा ज़िले के पालमपुर तहसील में धौलाधर श्रेणी की तलहटी में बसा हुआ है। ये लोग हाथ से बना हुए एक ख़ास तरीक़े का ऊनी कपड़ा पहनते हैं, जो स्कॉटिश लहंगे की तरह होता है, जो उनके गर्दन से पैरों तक फैला होता है, और उनकी कमर के पास ऊन की रस्सी बँधी होती है। उनके हाथ में एक हुक्का होता है जो उनकी ऊनी रस्सी से बँधा होता है। अमूमन इनके पास एक पर्स होता है जिस पर चमकीला लाल मनका और चकमक पत्थर लगा होता है। साथ ही, एक थैली होती है जिसकी मदद से वे आग जलाते हैं। शायद चम्बा राज्य में अलग–थलग रहने वाले लोगों में ये सबसे ज़्यादा सम्पत्तिशाली हैं। लेकिन इसका कारण यह नहीं है कि ये खेती करने में कुशल हैं। असल में, ये बहुत अच्छी खेती नहीं करते हैं। लेकिन इन गाँवों में बहुत से ग्रामीण लोग भेड़ और बकरियाँ पालते हैं जिससे इन्हें अतिरिक्त आमदनी होती है। जाड़े में ये अपनी भेड़ों की देखभाल के लिए काँगड़ा घाटी में रहते हैं; वसन्त आने पर ये भारमौर और तिब्बति–भाषी ज़िला लाहौल चले जाते हैं; और पतझड़ में ये मध्यवर्ती क्षेत्र 12,000 फीट वाले ऊँचे स्थान पर स्थित चराई के क्षेत्र में चले जाते हैं। जाड़ा आने पर इन्हें फिर से मज़बूरन काँगड़ा के मैदानी इलाकों में आना पड़ता है। निश्चित रूप से, यह एक तथ्य है कि यहाँ के लोग बड़े पैमाने पर चराई का काम करते हैं। लेकिन फिर भी यह नहीं कहा जा सकता है कि गाँव के प्रत्येक घर में भेड़ पाली जाती है, या पहाड़ पर रहने वाले प्रत्येक चरवाहे का एक सुनिश्चित घर है। अमूमन इन गाँवों में बना घर पत्थर और लकड़ी से निर्मित मज़बूत तीन मंजिले मकान के रूप में होता है। सर्दियों के मौसम में गद्दी के जिन लोगों के पास भेड़ नहीं होती हैं, वे मध्य ज़िले से काँगड़ा की तरफ़ अपने रिश्तेदारों के यहाँ चले आते हैं या फिर वे छोटे–मोटे काम की तलाश में मैदानी इलाके की ओर चले जाते हैं। उन्हें उनके सह–धर्मी हिन्दू जो कुछ भी खाने के लिए देते हैं, उसे वे खुशी–खुशी स्वीकार कर लेते हैं। मैं यह कहूँगा कि गद्दी के लोग मुख्य रूप से खेतिहर लोग हैं, जो एक सहायक काम के रूप में भेड़ों को चराने का काम भी करते हैं। अधिकांश परिवारों के पास गाय और साँड

भी होते हैं। गाय दूध देती है और साँड गर्मियों में खेतों में हल चलाने में सहायक होते हैं। एक औसत साँड 30 रुपये में बिकता है। निश्चित तौर पर, इन्हें हर मौसम में एक क्षेत्र से दूसरे क्षेत्र में नहीं ले जाया जा सकता है। जाड़े में हर गाँव में एक या दो व्यक्ति इनकी देखभाल करने के लिए रुक जाते हैं।

गद्दी गाँवों और ग़ैर–गद्दी गाँवों के बीच कोई तीखा भू–क्षेत्रीय विभाजन नहीं है। ख़ुद भरमपुर तहसील में जनसंख्या का 98 प्रतिशत गद्दी है। शेष 2 प्रतिशत में कुछ हिन्दू दुकानदार और जंगलों में काम करने वाले मज़दूर हैं। ये लोग गर्मियों में बाहर से आते हैं। लेकिन जैसे–जैसे हम नीचे की ओर आते हैं, हम यह पाते हैं कि ऐसे गाँव हैं जिनमें आधे लोग मैदानी इलाकों के हैं, और आधे गद्दी लोग हैं। गद्दी लोग मूल रूप से मैदानी इलाकों से आये थे, शायद ये लाहौर से भरमपुर की ओर आये थे। लेकिन धीरे–धीरे सीमित भूमि होने कारण ये फिर से मैदानी इलाकों में फैलने लगे हैं। गद्दी लोगों ने भरमपुर तहसील को गदारेन नाम दिया है, जिसका अर्थ है गद्दियों की भूमि। वे इस स्थान को अपने समुदाय का केन्द्र मानते हैं। भरमपुर गद्दी गाँवों में सबसे बड़ा है और यह तहसील की राजधानी है। इसके दोनों ओर तक़रीबन 150 यार्ड का फ्लैट है। इसके चारों ओर चार मन्दिर हैं जो आरम्भिक हिन्दू राजाओं द्वारा बनवाये गये थे। इसके अलावा, इस चतुर्भज (स्क्वायर) के चारों ओर दस छोटी दुकान हैं जिनमें कैरोसीन, मसाला और कपड़े (जिनका उपयोग पुरुषों की पगड़ी और महिलाओं के कपड़ों के लिए होता है) बिकते हैं। इसके बाद, दोनों ओर उच्च ढ़लान पर गद्दी लोगों के मकान बने हुए हैं। भरमपुर में 70 से ज़्यादा परिवारों की जनसंख्या रहती है। लेकिन एक आम गद्दी गाँव इससे भी छोटा होता है। मैं गोशेन नामक एक गाँव में रहता था, जो भरमपुर से आधा किलोमीटर की दूरी पर स्थित था। यहाँ कुल 20 परिवार थे। इसके आसपास कई ऐसे गाँव भी थे जहाँ सिर्फ़ एक परिवार रहता था। औसतन दो गाँवों के बीच आधा किलोमीटर की दूरी है। यहाँ के सभी दुकानदार ग़ैर–गद्दी हैं और ये गाँवों में नहीं रहते हैं। ये दुकानदार भरमपुर में रहते हैं और कभी–कभार मुख्य सड़क पर दिख जाते हैं।

प्रत्येक गाँव में अमूमन एक ही जाति–के लोग, जैसे–राजपूत, खत्री या ठाकुर लोग रहते हैं। ये सभी एक साथ बैठकर भोजन कर सकते हैं और इनके बीच आपस में वैवाहिक सम्बन्ध भी हो सकता है। ये पीतल के बर्तन खाना खाने हेतु प्रयोग करते हैं। यहाँ मिट्टी के बर्तनों का उपयोग

नहीं किया जाता है। यहाँ दो अन्य जातियाँ भी हैं : राठी और ब्राह्मण। ऐसा लगता है कि राठी यहाँ के मूल निवासी हैं जो राजपूतों द्वारा इस ज़िले को जीते जाने से पहले से यहाँ के मुख्य निवासी थे। ब्राह्मणों के बारे में यह माना जाता है कि जब राजपूतों ने इस क्षेत्र को जीत लिया, तो उन्होंने पुरोहितों का काम पूरा करवाने के मक़सद से ब्राह्मणों को यहाँ बसाया। बहरहाल, सामान्य नियम यह है कि एक पूरे गाँव में एक ही जाति के लोग रहते हैं अर्थात् गाँव में सीपी, राजपूत या ब्राह्मण किसी एक ही जाति के सभी लोग निवास करते हैं। इन गाँवों में इन जातियों के अलावा कोई अन्य जाति नहीं रहती है। इस पुस्तक के इस भाग के अन्य अध्यायों में जिस पेशागत विशेषज्ञता की बात कही गयी है, वह इन गाँवों में मौजूद नहीं है। इस नियम का एकमात्र अपवाद यह है कि सिर्फ़ ब्राह्मण ही पुरोहित का काम कर सकते हैं। दूसरी ओर, ऐसा कोई ब्राह्मण नहीं है जो पुरोहित का काम न करता हो। ब्राह्मणों के अलावा हर जाति के लोग, और कुछ ब्राह्मण भी खुलकर माँस खाते हैं और सुर (एक प्रकार का हल्का बीयर) पीते हैं। लेकिन किसी भी गद्दी के द्वारा अण्डे या माँस के लिए मुर्गे–मुर्गियों को नहीं पालना चाहिए। दरअसल, गद्दियों का यह रवैया जीवन के प्रति उनके रवैये को भी दर्शाता है। चूँकि वह अपने जीविका के लिए भेड़ों पर निर्भर होता है, इसलिए वह इसे शिव को भेंट करता है और इसे बलि के रूप में खाता है। लेकिन वह मुर्गियों को पालकर हिन्दू नियमों का उल्लंघन नहीं कर सकता है। किसी की ज़मीन पर अखरोट का एक पेड़ लग सकता है और यह आय का एक महत्त्वपूर्ण स्रोत भी हो सकता है, लेकिन कोई भी व्यक्ति अपनी ज़मीन पर सम्पत्ति बनाने के लिए अखरोट का पेड़ नहीं लगाता है।

लेकिन यह मानना गलत होगा कि पेशे के आधार पर जाति का बँटवारा न होने के कारण गद्दी लोगों के बीच जाति की चेतना कम है। सिर्फ़ गाँव के लोगों द्वारा इसके प्रयोग में बदलाव आया है। जाति वह साधन है जिसके माध्यम से गाँव के भीतर और विभिन्न गाँवों के बीच वैवाहिक सम्बन्धों का नियमन किया जाता है। जाति एक ऐसी व्यवस्था है जो यह तय करती है कि कोई परिवार किस व्यक्ति को अपना सगोत्रीय मान सकता है, और किसके साथ अपने बेटे या बेटी का विवाह कर सकता है। जाति एक बड़ा समुदाय है। इसके सदस्यों के बीच विवाह के माध्यम से सम्बन्धों को मज़बूत किया जा सकता है, ताकि वे अपने आर्थिक, धार्मिक और मैत्री के सम्बन्धों को और मज़बूत बना सकें। एक ही जाति

के लोग एक साथ आग के पास बैठ सकते हैं, हुक्का पी सकते हैं और एक साथ खाना खा सकते हैं। पहले किसी व्यक्ति को जाति के नियमों को तोड़ने के लिए जाति पंचायत द्वारा जाति से बहिष्कृत कर दिया जाता था, लेकिन पिछली कुछ पीढ़ियों से यह व्यवहार पीछे छूट गया है। मेरे गाँव के लोगों ने यह बताया कि आख़िरी बार तीन पीढ़ी पहले एक व्यक्ति को जाति से निकाला गया था क्योंकि वह निम्न जाति की एक महिला के साथ रहने लगा था। लोगों द्वारा जाति के नियमों का उल्लंघन न करने का कारण यह नहीं है कि उनके भीतर जाति की चेतना कमज़ोर हो गयी है। असल में, इसके पीछे बहुत से भौतिक और आर्थिक कारकों ने महत्त्वपूर्ण भूमिका अदा की है।

(क) मेरा यह अनुमान है कि इस घाटी के 80 प्रतिशत लोग या तो ब्राह्मण हैं या राजपूत हैं, और ये सभी अलग–अलग गाँवों में रहते हैं, इसलिए विभिन्न जाति के लोगों के बीच बहुत कम नज़दीकी सम्पर्क होता है। इसके अलावा, यहाँ दो निम्न जातियों राठी और सीपी सम्मिलित हैं। राठी लोगों के पास अपनी जनसंख्या के अनुपात में उच्च जातियों से ज़्यादा ज़मीन है। सीपी अलग गाँवों में रहते हैं, और उन्हें अपने बुनियादी कर्त्तव्यों को पूरा करने या किसी अन्य कारण से राजपूत या ब्राह्मण के गाँवों में जाने की कोई आवश्यकता नहीं पड़ती है। उच्च जाति के लोग कभी–कभार सीपियों के पास आते हैं क्योंकि उन्हें भाड़े पर मज़दूरों की आवश्यकता होती है, या फिर उन्हें *बिरतों* समझौते को पूरा करना होता है (उपहारों के आदान–प्रदान का कर्मकाण्ड, यूनाइटेड प्रोविन्सेज में *बिरतों* व्यवस्था को जजमानी व्यवस्था कहा जाता है)।

(ख) जनसंख्या में वृद्धि के कारण भूमि पर बढ़ने वाले दबावों ने सिर्फ़ ग़रीबों को ही नहीं, बल्कि सभी जातियों के लोगों को प्रभावित किया है।

(ग) हिमाचल प्रदेश के इस भाग में कोई उल्लेखनीय आर्थिक और सामाजिक विकास नहीं हुआ है। एक साल में भरमपुर में आने वाले लोगों की संख्या को दोनों हाथों की अँगुलियों पर गिना जा सकता है। स्पष्टतः यहाँ बाहर से बहुत कम लोग आते हैं।

(घ) भारत के अन्य भागों में निम्न जातियाँ बिरतों और अन्य कर्मकाण्डों को करने से इनकार कर देती हैं और इस तरह वे जाति व्यवस्था की अवहेलना करती हैं। लेकिन चम्बा ज़िले के इस भाग में कोई भी ऐसा कर्मकाण्ड नहीं होता है, जिसमें सीपी जाति के लोगों की आवश्यकता हो। असल में, ये पूरी तरह से व्यवस्था से बाहर हैं, और इनकी संख्या इतनी कम है कि ये अपनी बात नहीं मनवा सकती हैं। राजपूत विवाह और अन्य उत्सवों के दौरान बहुत ही सहजता से वाद्य यन्त्र बजाते हैं। असल में, कई बार तो वे प्रशिक्षित संगीतज्ञों से बेहतर तरीक़े से विभिन्न वाद्य यन्त्र बजाते हैं।

इस अध्याय में मैंने कई मरतबा 'परिवार' शब्द का प्रयोग किया है। परिवार से मेरा तात्पर्य माता–पिता और बच्चों के परिवार से है। भरमपुर में संयुक्त परिवार पारस्परिक ज़िम्मेदारी और स्वतन्त्रता का मिश्रण होता है। प्रत्येक गद्दी का यह लक्ष्य होता है कि उसका विवाह हो जाये, या उसके भाई का विवाह हो जाये या उसके बेटे और बेटियों का विवाह हो जाये। विवाह हो जाने के बाद विवाहित व्यक्ति अपना नया घर बना लेता है और उस घर या परिवार का मुखिया बन जाता है। उसके घर के साथ भी चूल्हा और उसके खेत भी अलग हो जाते हैं। लेकिन यदि किसी लड़के या किशोर के पिता की मृत्यु हो जाती है, तो उसके पिता के भाई की यह ज़िम्मेदारी होती है कि वह उसका तब तक ख़्याल रखें जब तक वह वयस्क नहीं हो जाता है। जब एक पुरुष का विवाह होता है, तो या तो वह अपने पिता के मकान में एक ऊपरी तल्ला (या हिस्सा) ले लेता है, या फिर वह उस मकान के सामने ही अपना मकान बना लेता है। उसका पूरा परिवार अभी भी साझा तरीक़े से काम करता रहेगा। लेकिन वे अपना बही–खाता अलग–अलग रखेंगे तथा लम्बरदार को भी अलग–अलग भूमि दे कर अलग कर देंगे। इसलिए ऐसे संयुक्त परिवार में भारत के अन्य भागों के संयुक्त परिवारों की तरह हमेशा पैसे के हिसाब–किताब को लेकर तनाव और झगड़े की स्थिति पैदा नहीं होती है। जब भी कोई व्यक्ति चाहे तो वह अपने एकल परिवार (पति, पत्नी और बच्चों) के साथ संयुक्त परिवार से अलग हो सकता है। लेकिन वह जब तक संयुक्त परिवार में रहता है, वह एक नैतिक नियन्त्रण में रहता है। स्पष्टतः संयुक्त परिवार के सबसे बुजुर्ग पुरुष सदस्य का नैतिक प्राधिकार होता है, और इससे पत्नियों के बीच होने वाली कलह काफ़ी कम हो जाती है।

पिता अपने पुत्र के प्रति अधिकार का भाव रखता है। एक पुत्र हमेशा ही पिता को ज़्यादा महत्त्व देगा और उनका सम्मान करेगा। जब एक लड़का/लड़की छोटी होती है, तो उसे अपनी इच्छा के अनुसार कुछ भी करने की आज़ादी दी जाती है। यदि वह किसी कारण से परिवार के नियमों का उल्लंघन कर देती है तो किसी भी हालत में उसकी पिटाई नहीं की जाती है। यदि कभी डाँट पड़ने पर उसकी आँखों में आँसू आ जाते हैं, तो परिवार के अन्य सदस्य दखल देते हैं तथा उसके और उसके माता–पिता के बीच मेल–मिलाप करवाते हैं। एक रोते बच्चे को मारकर चुप नहीं कराया जाता है। यदि दो गद्दी लोग किसी धार्मिक उत्सव में *सुर* पीकर एक–दूसरे से झगड़ा करने लगते हैं तो आसपास खड़े लोग उन्हें तुरन्त ही एक–दूसरे से अलग कर देते हैं। एक बार एक जिद्दी नामक व्यक्ति का पाँव खेतों में काम करते वक़्त कट गया, और उससे खून बहने लगा, और उसके पैर का थोड़ा–सा माँस भी बाहर दिखने लगा। जब वह अपने घर पहुँचा तो उसकी पत्नी ने तेज़ी से उसके घाव को बाँधने लगी। लेकिन ऐसा करने से पहले उसने उसके पाँव के कटे हुए हिस्से पर गरम घी लगा दिया। उस समय यह व्यक्ति दीवार पर बैठा हुआ था, और हँसकर बात कर रहा था। घी लगाने से उसे इतनी तेज जलन हुई कि वह चिल्लाते हुए ज़मीन पर गिर गया। इसके बाद उसकी दो बेटियाँ और उसका भतीजा इतना ज़ोर–ज़ोर से रोने लगें कि उनके रोने की आवाज मीलों तक सुनायी दी। इसके बाद वह व्यक्ति ख़ुद ही उठकर बैठ गया और वह खुश था। लेकिन बच्चे अभी भी रोते रहें।

गद्दी बहुत ही कोमल दिल के होते है। वे खून या किसी प्रकार की परेशानी नहीं देख सकते हैं। वे किसी प्रकार के बल–प्रयोग या विवाद को नापसन्द करते हैं। लेकिन वे किसी भी विषय पर अपनी राय भी खुलकर जाहिर करते हैं। चम्बा के पुलिस अधीक्षक के अनुसार, उन्हें किसी ऐसे मसले की जानकारी नहीं है, जब गद्दियों के बीच हत्या जैसी कोई वारदात हुई हो; गाँव के लोगों का आपस में झगड़ा करने का कोई मामला सामने नहीं आया है। कुछ आयामों से गद्दियों को गाँधी का आदर्श अनुयायी कहा जा सकता है (हालाँकि वे ऐसा गाँधी के विचारों के बारे में जागरूक होकर नहीं करते हैं) : ये अमूमन झगड़ा नहीं करते हैं, घर में बने कपड़े पहनते हैं और निर्मित वस्तुओं पर बहुत ज़्यादा निर्भर नहीं हैं। इनके अच्छे स्वाभाव का कारण यह नहीं है कि गद्दियों के गाँव का

प्रशासन काफ़ी अच्छा है। असल में, इसके लिए निम्नलिखित प्रमुख कारकों को उत्तरदायी माना जा सकता है:

(क) ख़ुद गद्दियों के बीच जाति या आर्थिक स्थिति के सन्दर्भ में स्पष्ट भिन्नता नहीं है।

(ख) गाँवों का प्रबन्ध। सभी गाँव छोटी इकाईयों के रूप में एक–दूसरे के नज़दीक बसे हुए हैं, और इनके बीच एक साझा सम्बन्ध है। अमूमन गाँव के लोग किसी दूसरे गाँव के अपने ऐसे भू–खण्ड पर काम करते हैं जिसे उन्होंने पीढ़ियों पहले विरासत या किसी अन्य तरीक़े से हासिल किया था।

(ग) विभिन्न गाँवों के बीच वैवाहिक सम्बन्ध होने के कारण भी उनके सम्बन्धों का विस्तार हुआ है। गोशेन गाँव में कुछ शादियाँ गाँव के भीतर ही हुईं, कुछ अगले गाँव में तथा कुछ पाँच किलोमीटर की दूरी पर स्थित गाँव में हुईं। वहीं एक शादी पालम श्रेणी के आसपास हुई। यदि हम एक ऐसा नक्शा तैयार करें जिसमें गाँव से बाहर विवाह करने वाली महिलाओं के वितरण को दर्शाना हो तो यह एक संकेन्द्रित घेरे (कॉनसेंट्रिक सर्किल) की तरह होगा। इससे यह बात सामने आयेगी कि सबसे ज़्यादा विवाह गाँव के नज़दीक हुए हैं, और जैसे हम गाँव से दूर जाते जायेंगे, वैसे–वैसे विवाहों की संख्या कम होती जायेगी। चूँकि व्यक्ति का सबसे ज़्यादा झगड़ा और असहमति उसी के साथ होती है जो उसके नज़दीक रहता है, ऐसे में इसका एक व्यवहारिक प्रभाव यह भी पड़ता है कि झगड़े की स्थिति में नज़दीक रहने वाले रिश्तेदार ऐसे झगड़े को निपटाने का प्रयास करते हैं। यदि विवाद इस तरह नहीं सुलझता है तो एक पंचायत बुलाई जाती है, जिसकी अध्यक्षता *लिखनारा* करता है। यह ख़ुद गद्दी नहीं है, बल्कि वह भरमपुर में रहने वाला एक ब्राह्मण है। इस व्यक्ति का काफ़ी प्रभाव है और शायद ही कोई गाँव इसकी बात की अवहेलना कर सकता है। लेकिन इस तरह का विवाद दो गाँवों के बीच का विवाद नहीं होता है, बल्कि यह दो अलग–अलग गाँवों के दो व्यक्तियों के बीच का विवाद होता है।

ख़ुद गाँव बहुत महत्त्वपूर्ण इकाई नहीं है। अधिकांश बड़े गाँवों में एक *लम्बरदार* होता है, जो अमूमन सबसे ज़्यादा भू–राजस्व अदा करता है,

और जो पहले राजा की ओर से भू–राजस्व इकट्ठा करता था और अब वह यही काम राज्य की ओर से करता है। इसके ऊपर *लिखनारा* और *लिखनारा* के ऊपर *तहसीलदार* होता है, जो सीधे तौर पर ज़िला कमीश्नर के प्रति उत्तरदायी होता है। सिर्फ़ तहसीलदार और ज़िला कमीश्नर को ही सुनिश्चित सरकारी वेतन मिलता है। गोशेन गाँव का लम्बरदार न तो लिख सकता है, और न ही पढ़ सकता है। लेकिन गाँव एक छोटी इकाई है इसलिए उसे आसानी से यह याद रहता है कि किस व्यक्ति के पास कितनी ज़मीन है। जिन लोगों के पास गाँव के एक निश्चित क्षेत्र के भीतर ज़मीन होती है, वह उनसे भू–राजस्व लेने का काम करता है। बहरहाल, इन सरकारी कर्मचारियों और अधिकारियों का गाँव के प्रशासन से बहुत कम लेना–देना होता है। गाँव की किसी भी विशेष आवश्यकता के बारे में गाँव के बुजुर्ग लोग आपस में चर्चा करते हैं और इसके बाद काम किया जाता है। सड़कों की मरम्मत से लेकर सरकार की कुलियों की आवश्यकता ऐसे ही मसले हैं (पहले एक ऐसा विशेष अधिकारी होता था जो सरकारी काम के लिए अवैतनिक कुलियों की भर्ती करता था, लेकिन अब इस पद को ख़त्म कर दिया गया है और अब कुली को एक निश्चित राशि देकर काम पर रखा जाता है)। गाँव का आकार छोटा होने के कारण गाँव स्तर पर सरकार या सुनिश्चित प्रशासन की आवश्यकता नहीं पड़ती है। यदि कोई व्यक्ति अपने गाँव से असन्तुष्ट होता था, तो वह दूसरे गाँव में जाकर अपने किसी रिश्तेदार के यहाँ बस सकता था।

कुछ हद तक गाँव प्रशासन की अविकसित व्यवस्था का कारण चम्बा के राजा का अपनी प्रजा के प्रति रवैया था। चम्बा राज्य का पूरा इलाका राजा की व्यक्तिगत सम्पत्ति थी, लेकिन वह राजस्व के बदले में कुछ ख़ास लोगों को इस ज़मीन पर खेती करने की अनुमति देता था। लेकिन यह अधिकार पूरी तरह से राजा की मर्ज़ी पर निर्भर था। एक परिवार ने मुझे बताया था कि उसके पास जो निश्चित इलाके थे, उसमें बहुत से पेड़ उग आये थे। वे इन पेड़ों को काटकर इस ज़मीन को खेतिहर ज़मीन बनाना चाहते थे। लेकिन राजा ने उन्हें पेड़ों को काटकर बेचने की अनुमति नहीं दी; वे सिर्फ़ उसका उपयोग अपने लिए कर सकते थे। हर साल वह परिवार इस उम्मीद में राजस्व देता था कि उसे इन पेड़ों को बेचने की अनुमति मिल जायेगी, और यदि वे राजस्व नहीं देंगे तो वे इन पेड़ों को खो देंगे। वर्तमान सरकार के अन्तर्गत इस परिवार ने इस भूमि पर अपने अधिकार को साबित कर दिया है, और उन्होंने पेड़ों की कटाई भी की है।

राजा के शासन के अन्तर्गत प्रत्येक गाँववासी राजा का अपना जोतदार था। इसी तरह, पहाड़ पर हर प्रकार की चराई का अधिकार बिचौलियों को दे दिया गया था। यह बिचौलिया उन गद्दियों से चराई का शुल्क लेता था, जो यहाँ अपने भेड़ों को चराते थे। ये व्यवस्था कुछ मामलों में वर्तमान व्यवस्था से अच्छी थी क्योंकि इसने जोतदार किसान के अलावा किसी भी अन्य समूह के उभार को रोका। चूँकि राजा के लिए सभी प्रजाजन बराबर थे, इसलिए कोई भी उनके अधिकारियों से अलग हटकर सीधे राजा को अपील कर सकता था।

यहाँ *बिरतों* व्यवस्था के बारे में भी कुछ टिप्पणी करना आवश्यक है। यह विभिन्न जातियों के व्यक्तियों के बीच पारम्परिक उपयोग पर आधारित पारस्परिक दायित्वों और कर्त्तव्यों की एक व्यवस्था थी। यह विशेष रूप से *साज* और *तम्बोल* उत्सवों में बेटे और बेटी की विवाह के सम्बन्ध में सामने आता था। इन विवाहों में जिन लोगों का दूल्हे और दुल्हन के पिता के साथ *बिरतों* होता था वे उसे प्रतीकात्मक उपहार या पैसा देते थे, जिससे उसे विवाह का ख़र्च वहन करने में सहूलियत होती थी। इन उपहारों का जाति या गोत्र से कोई सम्बन्ध नहीं होता था। इस समय दी जाने वाली राशि को लिखा जाता था, और जब यह उपहार देने वाले व्यक्ति के यहाँ विवाह होता था तो उसे इसी तरह का उपहार या थोड़ी ज़्यादा राशि वापस की जाती थी। इसी तरह, यदि कोई व्यक्ति घर बनाना चाहता है तो वह उन सिपियों के पास जाता है, जिसके साथ उसका बिरतों समझौता है, वह उनसे 1000 फीट नीचे पत्थर ले जाने के लिए कहता है। इसके बदले में, उन्हें उसकी फसल का एक हिस्सा मिलता है। बहरहाल, यह एक आर्थिक लेन–देन नहीं होता है, बल्कि इससे पहले से ही चली आ रही एक सामाजिक व्यवस्था को वैधता मिलती है। असल में, यह व्यवस्था विभिन्न जातियों और गाँवों में लोगों और समूहों को एक साथ जोड़कर रखती है। मैं चार या पाँच विवाहों के आयोजनों में गया। मैंने यह ग़ौर किया कि तम्बूल के समय वही लोग बितरों उपहार देते थे, जिनका पहले से एक–दूसरे के साथ कोई सम्पर्क था।

गद्दियों को लोगों के एक ऐसे बड़े समुदाय के रूप में देखा जा सकता है, जो पहाड़ों से लेकर मैदानी क्षेत्र तक तक़रीबन 200 वर्ग मील की दूरी तय करते हैं। ये एक जैसे कपड़े पहनते हैं, एक जैसी बोली बोलते हैं और इनकी प्रथाएँ भी एक जैसी हैं। इनमें आपस में जुड़ाव की एक मज़बूत भावना है और इनके गाँवों की व्यवस्था सरल है। इसके कारण,

यहाँ बहुत कम मात्रा में औपचारिक ग्राम प्रशासन मौजूद है। ये लोग सिर्फ़ अपनी बात मनवाने के लिए शक्ति का उपयोग करने या एक–दूसरे को दुःख देने में विश्वास नहीं करते हैं। इसीलिए गाँवों और यहाँ रहने वाले व्यक्तियों के बीच कोई ख़ास टकराव नहीं होता है। गद्दी लोगों के बीच बन्धुत्व और एकजुटता पैदा करने वाली एक महत्त्वपूर्ण शक्ति जातिगत बन्धुत्व की भावना है। असल में, इन्हें एक साथ जोड़े रखने में एक गाँव में निवास से ज़्यादा मज़बूत कारक की भूमिका जाति द्वारा निभाई जाती है।

अनुवाद : कमल नयन चौबे

बंगाल का एक गाँव*

ज्योतिर्मयी शर्मा

कलकत्ता शहर से सिर्फ़ थोड़ी दूर जाने पर ही मिट्टी का रूप बदलने लगता है, और हम ख़ुद को एक ऐसे देश में पाते हैं जो गाँवों से घिरा हुआ है, और जिसमें बीच–बीच में कुछ बड़े शहर हैं। यद्यपि इन गाँवों के निवासी शहरों से सम्पर्क रखते हैं, लेकिन यह सम्पर्क सीमित होता है। अमूमन गाँव का जीवन शहर के प्रभावों से बचा हुआ है, और आधुनिक आर्थिक प्रभाव जितनी अनुमति दे सकते हैं, उस सीमा तक इसने अपनी स्थिरता और आत्मनिर्भरता क़ायम रखी है। हम जिस गाँव की बात कर रहे हैं, वह हुगली ज़िले के हावड़ा रेलवे स्टेशन से 30 मील की दूरी पर है। यह तारकेश्वर के मन्दिर से थोड़ी ही दूर है, और छोटी लाइन पर चलने वाली स्थानीय रेल यहाँ दो घण्टे में पहुँचा देती है। पूरा गाँव तक़रीबन 2 वर्ग मील में फैला हुआ है। आवासीय क्षेत्र का बड़ा हिस्सा रेल लाइन के पूर्वी भाग में स्थित है, वहीं पश्चिमी भाग में अधिकांश खेत हैं तथा कायस्थ और धोबा बस्तियाँ हैं। कौशिकी नदी गाँव के एक हिस्से से होकर गुज़रती है। जाड़े में यह सिर्फ़ सूखी धारा होती है, वहीं बरसात में इसमें काफ़ी मात्रा में जल भर जाता है। गाँव अपने खेतों के साथ फैला हुआ है, और इसका कोई विशिष्ट ज्यामितीय आकार नहीं है। गाँव के बीच की सीमा–रेखा चौड़ी अला (भूमि की ऊँची पतली रेखा जो खेतों को अलग करती है), नदियाँ या सड़कें हैं। एक गाँव से दूसरे गाँव की भिन्नता मुख्य रूप से परम्परा पर आधारित है, और आज इसे यूनियन बोर्ड के शासी निकाय (गवर्निंग बॉडी) द्वारा औपचारिक मान्यता मिली हुई है।

---

* *इकोनॉमिक ऐंड पॉलिटिकल वीकली,* 15 अगस्त, 1953 : 901–10।

घरों की अवस्थिति का एकरूप न होना

गाँव के भीतर सभी जातियों के लोग एक साथ अलग–अलग टोलों में रहते हैं, और इन क्षेत्रों को उनमें रहने वाली जातियों के नाम से जाना जाता है। बहरहाल, इस बारे में कोई एक नियम नहीं हैं। और अपनी सुविधा के अनुसार एक ही जाति के कई लोग एक–दूसरे से अच्छी–ख़ासी दूरी पर रहते हैं। कई ऐसे भी उदाहरण हैं जिनमें निम्न जातियों के लोग उच्च जातियों के लोगों के घरों के पास बसे हुए हैं। विशेष रूप से, उस स्थिति में ऐसा होता है, जब निम्न जाति का कोई व्यक्ति उच्च जाति के किसी व्यक्ति का जोतदार हो। घर और खेत दूर–दूर तक फैले हुए हैं, और घरों का समूह उच्चतर भूमि पर स्थित है।

इस गाँव में कुल 324 घर हैं। इनमें से सिर्फ़ पाँच घर ही ईंट के बने हुए हैं, ये उन परिवारों के घर हैं जो अतीत में समृद्ध हुआ करते थे। शेष घर मिट्टी और फूस के बने हुए हैं। ऐसे बहुत से घरों के मालिक उच्च वर्ग से जुड़े हुए हैं, इन घरों का फ़र्श सीमेन्ट का है और दीवारों की पुताई हुई है। एक घर की आम योजना में एक वर्गाकार आँगन के आसपास बहुत–सी संरचनाएँ स्थित होती हैं, और इन सबके चारों ओर एक बड़ी दीवार होती है। हर पृथक् संरचना एक कमरा होती है। एक संयुक्त परिवार में प्रत्येक विवाहित जोड़े को एक कमरा दिया जाता है, तथा आँगन के भीतर या दीवार से बाहर अतिरिक्त कमरों का निर्माण किया जा सकता है। जब एक घर को संयुक्त परिवार की विभिन्न इकाईयों के बीच बाँटा जाता है, तो परिवार के सदस्य आँगन के एक हिस्से के साथ उन कमरों पर दावा करते हैं, जहाँ वे पहले से ही रहते आये हैं। इसके अलावा, बँटवारे के बाद अलग से रसोई का निर्माण किया जा सकता है।

ग़रीब लोगों के घर में, जो अमूमन निम्न जातियों से होते हैं, आँगन छोटे होते हैं और कमरों की संख्या कम होती है। कमरों का आकार भी छोटा होता है। ऐसे घरों में अमूमन संयुक्त परिवार के बजाय व्यक्तिगत परिवार की इकाईयाँ रहती हैं। स्वाभाविक रूप से, निम्न जातियों के घरों को बनावट के आधार पर अन्य जातियों के लोगों के घरों से अलग किया जा सकता है।

खेती का स्वरूप

गाँव के सभी लोग ज़मीन पर खेती का काम करते हैं। चावल इनकी सबसे प्रमुख फ़सल है, और गाँव के लोगों द्वारा पूरी तरह से इसका उपयोग

खाने के लिए किया जाता है। अधिकांश लोगों को अपने द्वारा उपजाये गये चावल के अतिरिक्त चावल ख़रीदना पड़ता है। आमतौर पर, बाहरी स्रोतों से ही यह ख़रीददारी की जाती है। आलू और जूट को नगदी फ़सलों के रूप में उपजाया जाता है। एक ही तरह के खेत में बारी–बारी से उनकी खेती की जाती है। धान के लिए अलग खेतों का इस्तेमाल किया जाता है क्योंकि इसके लिए निम्न भूमि की आवश्यकता होती है। उच्च भूमि पर आलू और जूट की खेती की जाती है। ज़मीन के मालिक के सभी खेत एक ही स्थान पर नहीं हैं।

इस क्षेत्र में आम, बेल, जमरुल, अमरूद, केला, नास्पाती आदि जैसे फलों के पेड़ पाये जाते हैं। ये सभी पेड़ इस गाँव में भी भारी मात्रा में मौजूद हैं, जिससे गाँव के लोगों में विभिन्न मौसमों में ताज़े फल मिलते हैं। मछली पालने के साथ–ही–साथ नहाने और कपड़े धोने के लिए तालाबों का उपयोग किया जाता है। इस क्षेत्र में कई स्थानों पर बाँसवाड़े (बाँस के पेड़ों के क्षेत्र) भी हैं। बाँस सिर्फ़ मिट्टी के बने घरों की छतों के लिए ही आवश्यक नहीं हैं, बल्कि शहरी बाज़ारों में इन्हें बेचने पर अच्छी क़ीमत भी मिलती है।

बँटाईदारी खेती

उच्च वर्ग के भूमि पर बँटाईदारी व्यवस्था से खेती होती है। ज़मीन का मालिक बीज और खाद उपलब्ध कराता है, वहीं ज़मीन पर खेती करने वाला हल और बैल देता; और दोनों फ़सलों को बराबर बाँट लेते हैं। यदि किसी खेत का मालिक पूरी फ़सल चाहता है, तो उसे किसानों को दैनिक मज़दूरी देनी पड़ती है। इसी तरह, किसी तालाब का मालिक एक निश्चित अवधि के लिए मछुआरों को अपना तालाब लीज या पट्टे पर दे सकता है। जब भी तालाब के मालिक को मछली की आवश्यकता होती है, तो मछुआरों से मछली पकड़ने के लिए कहा जाता है। मछली को एक जाल से पकड़ा जाता है, और तालाब के मालिक को आधी तथा मछुआरे को आधी मछली मिलती है। यदि मालिक सभी मछलियाँ चाहता है, तो उसे मछुआरे के हिस्से की मछलियों के लिए बाज़ार की क़ीमत अदा करनी पड़ती है। ऐसा न होने पर, मछुआरा नज़दीकी बाज़ार में जाकर अपनी मछली बेच देता है। गाँव के निवासियों के बीच पैसे का लेन–देन काफ़ी सीमित होता है।

किसी भी परिवार के पास काफ़ी बड़ी मात्रा में ज़मीन नहीं है। गाँव में कोई भी बहुत धनवान व्यक्ति नहीं है। हर आने वाली पीढ़ी में संयुक्त परिवार की सम्पत्ति को छोटे भू–खण्डों में बाँट दिया जाता है। वास्तविक भू–स्वामित्व की गणना कठिन है, और इसके लिए विस्तृत अध्ययन किये जाने की आवश्यकता है। मोटे तौर पर, भू–स्वामित्व तीन प्रकार का है : (1) सरकारी सम्पत्ति, मसलन रेलवे के स्वामित्व वाली सम्पत्ति; (2) ऐसी भूमि जिसके लिए सरकार को सड़क कर दिया जाता है, मसलन ब्रहमोत्तर भूमि, जिसे बर्दवान के महाराजा ने इस गाँव तथा पड़ोस के गाँवों के ब्राह्मणों को उपहारस्वरूप दिया था, और कायस्थों के स्वामित्व वाली *मल* भूमि, जिसे पहले ज़मींदारों से पट्टे पर अधिग्रहीत किया गया था; और (3) *प्रजसवत्ता* भूमि, जो गाँव में भूमि के मालिक या अनिवासी ज़मींदार द्वारा प्रत्यक्ष रूप से *खजना* (लगान) के सुनिश्चित दर पर पट्टे पर ली जाती है। सभी ब्राह्मणों के पास *ब्रह्मोत्तर* भूमि है। किन्तु अन्य जातियों के पास भी इस तरह की भूमि हो सकती है, क्योंकि ज़रूरतमन्द ब्राह्मण अपनी ज़मीन किसी को भी बेच सकते हैं, और वे अक्सर ऐसा करते हैं। कायस्थ लोगों ने पुराने समय में ज़मींदारों के लिए काम करते हुए मल ज़मीन हासिल की। वर्तमान समय में *प्रजसवत्ता* भूमि के अधिकांश भाग पर *यंग मेन्स ज़मींदारी कोऑपरेटिव सोसायटी लिमिटेड* का स्वामित्व है। इस गाँव के पूर्व ज़मींदार मिदनापुर रहते थे, उन्होंने अपनी ज़मींदारी इस कोऑपरेटिव सोसायटी को बेच दी थी। इस कोऑपरेटिव सोसायटी में बहुत से अनिवासी लोग सम्मिलित हैं, जिन्होंने ज़मींदारी के प्रबन्धन को अपने पेशा के रूप में अपना लिया है। भूमि के लगातार विभाजन होने के कारण उच्च जातियों के व्यक्तिगत भू–स्वामियों के पास अब तक़रीबन 15–30 बीघा भूमि बची है। अमूमन निम्न जातियों के लोग *प्रजसवत्ता* भूमि पर जोतदार के रूप में काम करते हैं, लेकिन इनमें से कुछ लोगों ने थोड़ी–बहुत ज़मीन भी ख़रीद ली है, और इनके पास 2–5 बीघा तक ज़मीन है।

आत्मनिर्भर गाँव

रोज़मर्रा के जीवन में गाँव आत्मनिर्भर हैं। इसकी सीमाओं के भीतर कोई बाज़ार नहीं है। रेलवे स्टेशन के निकट मिठाइयाँ और दवाइयाँ बेचने वाली केवल कुछ दुकानें हैं। डेढ़ मील दूरी पर अगले गाँव की सीमा के निकट स्थित भूमि पर सप्ताह में दो बार हाट (सप्ताह में एक बार या दो बार

लगने वाला बाज़ार) लगता है। नज़दीकी बाज़ार दो मील दूर स्थित शहर में लगता है, और आकस्मिक स्थिति आ जाने पर लोगों को ख़रीददारी करने के लिए शहर जाना पड़ता है।

इस गाँव में, तथा इसके निकटवर्ती गाँवों में बुनाई प्रमुख कुटीर उद्योग है। यह बुनकर जाति के लोगों का वंशानुगत पेशा है। यह क्षेत्र कपास से बनी कुछ विशिष्ट प्रकार की साड़ियों और धोतियों के लिए प्रसिद्ध है, जिनकी माँग पूरे बंगाल में है। बुनकरों का अपने कपड़ों तथा अपने उत्पाद के डिजाइनों क़ो बेचने के लिए हमेशा ही बाहर के बाज़ार से सम्पर्क रहता है। इस क्षेत्र और इसके आसपास के क्षेत्रों के सभी बुनकर अपने निर्मित कपड़ों को बेचने के लिए प्रत्येक सप्ताह मंगलवार की सुबह हावड़ा में लगने वाले हाट में जाते हैं। पूरे बंगाल से बुनकर काफ़ी दूरी तय करके इस हाट में अपनी वस्तुओं को बेचने के लिए आते हैं। यहाँ वे अपने कपड़े को होलसेल क़ीमत पर खुदरा व्यापारियों को देते हैं, लेकिन सिर्फ़ अपनी ज़रूरत के लिए कपड़े ख़रीदने वाले लोगों को भी सस्ते दाम पर कपड़े मिल जाते हैं।

आज बुनाई एक मुनाफ़ा देने वाला पेशा नहीं है। कपास के महँगे होने और रोज़मर्रा की ज़िन्दगी में ख़र्च बढ़ने के कारण अब बहुत कम बुनकर स्वतन्त्र रूप से उत्पादन करते हैं। बुनकरों का बड़ा हिस्सा महाजनों से ऑर्डर लेता है, जो उन्हें कपास का धागा और बुनने की डिजाइन दोनों ही उपलब्ध कराते हैं। ऐसे बुनकर अपने काम के लिए दैनिक मज़दूरी लेते हैं या फिर उन्हें कपड़े की क़ीमत का एक हिस्सा मिल जाता है।

इस गाँव के सभी ताँती घरों में एक या दो करघा है, और परिवार के पुरुष सदस्य इस पर काम करते हैं। महिलाएँ धागे को धोती और सुखाती हैं। यहाँ ताँती जाति के लोगों के पास अपनी ज़मीन है, और वे परिवार के व्यक्तिगत सदस्यों के साधनों के अनुसार सहभागी व्यवस्था से अपना खाद्यान्न खुद उपजाते हैं। लेकिन पड़ोस के गाँव के ताँती लोग बहुत कम खेती करते हैं। बाद में, हमारे गाँव में यह बात सामने आयी कि यहाँ अन्य पेशेवर जातियों की संख्या काफ़ी छोटी होने के कारण किसी अन्य प्रमुख शिल्प का अस्तित्व नहीं है। कुम्हार द्वारा कुछ बर्तन बनाये जाते हैं, या तेली द्वारा कुछ मात्रा में तेल का उत्पादन किया जाता है, जिसे वे गाँव के भीतर या *हाट* में बेचते हैं।

बहरहाल, इस खेतिहर आत्मनिर्भर गाँव में शहर का प्रभाव महसूस किया जा सकता है। गाँव में शहर के इस प्रभाव को लाने में उच्च वर्ग

के पढ़े–लिखे सदस्यों की प्रमुख भूमिका रही है। ब्राह्मण, कायस्थ और अब कुछ ताँती जाति के लोग भी कलकत्ता में कार्यालयों में नौकरियाँ कर रहे हैं, और ये गाँव की आर्थिक व्यवस्था का महत्त्वपूर्ण भाग बन गये हैं। चूँकि ज़मीन से होने वाली आय अपना गुज़ारा करने के लिए पर्याप्त नहीं है, और चूँकि पैतृक ज़मीन के लगातार विभाजन के कारण भूमि का व्यक्तिगत स्वामित्व कम–से–कम हो गया है, इसलिए यह अनिवार्य हो गया है कि गाँव का काम चलाने के लिए अब दूसरे स्रोतों से पैसा आये, जिससे गाँव का इच्छित जीवन–स्तर बरकरार रहे। गाँव में शिक्षा का स्तर उच्च नहीं है, इसलिए यहाँ के लोगों को कलकत्ता या कलकत्ता के आसपास के शहरों में व्यापारियों या सरकारी कार्यालयों में क्लर्क का काम ही मिल पाता है। कलकत्ता में विभिन्न कार्यालयों में काम करने वाले लोग गाँव से ही कार्यालय जाते हैं, और हर रोज़ उनका एक बड़ा समय यात्रा में ख़र्च होता है। ऐसा पिछली दो पीढ़ियों से हो रहा है, और इसने समुदाय पर एक ख़ास तरह की छाप छोड़ी है। गृहणियों को सुबह जल्दी जगना पड़ता है, ताकि वे कार्यालयों में काम करने वाले लोगों को सुबह 6.30 तक पूरा खाना बनाकर दे दें, और सप्ताह के कार्य दिवसों पर उच्च जातियों के घरों में 12 घण्टे के लिए सिर्फ़ महिलाएँ और बच्चे ही मौजूद रहते हैं। एक अनुमान के मुताबिक़ गाँव में उपजने वाली फ़सल के अतिरिक्त 150 रुपये की मासिक आय एक औसत परिवार को आरामदेह जीवन देने के लिए पर्याप्त है। यदि किसी व्यक्ति की आय प्रति माह 400 रुपया या उससे ज़्यादा है तो उसे अमीर माना जाता है।

1951 की जनगणना के अनुसार हमारे गाँव की जनसंख्या 1,603 है, जिसमें 752 महिलाएँ और 851 पुरुष हैं। यहाँ जनसंख्या में ज़्यादा गतिशीलता नहीं हुई है और यहाँ पर पूर्वी पाकिस्तान से भी शरणार्थी नहीं आये हैं। जनसंख्या कुल 20 जातियों और पाँच ग़ैर–जाति समूहों में विभाजित है। ग़ैर–जाति समूहों में ग़ैर–हिन्दू और ग़ैर–बंगाली जनसंख्या सम्मिलित है। ग़ैर–बंगाली लोगों को उनके प्रान्त के नाम से जाना जाता है, मसलन बिहारी या ओडिया। गाँव के लोगों को इसमें कोई रुचि नहीं है कि उनमें भी आपस में विभाजन हो सकता है। इसके अलावा, कुछ प्रवासी आदिवासी समूह हैं, जो काम के मौसम में इस क्षेत्र में आते हैं। ये मुख्य रूप से पलामू ज़िले के उराँव हैं, इसके अतिरिक्त कई अन्य आदिवासी समूह भी होते हैं, जिन्हें संयुक्त रूप से कुली के नाम से जाना जाता है। यहाँ पर काफ़ी पहले बस चुके सन्थाल आदिवासियों को निम्नतम जाति

समूह का दर्जा मिल गया है, हालाँकि अभी भी इनमें कुछ आदिवासी विशेषताएँ मौजूद हैं। इसी तरह, प्रवासी आदिवासी लोगों को अस्पृश्य और निम्न जातियों के रूप में देखा जाता है।

मुस्लिम समुदाय

गाँव में एक छोटी मुस्लिम जनसंख्या भी है। मुस्लिमों के साथ उसी तरह का बरताव किया जाता है जिस तरह का बरताव उन जातियों से होता है जिससे गाँव के लोग सामाजिक अन्तःक्रिया नहीं करते हैं। हिन्दुओं के लिए मुस्लिम अपवित्र हैं, इसलिए वे उन्हें अस्पृश्य मानते हैं। किन्तु दो समूहों के सदस्यों के बीच एक सामान्य व्यक्तिगत सम्बन्ध क़ायम रखा जाता है। पुरुष एक–दूसरे को जानते हैं और रास्ते में आपस में अभिवादन करते हैं। हिन्दू अमीर वर्ग के मुस्लिमों, कुछ अन्य आधारों पर उच्च जाने वाले मुस्लिमों से सम्मानित व्यवहार करते हैं, हालाँकि, फिर भी वे एक दूरी बनाकर रखते हैं। साम्प्रदायिक दंगों के दौरान इस गाँव में कोई समस्या पैदा नहीं हुई। हिन्दुओं की तरह ही मुस्लिम भी खेती करते हैं, लेकिन वे व्यापार भी करते हैं। इस गाँव के अधिकांश मुस्लिम कपास के धागों की रंगाई और कताई के साथ–ही–साथ बुनाई का काम भी करते हैं। मुस्लिमों की बस्ती के पास एक मस्जिद और एक क़ब्रगाह है।

सारणी 1 में गाँव में 324 घरों में जाति और अन्य समूह जुड़ावों को संख्यात्मक रूप से प्रस्तुत किया गया है। कुल जनसंख्या में हर समूह से जुड़ी वास्तविक संख्या की गणना नहीं की गयी।

सारणी 1 : जाति और ग़ैर–जाति समूहों की संख्यात्मक शक्ति

जाति समूह	संख्या
बागडी	61
ब्राह्मण	44
महिष्या	34
ताँती	33
सन्थाल	25
मुची	16
कायस्थ	14

ग्वाला	9
डोम	8
दुले	8
चेुनारी	5
धोबा	4
कमार	4
जुगी	3
मोयरा	3
गन्धाबानिक	2
कुमोर	1
नापित	1
कोलू	1
हारही	1
कुल परिवार	277
ग़ैर–जाति समूह	संख्या
मुस्लिम	36
कुली	5
बिहारी	2
ओडिया	2
उराँव	2
कुल ग़ैर–जाति	47
कुल जाति और ग़ैर–जाति	324

नोट : विभिन्न जाति समूहों के पेशे या काम के बारे में बाद में विवरण दिया गया है।

स्रोत : लेखक

जाति पदसोपान

भारत के अन्य स्थानों पर मौजूद जाति पदसोपानों की तरह ही हमारे गाँव में भी ब्राह्मण जाति को सर्वोच्च स्थान प्राप्त हैं, और कुछ अन्य जातियाँ निम्न स्थान पर हैं। हिन्दू धर्म की कर्मकाण्डीय अवधारणाओं के अनुसार निम्न जातियों के खान–पान की आदतों और प्रथाओं को पूरी तरह अशुद्ध माना जाता है। जो लोग हिन्दू आदर्श से सबसे ज़्यादा विमुख होते हैं उन्हें निम्नतम का दर्जा दिया जाता है। यहाँ सन्थाल और उराँव जातियों की यही स्थिति है क्योंकि अभी इनके साथ बहुत–सी आदिवासी विशेषताएँ जुड़ी हुई हैं। हारही, डोम, मोची, आदि जैसी जातियों को पूरे बंगाल में निम्न जातियों के रूप में देखा जाता है, और यह माना जाता है कि ये गन्दी आदतों के कारण निम्न दर्जे के काम से जुड़े हुए हैं।

निम्न जातियाँ जागरूक रूप से ऊपर उठने का प्रयास करती हैं, तथा शेष समुदाय द्वारा अपनी हैसियत में बदलाव की उनकी इच्छा को मान्यता दी जाती है। इस दिशा में पहला क़दम गन्दा माने जाने वाले काम को छोड़ना है। मसलन, मुची चमड़े और खाल का काम करते थे, लेकिन उन्होंने यह काम छोड़ दिया और दो पीढ़ियों से वे सिर्फ़ खेती कर रहे हैं। अब वे एक मृत जानवर को छूने से भी इनकार कर देते हैं। उनके द्वारा अपने परम्परागत पेशे को छोड़ देने के कारण गाँव के श्रम विभाजन में एक अन्तराल आ गया है क्योंकि अब जब भी एक गाय या साँड़ की मृत्यु होती है, तो हमेशा ही कुछ ऐसे लोगों की आवश्यकता होती है जो मृत पशु को उसके नियत स्थान पर ले जायें और यदि मुमकिन हो तो उसकी चमड़ी निकाल लें। अब उराँव और सन्थाल लोगों ने यह काम करना आरम्भ कर दिया है। यद्यपि उन्होंने पूरी तरह से चमड़े का काम नहीं अपनाया है, लेकिन जब भी एक बैल या साँड़ की मृत्यु होती है, वे मृत पशु की अन्तिम क्रिया करते हैं और खाल ले जाते हैं।

यद्यपि इनकी बीच की जातियों का कोई स्पष्ट स्तर नहीं है, लेकिन उनके स्तर के बारे में प्रचलित मान्यता को निम्नलिखित वर्गीकरण द्वारा दर्शाया गया है :

(1) ब्राह्मण

(2) कायस्थ

(3) ताँती, ग्वाला

(4) कमोर, कमार, नापित, कोलू, मोयरा

(5) गन्धाबानिक, जुगी

(6) महिष्या

(7) बागडी, धोबा, मुची चुनारी, डोम, दुले, हारही

(8) सन्थाल

विभिन्न जातियों की स्थिति को इस गाँव में कर्मकाण्डीय और सेकुलर मूल्यों (अर्थात् धर्म से अलग अन्य आर्थिक–सामाजिक आयामों पर आधारित) के आधार पर तय किया गया है, और अन्य समुदायों में इनका स्वरूप अलग हो सकता है। हमारे गाँव के भीतर भी इन पर असहमति हो सकती है, और कोई जाति अपनी स्थिति के थोड़े ज़्यादा उच्चतर होने का दावा कर सकती है। विशेष रूप से उन जातियों में यह भावना ज़्यादा है, जिन्हें समान हैसियत का माना गया है।

विशेषाधिकार–प्राप्त कुछ लोग

ब्राह्मण जाति को सर्वोच्चता की पवित्र स्थिति प्राप्त है। निम्न स्तर की जातियों की तुलना में ब्राह्मणों का सेकुलर (अर्थात् धर्म से अलग अन्य आर्थिक और सामाजिक आयामों में) स्तर भी उच्च है, लेकिन यह आवश्यक नहीं है कि यह सर्वोच्च भी हो। इस गाँव में ब्राह्मणों ने यह बताया कि कुछ कायस्थ परिवार कई पीढ़ियों से ज़्यादा सम्पन्न हैं और शिक्षा में भी उन्होंने अच्छी–ख़ासी प्रगति की है। कायस्थ जाति के लोग पारम्परिक रूप से मुस्लिम शासकों के दरबार में शिक्षित व्यक्तियों के रूप में काम करते रहे थे। समय के साथ बहुत से कायस्थों ने ब्राह्मणों से ज़मीन ख़रीद ली या उसे पट्टे पर ले लिया, और वे ख़ुद शक्तिशाली ज़मींदार बन गये। कायस्थों ने व्यापार और वाणिज्य के माध्यम से भी सम्पत्ति अर्जित की। अंग्रेज़ी शिक्षा प्रणाली का आरम्भ होने पर ब्राह्मणों के साथ–ही–साथ कायस्थों ने भी ख़ुद को नयी व्यवस्था के अनुसार ढाल लिगा। उन्नीसवीं सदी के आख़िर में इस गाँव में कायस्थ जाति से एक प्रसिद्ध साहित्यिक व्यक्तित्व का उभार हुआ, जो उच्च स्तर के सरकारी अधिकारी भी थे। अभी भी गाँव में उनके परिवार को सबसे सम्पन्न माना जाता है (भले ही वास्तव में यह परिवार सबसे सम्पन्न हो या न हो)।

यह उल्लेखनीय है कि गाँव के समुदायों के लोग जागरूक रूप से अपने परिवार के इतिहास को याद नहीं रखते हैं। परिवार का बुजुर्ग व्यक्ति चार या पाँच पीढ़ी पुराने पूर्वजों का नाम जानता है, लेकिन उनके

बारे में कोई और जानकारी नहीं मिलती है। केवल उसी स्थिति में पूर्वजों के बारे में लोग ज़्यादा जानते हैं, जब उनके साथ कोई अनोखी घटना या गुण जुड़ा हुआ हो। कुल मिलाकर, सभी पुराने ब्राह्मण परिवारों के पूर्वजों ने अन्य ब्राह्मणों के यहाँ पुरोहितों के रूप में काम किया था ब्राह्मण आपस में एक–दूसरे का स्तरीकरण इस आधार पर करते हैं कि क्या उनके पूर्वजों ने ग़ैर–ब्राह्मणों के यहाँ पुरोहितों के रूप में काम किया था। यह माना जाता है कि अच्छे ब्राह्मणों को ग़ैर–ब्राह्मणों के यहाँ पुरोहितों के रूप में काम नहीं करना चाहिए। किन्तु वर्तमान समय में बहुत से सर्वोच्च हैसियत वाले ब्राह्मण कायस्थ, ताँती और उच्च स्तर की अन्य ग़ैर–ब्राह्मण जातियों के यहाँ पुजारी या पुरोहित के रूप में काम करते हैं। बागडी लोगों के पास अपने ख़ुद के ब्राह्मण हैं, और इसी तरह अन्य जातियों की सामान्य स्थिति के अनुसार उनके अपने ब्राह्मण हैं। इन निम्न जातियों के लिए पुरोहितों का काम करने वाले ब्राह्मण उच्चतर–वर्ग के ब्राह्मणों के साथ विवाह या खान–पान का सम्बन्ध नहीं रख सकते हैं। हमारे गाँव में कोई बागडी ब्राह्मण नहीं रहता है। आवश्यकता पड़ने पर उन्हें अन्य गाँवों से बुलाया जाता है।

बेहतर–वर्ग वाले ब्राह्मण परिवारों के पूर्वज पुरोहितों का काम करने के अलावा अपने अध्ययन के लिए भी प्रसिद्ध थे और उनके अपने *टोल* (पाठशाला) होते थे। इन *टोलों* में दूर–दूर ब्राह्मण लड़के संस्कृत व्याकरण, साहित्य और दर्शन का प्रशिक्षण प्राप्त करने आते थे। इन विषयों के ज्ञान को पुरोहित के काम के लिए आवश्यक माना जाता था। ग़ैर–ब्राह्मणों को *टोल* में दाखिला नहीं दिया जाता था, लेकिन वे अन्य पाठशालाओं में ब्राह्मणों के साथ सेकुलर (अर्थात् कर्मकाण्डीय धार्मिक शिक्षा से अलग) शिक्षा हासिल कर सकते थे। अमूमन कायस्थ सेकुलर साहित्यिक क्षमताओं के मामले में ब्राह्मणों के बराबर होते थे।

भद्रलोक

ब्राह्मण और कायस्थ मिलकर (अन्य भागों में इसमें वैद्य भी सम्मिलित होते हैं) पूरे बंगाल में उच्च वर्ग या भद्रलोक (सज्जन लोगों का वर्ग) का निर्माण करते हैं। यद्यपि कायस्थों के सन्दर्भ में ब्राह्मण अपनी कर्मकाण्डीय शुद्धता को मानते हैं और क़ायम रखते हैं, लेकिन सामान्य रूप से इन दो समूहों के बीच अनौपचारिक सम्बन्धों को भी क़ायम रखा जाता है। सामाजिक

मौक़ों पर ब्राह्मण कायस्थों को भोजन के लिए आमन्त्रित करते हैं, जिसमें चावल को सम्मिलित नहीं किया जाता है।

ताँती (बुनकर) और ग्वाला (दूध का काम करने वाले) स्वच्छ काम करते हैं, और इस गाँव में इनमें से कुछ धनवान भी हैं। इन दो समूहों के बीच ताँती जाति के लोगों की साक्षरता में लगातार वृद्धि हुई है, जिससे इन्होंने अन्य समुदायों का ध्यान अपनी ओर खींचा है। इनमें से कुछ लोग कार्यालयों में नौकरियाँ भी करने लगे हैं, लेकिन ग्वाला जाति का कोई व्यक्ति इस प्रकार की नौकरी नहीं कर रहा है। ब्राह्मण इन दो जातियों के लोगों के घरों से भी भोजन ग्रहण करते हैं, लेकिन यहाँ भी वे चावल नहीं खाते हैं।

स्वच्छ जाति

चौथी स्थिति में रखी जाने वाली जाति गाँव के जीवन की बहुत–सी आवश्यकताओं को पूरा करती है। कुमोर (कुम्हार), कमार (लोहार), नापित (नाई), कोलू (तेली) और मोयरा (हलवाई) जैसी जातियों के लोग अपनी जाति से जुड़े काम करते हैं। लेकिन इनके पास कुछ ज़मीन भी है, जिसमें यह अपनी ज़रूरतों को पूरा करने के लिए अनाज उपजाते हैं। इन्हें स्वच्छ जातियाँ माना जाता है, और ये ब्राह्मणों को पानी दे सकते हैं। किन्तु इनका जीवन–स्तर निम्न है, और इन्होंने अभी तक ख़ुद को शिक्षा के साधनों के माध्यम से बेहतर बनाने का प्रयास नहीं किया है। उच्च वर्ग के लोग इनसे नज़दीकी सम्बन्ध नहीं बनाते हैं।

गन्धाबानिक (मसालों के विक्रेता) जाति की आर्थिक हैसियत बहुत निम्न नहीं है, लेकिन अन्य स्थानों पर बानिकों (व्यापारियों) की स्थिति के अनुरूप यहाँ भी उनकी कर्मकाण्डीय स्थिति निम्न है। ब्राह्मण इस जाति के सदस्यों से पानी नहीं लेंगे। जुगी पूर्वी बंगाल का एक मज़बूत समूह है, वहाँ यह माना जाता है कि यह बौद्ध परम्परा से जुड़ा हुआ है। लेकिन हमारे गाँव में यह एक तुच्छ या प्रभावहीन जाति है, और इस जाति के सदस्य बुनाई या खेती का काम करते हैं। बानिकों की तरह ही जुगी जाति के लोगों को भी कर्मकाण्डीय रूप से उच्च स्थिति प्राप्त नहीं है।

पृथक् हरवाहा

महिष्या बंगाल में पारम्परिक रूप से खेती करने वाली जाति है। इस गाँव में उनकी संख्या कम है। पड़ोस के 24 परगना ज़िले के महिष्या जाति के लोगों ने शैक्षणिक और आर्थिक स्तर पर प्रगति की है, किन्तु

यहाँ के महिष्या जाति के लोगों ने कोई ख़ास प्रगति नहीं की है। लेकिन यहाँ बसे परिवार खुद अपनी ज़मीन जोतते हैं या अन्य लोगों को अपनी ज़मीन खेती के लिए देते हैं, और इन्हें खेती से एक सुनिश्चित आय होती है। महिष्या एक अशुद्ध जाति नहीं है, लेकिन उच्च वर्ग के साथ इसका नज़दीकी सम्बन्ध नहीं है।

सातवें समूह की जातियाँ अशुद्ध और तथाकथित अस्पृश्य जातियाँ हैं। बागडी जाति के लोग भी यह दावा करते हैं कि सिर्फ़ खेती ही उनकी जाति का पेशा है। यहाँ वे कई क्षेत्रों में संख्यात्मक रूप से बहुमत में हैं। इस जाति के पुरुषों का शारीरिक कौशल प्रसिद्ध है, और इनमें से बहुतों को बंगाल की पुरानी ज़मींदारियों में सन्तरी के काम के लिए रखा जाता था। पारम्परिक रूप से बागडी लूट–मार और डकैती के काम से भी जुड़े हुए थे। लेकिन इसका मतलब यह नहीं है कि जाति के सभी लोग आपराधिक गतिविधियों में संलिप्त थे, लेकिन कुछ प्रसिद्ध डाकू इसी जाति से सम्बन्धित थे।

आज इस परम्परा का एक अवशेष (डकैतों या लुटेरों की देवी) डेकाते काली की पूजा में सामने आता है। फ़रवरी महीने में शिव चतुर्दशी की रात के बात काली पूजा की जाती है। एक अच्छा ब्राह्मण पुरोहित पूजा करवाता है, तथा गाँव के समुदाय के साथ ही साथ पड़ोसी समुदायों के ग्रामीण भी इस पूजा में भाग लेते हैं। वे इसमें प्रसाद चढ़ाते हैं और शपथ लेते हैं। लेकिन बागडी जाति के लोगों के लिए इसका विशेष महत्त्व है। इसके सदस्य शारीरिक रूप से इस स्थान पर उपस्थित होते हैं, अमूमन पूजा के दौरान उन्हें जो काम दिया जाता है, वे उस काम को पूरा करते हैं तथा पास के स्थान पर ही एक मेले का आयोजन करते हैं। बागडी जाति के तक़रीबन सभी लोग इस अवसर पर उपवास रखते हैं, और वे सभी पूजा करते हैं। इस पूजा से जुड़ी मिथक के अनुसार, पुराने समय में बागडी जाति के लोग डकैती करने से पहले यह पूजा करते थे। इस गाँव के समुदायों के बीच बागडी को अशुद्ध जातियों में सबसे उच्च माना जाता है। लेकिन वे उच्च जाति के घरों के अन्दरूनी कमरों में प्रवेश नहीं कर सकते हैं। उच्च जाति में जो लोग कर्मकाण्डीय स्वच्छता के बारे में ज़्यादा सचेत रहते हैं, वे किसी बागडी का स्पर्श हो जाने पर अपने कपड़े बदल लेते हैं।

अशुद्ध जाति

धोबा जाति के लोगों को अशुद्ध माना जाता है क्योंकि वे कपड़े धोते हैं। इसके साथ ही, उनके द्वारा धोये जाने वाले कपड़े भी अशुद्ध हो जाते हैं,

और उच्च जातियों की महिलाएँ उनके द्वारा धोये गये कपड़े को पहनने से पहले उसे साफ़ पानी में खँगालती हैं। यद्यपि मुची जाति के लोगों ने अपनी जाति के पेशे को छोड़ दिया है, लेकिन अभी भी उनके साथ कर्मकाण्डीय अशुद्धता जुड़ी हुई है। चुनरी घोंघा को जलाकर चूना बनाते हैं, जिसे बहुत ही गन्दा काम समझा जाता है। डोम पारम्परिक रूप से श्मशान घाट के चौकीदारी का काम करते हैं। बाँस और बेतों से बास्केट बनाना उनका एक अन्य काम है। दुले मछुआरे होते हैं। हारही जाति के लोग महिलाओं के बच्चा जनने में मदद करते हैं। बच्चे के जन्म के समय गर्भनाल को काटने के लिए हारही महिलाओं की आवश्यकता होती है। साथ ही, बच्चे के जन्म के बाद माँ और बच्चे से सम्बन्धित अधिकांश अप्रिय काम इन्हें करना पड़ता है। जैसा कि पहले उल्लेख किया गया है, सन्थालों ने अपनी बहुत–सी आदिवासी आदतों को क़ायम रखा है, तथा वे गाँव की अन्य जातियों द्वारा अशुद्ध माने जाने वाले बहुत–से काम करते हैं। बहरहाल, ये सभी जातियाँ अपने जातिगत पेशे के अतिरिक्त थोड़ी–बहुत खेती का काम भी करती हैं। बहुत–सी जातियों ने अपने जातिगत पेशे को पूरी तरह छोड़ दिया है, और अब वे विशेष रूप से दूसरों की ज़मीन पर सिर्फ़ खेती का काम करती हैं। ये वे लोग हैं जो बँटाईदारी व्यवस्था में या फिर दैनिक मज़दूर के रूप में खेती का काम करते हैं। लेकिन ऐसा नहीं है कि उन्होंने सिर्फ़ अपनी स्थिति को बेहतर बनाने के लिए अन्य कामों को छोड़कर खेती को अपनाया है। आज गाँव की आर्थिक व्यवस्था इस तरह की है कि जाति से सम्बन्धित काम करने से पर्याप्त आय नहीं होती है। इसलिए खेती को एक आवश्यकता के रूप में स्वीकार किया गया है।

जातिगत अस्पृश्यता के बारे में बहुत कुछ लिखा गया है। यहाँ यह उल्लेखनीय है कि अस्पृश्यता की भावना सिर्फ़ निम्न जातियों के सन्दर्भ में ही मौजूद नहीं है, बल्कि यह विभिन्न स्थितियों में सभी व्यक्तियों और वस्तुओं से सम्बन्धित होता है। जहाँ निम्न जातियों के लोग उच्च जातियों के घरों में बने भोजन को अपवित्र कर सकते हैं, वहीं इन घरों के सदस्यों द्वारा भी भोजन, विशेष रूप से चावल के स्पर्श द्वारा शुद्ध करने के लिए कपड़ों को धोने या नये धुले हुए कपड़ों को पहनने जैसी कर्मकाण्डीय स्वच्छता की आवश्यकता होती है। इसी प्रकार, भोजन का स्पर्श हाथ, कपड़ों या अन्य वस्तुओं को अपवित्र कर देता है, और इन्हें हर बार धोने की आवश्यकता होती है। यहाँ सिर्फ़ वस्तुनिष्ठ सफ़ाई का ही मसला नहीं है, क्योंकि यदि कोई साफ़ वस्तु ऐसे बर्तन के सम्पर्क में आ जाती

है जिसमें भोजन रखा हुआ है तो उसे भी साफ़ करना आवश्यक हो जाता है। इसी तरह, ब्राह्मण को सबसे पवित्र माना जाता है, लेकिन वह उपवास, स्नान और नये धुले हुए वस्त्र किये बग़ैर पुरोहित के रूप में अपना काम नहीं कर सकता है। इस तरह, वह अपनी साधारण गतिविधियों से पृथक् होता है। इसके अलावा, शौचालय जाने पर भी एक व्यक्ति कर्मकाण्डीय रूप में अपवित्र हो जाता है, इसके लिए सिर्फ़ हाथ धोने की नहीं बल्कि कपड़ों को धोना भी अनिवार्य हो जाता है। कपड़ों को बदले बिना एक ब्राह्मण अपने घर में भी प्रवेश नहीं कर सकता है, और न ही अपने घर की किसी वस्तु का स्पर्श कर सकता है, और यदि इस स्थिति में वह निम्न जाति (अस्पृश्य) व्यक्ति को स्पर्श कर देता है तो वह व्यक्ति भी अशुद्ध हो जाता है और उसे भी कपड़ा बदलना पड़ेगा। अशुद्ध होने की कर्मकाण्डीय भावना गन्दा होने की वस्तुनिष्ठ भावना से भिन्न है। कर्मकाण्डीय भावना में अशुद्धि संक्रामक होती है। यह सिर्फ़ स्पर्श से ही एक व्यक्ति से दूसरे व्यक्ति में चली जाती है (इस तथ्य के बावजूद की कोई भौतिक गन्दगी या अशुद्धि के किसी अन्य लक्षण को चिन्हित नहीं किया जा सकता है) और इस तरह, अस्पृश्यता की भावना सिर्फ़ अशुद्ध जातियों तक ही सीमित नहीं है।

कर्मकाण्डीय शुद्धता

पुरुषों की तुलना में महिलाएँ विशेष रूप से कर्मकाण्डीय शुद्धता बरतती हैं, और समुदाय भी इसी के अनुरूप व्यवहार करता है। मसलन, ब्राह्मण स्त्रियों को कभी भी ग़ैर–ब्राह्मण घरों में खाना खाने के लिए नहीं कहा जाता है। यहाँ तक कि उन्हें कायस्थ लोगों द्वारा भी आमन्त्रित नहीं किया जाता है। हालाँकि किसी भी जाति की महिला को ब्राह्मण घर में खाने के लिए कहा जा सकता है, किन्तु महिलाओं के बीच सामाजिक अन्तःक्रिया सीमित है।

अस्पृश्यता की भावना ने उच्चतर और निम्नतर जातियों के सदस्यों के बीच अन्तःक्रिया को ख़त्म नहीं किया है, लेकिन इनके बीच निर्धारित तरीक़े से ही सम्पर्क होता है। मसलन, एक ब्राह्मण के घर के हारही और बागड़ी नौकर उनके कपड़े धो सकते हैं और गीले कपड़ों को सुखाने के लिए बाहर डाल सकते हैं, लेकिन उन्हें सूखे कपड़ों को छूने की अनुमति नहीं है। वे खाना बनाने के बर्तनों को साफ़ कर सकते हैं, लेकिन पीने या नहाने के पानी का स्पर्श नहीं कर सकते हैं। उच्चतर जाति की

महिलाओं को अन्य प्रकार के कामों में लगाया जाता है। इसलिए, एक ताँती या रेनार महिला को मसालों को पीसने या रसोई की सफ़ाई करने के लिए बुलाया जा सकता है, लेकिन वह बने हुए भोजन का स्पर्श नहीं कर सकती है, या फिर रसोई में जल रही आग के निकट नहीं जा सकती है। इस समुदाय के सदस्य यह जानते हैं कि कौन–सी जाति किन वस्तुओं को छू सकती है, और उनकी कर्मकाण्डीय शुद्धता को कैसे क़ायम रखा जा सकता है।

घर के भीतर भी जाति नियमों का पालन किया जाता है और सख़्ती से लागू किया जाता है। उच्च जातियों में अमूमन संयुक्त परिवार होते हैं, लेकिन निम्न जातियों में अमूमन विस्तृत और जटिल सम्बन्ध नहीं पाये जाते हैं। एक संयुक्त परिवार में घर के निर्माता के पुरुष वंशज कई पीढ़ियों तक उसी घर में रहते हैं। आमतौर पर, गाँव में 200 वर्ष तक पुराने संयुक्त परिवार मिल जाते हैं। जब घर के भीतर सम्बन्ध अत्यधिक विस्तृत हो जाते हैं, तो परिवार में बँटवारा हो जाता है, और अलग–अलग व्यक्तिगत इकाइयों के लिए अलग–अलग रसोई घर बन जाता है। इनमें से प्रत्येक इकाई में तीन पीढ़ियों तक के सदस्य हो सकते हैं। यदि परिवार के किसी भी सदस्य को समुदाय से बाहर रहने की आवश्यकता हो तो परिवार के अन्य सदस्यों द्वारा उसके हिस्से को मान्यता दी जाती है। ये सदस्य बाहर गये सदस्य के हिस्से का उपयोग कर सकते हैं, या नहीं भी कर सकते हैं।

दूसरी ओर, अमूमन निम्न जातियों के लोग पिता की मृत्यु के बाद या अपने विवाह के तुरन्त बाद अपने भाइयों से अलग हो जाते हैं। इसका मुख्य कारण यह होता है कि उनके घर का आकार काफ़ी छोटा होता है, और यह भी माना जाता है कि हर पुरुष सदस्य को ख़ुद अपनी आय अर्जित करनी चाहिए। जब तक एक साझा स्रोत से कोई आय अर्जित न हो रही हो, तब तक संयुक्त परिवार को कोई विशेष लाभ नहीं है।

सगोत्रीय व्यवहार

यद्यपि संयुक्त परिवार के सदस्यों में अच्छे सम्बन्ध न होने की स्थिति में घर और सम्पत्ति में बँटवारा हो जाता है, लेकिन उनके बीच औपचारिक सगोत्रीय सम्बन्ध क़ायम रहता है। विवाह, मृत्यु आदि जैसे मौक़ों पर जब मदद की आवश्यकता होती है, तो यदि परिवार के सभी सदस्य एक–दूसरे की मदद नहीं करते हैं तो इसे शर्मनाक माना जाता है। इस तरह के

परिवार में एक बच्चा/बच्ची अपने भाई/बहनों के अलावा अन्य बच्चों के साथ बड़ा होता है। चचेरे भाई–बहनों को अपने भाई–बहनों की तरह माना जाता है, और उनके बीच जितना बेहतर सम्बन्ध होता है, उस संयुक्त परिवार में बाद के वर्षों में उतनी ही ज़्यादा समरसता होती है। इसी तरह, एक बच्चा अपने पिता की पीढ़ी के लोगों, मसलन पिता के भाइयों या उनकी पत्नियों, पिता की बहनों आदि के साथ सम्मानजनक व्यवहार करना सीखता है। वह उन्हें अपने पिता की तरह ही सम्मान देता है और यदि वे उसके पिता से बड़े हैं तो उन्हें ज़्यादा सम्मान देता है। चाचा और चाची पर सगोत्रता के अलग–अलग व्यवहार लागू होते हैं। यह इस बात पर निर्भर करता है कि वे पिता से बड़े हैं या छोटे। साथ ही, उन्हें उम्र की क्रमिक व्यवस्था के हिसाब से अन्तर भी होता है। दादा के भाई भी दादा कहे जाते हैं, तथा दादा के बड़े या छोटे भाइयों में संख्यात्मक रूप से अन्तर किया जाता है, और उन्हें बराबर सम्मान और स्नेह दिया जाता है।

जाति से परे

गाँव में हर व्यक्ति का जिससे सम्पर्क होता है, और उससे सगोत्रता या रिश्तेदारी की शब्दावली में बात करता है, भले की उसकी जाति या उसकी आर्थिक स्थिति कुछ भी हो। इस सन्दर्भ में सिर्फ़ व्यक्ति की उम्र पर ध्यान दिया जाता है, और छोटे बच्चों को विशेष रूप से यह आदत सिखाई जाती है। ब्राह्मण और कायस्थ लड़के या लड़कियाँ मुची या बागडी किसानों को 'चाचा' या 'बड़े भइया' कहकर सम्बोधित करते हैं, क्योंकि ये किसान उनके परिवार के लिए उनके जन्म से पहले से काम कर रहे हैं। या फिर वे बागडी नौकरानी को बुआ कहकर बुलाते हैं और यह नौकरानी बच्चों को टुई कहती है (बड़ों द्वारा घर के छोटे बच्चों को बुलाने के लिए प्रयोग किया जाने वाला शब्द), जो उम्र और पारिवारिक स्तर पर उनकी उच्च स्थिति को दर्शाता है। वयस्क लोग भी निम्न जातियों के लोगों को रिश्तेदारी के नामों (चाचा, भइया आदि) से बुलाते हैं।

आपस में सम्बन्ध रखने वाले एक ही जाति या आर्थिक समूह से जुड़े लोगों के बीच रिश्तेदारी की शब्दावली का व्यवस्थित तरीक़े से प्रयोग किया जाता है। इसलिए बुर्ज़ुग व्यक्ति को दादा, उनके पिता को चाचा आदि कहा जाता है। इस तरह नज़दीकी सम्बन्ध रखने वाले परिवारों के बीच अमूमन दोस्ताना सम्बन्ध विकसित हो जाता है। एक ही लिंग के लोगों के (पुरुषों का पुरुषों के साथ और महिलाओं का महिलाओं के

साथ) मैत्री का विकास होता है। एक साथ बड़े होने या स्कूल जाने वाले लड़के एक–दूसरे को दोस्त मानते हैं। दोस्ती को कर्मकाण्डीय मान्यता भी दी जा सकती है, जिसमें दो दोस्त शाश्वत मित्रता की कसम खाते हैं, और एक–दूसरे को दोस्ती से सम्बन्धी सुनिश्चित शब्द से पुकारते हैं। ऐसे बहुत से शब्द प्रचलित हैं, जिनका साधारण अर्थ दोस्ती होता है, या वे प्रेम और निष्ठा का प्रतीक हैं। यह बात लड़कियों के लिए भी सच है। दोस्त किसी भी जाति के हो सकते हैं। मित्रता को एक व्यक्तिगत सम्बन्ध के रूप में मान्यता दी जाती है, जो सामाजिक सम्बन्धों से अलग है, और दोनों जातियों द्वारा निषेध या प्रतिबन्ध बरतने के बावजूद मित्रता क़ायम रह सकती है। बहरहाल, आमतौर पर समान हैसियत वाले लोगों के बीच ही मित्रता का विकास होता है। मसलन, ब्राह्मणों की अन्य जातियों के सदस्यों की तुलना में ब्राह्मणों, कायस्थों या ताँतियों से मित्रता होने की सम्भावना ज़्यादा होती है।

चूँकि गाँव स्थिर होता है, इसलिए मित्रता प्रौढ़ता तक पहुँचती है, और अन्य रुचियों के विकास के साथ मित्रता की भावनाओं की गहनता में कमी आ सकती है, लेकिन फिर भी दो लोग एक–दूसरे को दोस्त मानते रहते हैं। अमूमन लड़कियों की शादी गाँव से बाहर होती है, और उनकी गतिशीलता काफ़ी सीमित हो जाती है। इसलिए, उनके बचपन की दोस्ती अमूमन ख़त्म हो जाती है। इसके अलावा, वे अपने परिवार में इतनी ज़्यादा व्यस्त हो जाती हैं कि जिस गाँव में उनका विवाह होता है, वहाँ उन्हें नये दोस्त बनाने का मौक़ा नहीं मिलता है।

गाँव का नेतृत्व

पहले, प्रत्येक जाति के सभी बुजुर्गों की सभा अपने सदस्यों के बीच अनियमितताओं का फ़ैसला करने के लिए बैठती थी, और ऐसी ही एक सभा गाँव सम्पूर्ण समुदाय के बारे में भी फ़ैसला करती थी। इस तरह के संगठनों को पंचायत कहा जाता था, और अब इनका पूरी तरह से अभाव है। प्रत्येक जाति में साधन सम्पन्न व्यक्ति के नेतृत्व को स्वीकार किया जाता है, लेकिन यह आवश्यक नहीं है कि हर कोई उनके निर्णय को स्वीकार ही करे। सम्पूर्ण गाँव के स्तर के समुदाय में कठिन स्थितियों में उच्च जाति के शिक्षित लोगों के नेतृत्व को स्वीकार किया जाता है। अब गाँव का औपचारिक प्रशासन यूनियन बोर्ड के हाथों में है। हमारा गाँव

जिस यूनियन बोर्ड से जुड़ा हुआ है, उससे नौ गाँव सम्बद्ध हैं। यह संख्या ज़िला प्रशासन द्वारा सुनिश्चित की जाती है।

यूनियन बोर्ड के लिए अध्यक्ष सहित नौ सदस्यों का चुनाव होता है। यह आवश्यक नहीं है कि हर गाँव का कोई न कोई निवासी इस बोर्ड के लिए चुना ही जाये। यूनियन बोर्ड प्रत्येक गाँव के लिए एक सचिव और चौकीदारों को काम पर रखता है। गाँव के आकार के आधार पर किसी गाँव में दो चौकीदार भी रखे जा सकते हैं। अध्यक्ष के घर में यूनियन बोर्ड का कार्यालय होता है। ज़िला प्रशासन के अधिकारी एक अदालत में यूनियन बोर्ड के चार सदस्यों को नियुक्त करते हैं। यह अदालत इस बोर्ड के अन्तर्गत आने वाले गाँवों के निवासियों के क़ानूनी विवादों की सुनवाई करती है। 200 रुपये से कम के उधार के मसलों पर यहाँ सुनवाई होती है। इस अदालत के पास यह अधिकार होता है कि यह अपराध करने वाले को 15 दिन के क़ैद की सज़ा दे सकती है या 50 रुपये तक का जुर्माना लगा सकती है।

यूनियन बोर्ड कर संग्रहण करता है, सड़कों को बनवाता है और उनकी मरम्मत करवाता है, ट्यूबवेल लगवाता है तथा सरकार द्वारा प्रशासित निःशुल्क प्राथमिक विद्यालयों की देखभाल करता है। गाँव के भीतर किसी व्यक्ति की भूमि या अन्य स्रोतों से होने वाली आय के आधार पर उससे कर लिया जाता है। बोर्ड द्वारा किये जाने वाले ख़र्च के लिए ज़िला अधिकारियों की स्वीकृति की आवश्यकता होती है। यद्यपि कोई भी सड़क मोटरगाड़ी के लिए पर्याप्त चौड़ी नहीं है, किन्तु मुख्य सड़क बैलगाड़ी और साइकिल के लिए ठीक है। विभिन्न गाँवों में कुल पाँच गहरी ट्यूबवेल हैं। गाँव के अधिकांश लोग तालाबों के बजाय ट्यूबवेल का पानी ही पीते हैं।

एकजुटता के प्रतीक

घरों में हिन्दू धर्म की कर्मकाण्डीय गतिविधियाँ होती हैं। अधिकांश घर, और विशेष रूप से उच्च जातियों के घरों में पूजा के लिए एक अलग कमरा होता है, जिसमें कई पीढ़ियों से देवता की छवि स्थापित होती है। यह देवता परिवार की विभिन्न शाखाओं के बीच एकजुटता का प्रतीक होता है। परिवार का बँटवारा हो जाने के बाद भी यह देवता एकजुटता का प्रतीक बना रहता है। देवता की पूजा का ख़र्च घर के सभी सदस्यों द्वारा वहन किया जाता है। परिवार की प्रथा के हिसाब से देवता की पूजा करने के लिए एक पुरोहित हर रोज़ या एक निश्चित अवधि के बाद आता

है। यदि नारायण की छवि नहीं लगी है, तो एक ब्राह्मण से अपने परिवार के देवता की पूर्जा–अर्चना नहीं करता है, तथा महत्त्वपूर्ण मौक़ों पर उसे देवता की पूजा के लिए किसी अन्य ब्राह्मण परिवार के सदस्य को बुलाना पड़ता है। यह प्रथा भी है कि एक सुनिश्चित परिवार से पिता के बाद उसके पुत्र को पुरोहित मान लिया जाता है।

गाँव में एक मन्दिर है। बंगाल के अन्य मन्दिरों की तरह ही कई सदियों पूर्व एक प्रभावशाली ज़मींदार द्वारा इसका निर्माण किया गया था। वसीयत के अनुसार मन्दिर के पास कुछ ज़मीन भी है, जिसकी आय को मन्दिर के कोष में जमा किया जाता है। इस मन्दिर की देवी को दुर्गा का प्रतिरूप माना जाता है, और इनकी हर रोज़ पूजा होती है। किन्तु गाँव के लोगों का मन्दिर से ज़्यादा सम्पर्क नहीं है, और वे बीमारी ठीक होने, या ऐसी ही कोई अन्य मन्नत पूरी होने पर मन्दिर में आकर पूजा करते हैं। कुछ बड़े वृक्षों के नीचे पत्थर के रूप में पड़ी देवता की छवि गाँव में ज़्यादा लोकप्रिय है। इन्हें वृक्ष के चारों ओर बने उच्च वेदी पर रखा जाता है, गृहणियाँ यहाँ आती हैं, पूजा करती हैं और प्रसाद चढ़ाती हैं। उच्च और निम्न–दोनों तरह की जातियों की स्त्रियाँ इन देवताओं की पूजा करती हैं। पत्थर की इन मूर्तियों में शिव की काफ़ी मूर्तियाँ हैं। इसके अलावा, शास्थी (बच्चों की देवी), शीतला (चेचक को ठीक करने वाली), मानसा (सर्पों को नियन्त्रित करने वाली) जैसी देवियों की मूर्तियाँ भी पायी जाती हैं।

ऐतिहासिक रूप से, दुर्गा पूजा उच्च वर्ग का एक त्योहार है। पुराने समय में राजा और ज़मींदार इसे आयोजित करते थे। आज सामुदायिक कोष संग्रह के कारण हर कोई इस पूजा में सम्मिलित होने लगा है। लेकिन ग्रामीण समुदायों में कुछ अन्य धार्मिक त्योहार सभी जातियों के लोगों से ज़्यादा अपील करते हैं। इस सन्दर्भ में *डेकाते* काली पूजा का पहले ही वर्णन किया जा चुका है। रथजात्रा या डोलीजात्रा (होली) पूरे भारत में मनाये जाने वाले त्योहारों में से एक है। यहाँ भी सभी जातियों के लोग यह त्योहार मनाते हैं।

यहाँ वर्णित गाँव समुदाय सिर्फ़ हुगली ज़िले के आम गाँवों की तरह ही नहीं है, बल्कि इसे कलकत्ता से 40–50 मील की दूरी पर बसे ग्रामीण बंगाल के सभी गाँवों से जोड़ा जा सकता है। इसके बाद, तस्वीर में थोड़ा परिवर्तन होने लगता है। मसलन, इससे ज़्यादा दूर बसे गाँवों के पुरुष रोज़ नौकरी के लिए गाँव से कलकत्ता नहीं आते हैं, बल्कि वे नौकरी के लिए

गाँव से दूर शहर में ही रहने लगते हैं। इसके अतिरिक्त, विभिन्न क्षेत्रों में उपजायी जाने वाली सहायक फ़सलों में भी भिन्नता आ जाती है। लेकिन यहाँ वर्णित बहुत–सी विशेषताएँ पूरे बंगाल के ग्रामीण समुदाय में पायी जाती हैं। ऐसी विशेषताओं में निम्नलिखित पहलुओं को सम्मिलित किया जा सकता है : जातियों के बीच श्रम का विभाजन और ग्रामीण जीवन की एकजुटता के निर्माण में उनकी परस्पर–निर्भरता; उच्चतर जातियों में संयुक्त परिवार; जाति भिन्नताओं के बावजूद गाँव के सभी सदस्यों के साथ व्यक्तिगत सम्बन्ध; यूनियन बोर्ड का औपचारिक प्रशासन; पर्याप्त शिक्षा, स्वच्छता और चिकित्सा हासिल करने में कठिनाई; वैज्ञानिक चिन्तन का अभाव; और ऐसे धार्मिक कर्मकाण्ड जो परिवार के साथ ही साथ सम्पूर्ण गाँव को आपस में जोड़ते हैं।

अनुवाद : कमल नयन चौबे

पंजाब में सामाजिक संरचना*

मेरियन डब्ल्यू. स्मिथ

भारत के बहुत–से भागों की तरह ही, एक पंजाबी गाँव की भौतिक एकता भी तुरन्त ही स्पष्ट हो जाती है। यहाँ मिट्टी की ईंटों से बने घरों के समूह एक साथ हैं, ये गाँव के विभिन्न भागों का निर्माण करते हैं और उन्हें एकजुट करते हैं। गलियाँ आसपास बने घरों की चारदीवारी से लगी हुई हैं और ये गाँव के विभिन्न भागों को जोड़ती हैं। ये सभी गलियाँ आपस में जुड़ी होती हैं, जिससे इनमें चौड़ी गलियाँ कुछ मुख्य मार्ग का काम करती हैं। अमूमन गाँव में इनमें से किसी एक मुख्य मार्ग से प्रवेश किया जाता है। यह मुख्य मार्ग चाहे कितना भी संकुचित हो, यह थोड़ी परेशानी के साथ ही यह खुले क्षेत्र या क्षेत्रों तक पहुँचा देता है, जहाँ दुकानों के समूह और/या गाँव की बैठक का स्थान स्थित होता है। तालाब गाँव के भीतर या गाँव के बाहर स्थित होते हैं। चूँकि खेती सिंचाई द्वारा की जाती है, इसलिए खेत कुओं या नहर जैसे जलस्रोतों से जुड़े हुए हैं। ज़्यादा भूमि और कम जनसंख्या वाले क्षेत्रों में गाँव अपने खेतों से घिरे होते हैं, जो धीरे–धीरे रेत में समाप्त हो जाते हैं। हवा से यह स्वरूप स्पष्ट रूप से देखा जा सकता है। हवाई जहाज़ की खिड़की से देखने पर ग्रामीण क्षेत्र ऐसे बिखरे हुए इलाके के रूप में दिखता है जिसमें बीच–बीच में भूरे मैदानी क्षेत्र की भूमि का टुकड़ा आता है। भूमि के ऐसे टुकड़ों के केन्द्र में मिट्टी की ईंटों का गहरा रंग दिखता है, जो खेत के आरम्भ होते ही हरे रंग में तब्दील हो जाता है, और फिर यह दृश्य धीरे–धीरे खो जाता है क्योंकि अब पानी इतना पर्याप्त नहीं होता है कि वह फ़सलों की आवश्यकता को पूरा कर सके। समृद्ध इलाकों में एक गाँव का खेत अपने अगले गाँव के खेत से मिलता है, और यहाँ बसाहट का स्वरूप पूरी तरह स्पष्ट नहीं है।

* *इकोनॉमिक ऐंड पॉलिटिकल वीकली,* 21 अगस्त, 1953 : 1291–98।

कुछ गाँवों को दीवारों से घेर दिया गया है। किन्तु यहाँ गाँव की बाहरी दीवार तक आते–आते घरों का क्षेत्र धीरे–धीरे ख़त्म हो जाता है। गाँव के दोनों ओर या इसके बाहर भी कुछ बिखरे हुए छिटपुट भवन मिलते हैं।

अवधारणात्मक सीमाएँ

सिखों में अपने धर्म में कर्मकाण्ड को सीमित रखने की प्रवृत्ति रही है, और यहाँ कोई कर्मकाण्डीय सीमाएँ नहीं हैं। पिछले कई वर्षों के दौरान गाँव का चाहे जो भी वास्तविक रूप सामने आया हो, सिख इसे एक ऐसे भवन की इकाई के रूप में देखते हैं, जो उत्तर–दक्षिण और पूरब–पश्चिम की ओर जाने वाले राजमार्गों को दो दिशाओं में विभाजित करता है। इसलिए इस अवधारणा में यह उनके दिमाग़ में चार बराबर भागों में बँटा हुआ है : गाँव का बैठक स्थल एक खुला स्थान है, जो गाँव के मध्य में स्थित है, जहाँ दोनों राजमार्ग एक–दूसरे को काटते हैं। राजमार्गों के किनारे बहुत–सी दुकानें हैं। गाँव के बाहर जहाँ सड़क आरम्भ होती है, वहाँ पर एक गुरुद्वारा स्थित है। वास्तव में, गाँव के निवास स्थान के बाहर मुस्लिमों के बहुत–से मीनार और बाज़ार तथा हिन्दुओं, सिखों के पवित्र स्थान अवस्थित हैं। ये गाँव से बाहर होने के बावजूद उससे बहुत दूर नहीं हैं। बहुत बार सिखों ने मुझे यह बताया कि जो गाँव दीवारों से नहीं घिरे हैं, वहाँ भी पंचायतों द्वारा लोगों को सज़ा गाँव के 'गेट' पर ही दी जाती है। इसलिए, भौतिक और अवधारणात्मक–दोनों ही रूपों से गाँव एक इकाई है।

पूर्वी और पश्चिमी पंजाब की विवेचना में पैदा होने वाली एक कठिनाई यह है कि ग्रामीण जीवन की विशेषताओं का वर्णन 'हिन्दू', 'मुस्लिम' या 'सिख' के रूप में करने की प्रवृत्ति सामने आती है। पंजाब के हाल ही के इतिहास में इसकी जनसंख्या की धार्मिक भिन्नताओं को इतना ज़्यादा बढ़ाने का काम किया है कि सबसे पहले दिमाग़ में यही भिन्नताएँ सामने आती हैं। मेरे अपने आँकड़े इस बात की पुष्टि नहीं करते हैं कि वास्तव में गाँवों के बसाहट के स्वरूप के अध्ययन के सन्दर्भ में ये सबसे महत्त्वपूर्ण विभाजन हैं।

जनजातीय समूह

पूर्वी और पश्चिमी पंजाब की जनसंख्या तुलनात्मक रूप से छोटी संख्या वाले ऐसे समूहों में विभाजित है, जिन्हें अमूमन जातियों या जनजातियों की संज्ञा दी जाती है। चूँकि कई बार ख़ुद लोगों द्वारा इन्हें जाति से अलग

किया जाता है, और चूँकि अमूमन इन्हें जनजातीय समूहों से उत्पन्न हुआ माना जाता है, इसलिए पंजाब के अधिकारी अमूमन जनजाति शब्द को वरीयता देते हैं। ये जनजातियाँ नस्लीय रूप से भिन्न नहीं होती हैं, न ही इससे जुड़े लोगों की अन्य लोगों की प्रथा और आस्था से अत्यधिक भिन्नता होती है। असल में, जनसंख्या का बड़ा हिस्सा इन जनजातियों में विभाजित है। अमृतसर और लाहौर के आसपास के इलाकों में सबसे महत्त्वपूर्ण जनजातियाँ जाट और राजपूत हैं। इसी तरह अरोड़ा और अरम की संख्या भी काफ़ी ज़्यादा है। जाटों को बेहतरीन कृषक माना जाता है और उन्हें अक्सर पंजाब में 'छोटे ज़मींदार' के रूप में देखा जाता है। राजपूत भी किसान हैं। सिख जाट और राजपूत–दोनों ही अन्य पेशा भी अपनाते हैं तथा ये दोनों ही योद्धा और सिपाही के रूप में प्रसिद्ध हैं। यद्यपि इस मसले पर और ज़्यादा अनुसन्धान करने की आवश्यकता है, लेकिन मुझे ऐसा लगता है कि सभी जनजातियों के घरों का प्रबन्ध एक जैसा है। एक गाँव के भीतर लोगों के निवास वाले क्षेत्र के विस्तृत प्रबन्ध में स्पष्ट भिन्नताएँ होती हैं। कुछ परिवार अपने घर के अहाते में ही जानवरों को पालते हैं, वहीं कई अन्य घरों में जानवरों के लिए अलग से क्षेत्र बना होता है। कमरों के स्वरूप और रसोई की व्यवस्था में काफ़ी अन्तर होता है; फिर भी, जाट लोगों के घर काफ़ी हद तक एक जैसे होते हैं। हिन्दू, सिख या मुस्लिम जाट परिवारों में घरों के भीतर की यह समानता क़ायम रहती है। मैंने अन्य जनजातियों के घरों में भी इसी तरह की समानता पायी है, भले ही उनके धर्म या गाँव में उनकी स्थिति कुछ भी हो। इसलिए पहली नज़र में ऐसा लग सकता है कि गाँव का आन्तरिक प्रबन्ध काफ़ी बिखरा हुआ है, लेकिन यह मुमकिन है कि इसके द्वारा विभिन्न जनजातियाँ अपनी पारम्परिक गृह योजना को क़ायम रख रही हों।

गाँव के उप–भाग

लाहौर के 1916 के *डिस्ट्रिक गज़ेटियर* से इस अस्थायी प्रकल्पना की पुष्टि होती है कि गाँव में बसने का स्वरूप जनजातियों से प्रभावित है। इस *गज़ेटियर* (पृ. 33) के अनुसार : 'माझा के पुराने गड्ढे या ढलान पर बसे गाँव के निकट परीक्षण से यह बात सामने आती है कि गाँव घर...रास्तों, *तरफ़* और अन्य आन्तरिक विभाजनों से निर्मित हुए हैं।' इस बात का सावधानी से परीक्षण करने की आवश्यकता है कि क्या यह जाट गाँवों में उन गाँवों की तुलना में ज़्यादा स्पष्ट है, जहाँ अन्य जनजातियों के लोग

रहते हैं। निश्चित रूप से, जाट उन चार भागों से जुड़े हुए हैं, जिनमें राजमार्ग गाँवों को गाँव की *पट्टियों* में बाँटते हैं। वास्तव में, गाँव अपने निवासियों के जाट, या हिन्दू या मुस्लिम होने के आधार पर उप–विभाजित हैं। गाँव के निवासी गाँव के भीतर विभाजन की सीमाओं को जानते हैं। लेकिन इसके साथ ही उन्हें यह भी पता है कि ज़्यादा भीड़–भाड़ होने या घरों की उपलब्धता होने पर भाग 'अ' से सम्बद्ध परिवार भाग 'ब' में भी रह सकते हैं। गाँव के उप–भागों की सीमा के साथ ही साथ मान्यता प्राप्त सदस्यता भी है, भले ही ये दोनों पूरी तरह एक–दूसरे से मेल न खायें। हर उप–भाग के पास अपना खुला बैठक स्थल, अपनी दुकानें और अपना पवित्र स्थल (मन्दिर, मस्जिद आदि) हो सकता है। मुझे यह बताया गया है (जाटों द्वारा) कुत्तों को भी सीमा की जानकारी होती है, और वे इसमें किसी दूसरे कुत्ते को घुसपैठ नहीं करने देते हैं। सिर्फ़ गाँव ही भौतिक और अवधारणात्मक रूप से ही इकाइयाँ नहीं हैं, बल्कि यह भी देखा जा सकता है कि गाँव के उप–भाग भी इकाइयाँ हैं। गाँव और पट्टी एकता के अन्य उदाहरण देने से पहले पंजाबी गाँव के एक अन्य आयाम का स्पष्टीकरण देने की आवश्यकता है।

साझा वंश

अक्सर यह कहा जाता है कि गाँवों पर पट्टियों के लोग एक साझा पूर्वज के वंशज हैं। इसलिए यह कहा जाता है कि एक गाँव की चार पट्टियाँ चार भाइयों द्वारा स्थापित की गयीं। इनमें से प्रत्येक व्यक्ति का वंशज हर पट्टी की बुनियादी जनसंख्या निर्मित करता है। ऐसे समूहों का एक नाम होता है, जिसे 'परिवार का नाम' माना जाता है। वे यह नाम, मिसाल के तौर पर उस गृह गाँव के लोगों के साथ साझा करते हैं, जहाँ से गाँव की स्थापना करने वाले भाई आये थे। एक ही नाम धारण करने वाले सभी व्यक्ति आपस में सम्बन्ध के सूत्र नहीं खोज सकते हैं, लेकिन वे यह मानते हैं कि वे आपस में सम्बन्धी हैं, इसलिए इनके बीच विवाह नहीं हो सकता है। यहाँ पंजाब के जिस भाग की चर्चा की जा रही है, उसमें विजातीय विवाह करने वाले पितृवंशीय समूहों को *गोत* कहा जाता है। हट्टन ने राजपूत गोत के सन्दर्भ वंश (क्लैन) और गोत के सम्बन्धों की चर्चा की है (1946 : 48–50)। पंजाब में जाट और अन्य जनजातियाँ भी इसी तरह विभाजित हैं। वास्तव में, बहुत कम गाँव ऐसे हैं जहाँ एक ही *गोत* के सदस्य हों। इसके बावजूद गाँवों को सिद्धू गाँव घिल गाँव इत्यादि

कहा जाता है। यह इस तथ्य के बारे में बताता है कि यह गाँव एक या एक से ज़्यादा सिद्धुओं या घिलों द्वारा बनाया गया था, तथा इस गाँव में सिद्धू या घिल संख्यात्मक रूप से और भूस्वामी के रूप में–दोनों ही तरह से प्रभुत्वशाली समूह हैं। इसी तरह, ऊपर वर्णित उद्धरण एक 'जाट गाँव' के बारे में बताता है। यहाँ भी यह स्पष्ट हो जाना चाहिए कि ऐसे बहुत कम गाँव होंगे, जहाँ सिर्फ़ जाट रहते होंगे। यही बात धार्मिक समूहों पर भी लागू होती है। जब पुराने पंजाबी गाँव का वर्णन हिन्दू, मुस्लिम या सिख के रूप में किया जाता था, तो यह गाँव की पूरी जनसंख्या का वर्णन नहीं करता था, बल्कि इसका अर्थ यह होता था कि उस गाँव में कौन–सा धार्मिक समूह प्रभुत्वशाली स्थिति में है। इसलिए, आमतौर पर एक गाँव की जनसंख्या में बहुत *गोत*, बहुत–सी जनजातियों और बहुत–से धर्मों के लोग होते हैं।

विजातीय विवाह करने वाली इकाइयाँ

गाँव की जनसंख्या में एकरूपता के अभाव के बावजूद, पंजाब के गाँव विजातीय विवाह करने वाली इकाइयाँ हैं। पट्टियों को भी विजातीय विवाह करने वाली इकाइयाँ माना जाता है, लेकिन चूँकि ये एक बड़ी इकाई के भीतर हैं, इसलिए यह तुलनात्मक रूप से बेमतलब है। यहाँ तक कि तीन से चार हज़ार जनसंख्या वाले गाँवों में भी गाँव के लोगों के बीच आपस में विवाह नहीं होता है। यह जानना अपने आप में रोचक होगा कि क्या शहरों में पट्टी सक्रिय विजातीय विवाह करने वाली इकाई बन गयी है क्योंकि इनका आकार बड़ा होता है, किन्तु मेरे पास इस बारे में कोई सूचना नहीं है। हमारे वर्तमान उद्देश्य के लिए यह जानना ही काफ़ी है कि जनसंख्या में अत्यधिक विविधता होने के बावजूद गाँव में एकता की भावना इतनी ज़्यादा है कि गाँव के भीतर विवाह असम्भव है।

जिस समय मैं क्षेत्र–अध्ययन कर रहा था, उस समय बहुत–से गाँवों में सरकार द्वारा मान्यता प्राप्त पंचायते थीं। कई स्थान पर ग़ैर–सरकारी पंचायतों का भी अस्तित्व था, इसमें काम करने वाले लोग और सरकारी मान्यता प्राप्त पंचायतों में काम करने वाले लोग अमूमन परस्परव्यापी या एक जैसे ही थे। इस तरह, पट्टियों की भी अपनी पंचायत हो सकती है। एक पट्टी के अन्दरुनी मामले को पट्टी पंचायत के पास भेजा जाता है, और दो पट्टियों के बीच के मामले को गाँव की पंचायत के पास भेजा जाता है। ऐसा प्रतीत होता है कि यह पंजाबी ग्रामीण जीवन की साझा

विशेषता है। एक पट्टी की स्पष्ट पहचान वहाँ की एथलेटिक टीम के संगठन से होती है। पंजाब में सामान्य रूप से खेल–कूद के मुक़ाबले होते रहते हैं। *गोत* के आधार पर टीमों का चयन हो सकता है, जिसमें एक *गोत* दूसरे *गोत* की टीम का मुक़ाबला करता है। या फिर एक पट्टी की टीम किसी अन्य पट्टी की टीम का मुक़ाबल कर सकती है। अन्त में, गाँव के भीतर विजेता टीम दूसरे गाँवों में इसी प्रकार जीत हासिल करने वाली टीमों का मुक़ाबला करती है। एक पट्टी के सदस्य का किसी दूसरे पट्टी के सदस्य से विवाद होने पर दोनों पट्टियों के लोगों में अपनी पट्टी के सदस्य के पक्ष में गोलबन्द होने की प्रवृत्ति होती है। लेकिन यदि गाँव का विवाद किसी अन्य गाँव से होने पर पट्टियों के सदस्य आपस में एकजुट हो जाते हैं। सभी जातियों और धर्मों के लोग अपने गाँव के सदस्य के रूप में काम करने लगते हैं, भले ही जिस गाँव से विवाद हुआ है उसमें उनकी अपनी जाति या धर्म के लोग ही हों। इस तरह के विवाद अमूमन सीमा, सिंचाई के पानी के अधिकार, महिलाओं के अपमान जैसे मुद्दों पर होते हैं, और इसके कई प्रमाण हैं जब एक गाँव ने एकजुट होकर अन्य गाँवों का मुक़ाबला किया है। (यहाँ यह ग़ौरतलब है कि एम. एन. श्रीनिवास के द्वारा वर्णित मैसूर के ग्रामीण विवाद में कर्मकाण्डीय विशेषाधिकार सम्मिलित थे।)

जुड़ाव

पंजाब में पट्टी और गाँव का जुड़ाव जाति और धर्म द्वारा स्थापित सीमाओं से परे होता है। ऐसा उन स्थानों पर भी होता है जहाँ संगठन की बहुत कम औपचारिक और मान्यता–प्राप्त मशीनरी होती है। इसे समझने के लिए एम.एन. श्रीनिवास द्वारा वर्णित ऊर्ध्व या लम्बवत (वर्टिकल) एकता की ताकत समझना आवश्यक है। ऐसा लगता है कि यह आर्थिक रूप से दो कारकों पर निर्भर है। पहला, विशिष्ट उच्च और निम्न जातियों के बीच कुछ सम्बन्धों का तुलनात्मक स्थायित्व होता है। उत्तर प्रदेश के लिए इन आनुवांशिक सेवा–उपभोक्ता सम्बन्ध को *जजमानी* व्यवस्था के अन्तर्गत वर्णित किया गया है (वाइसर 1936)। श्रीनिवास द्वारा इसे मैसूर के सन्दर्भ में प्रयुक्त किया गया है, जहाँ 'मालिक' अपने नौकर को *हलेमागा* (बड़ा पुत्र) कहता है, और नेवेल ने इसे *बिरटन* समझौते के रूप में वर्णित किया है। स्पष्टतः शब्दावली और विस्तृत विवरण में अन्तर है, लेकिन विभिन्न जातियों के परिवारों के बीच इस प्रकार की व्यवस्था एक पीढ़ी से अगली

पीढ़ी तक चली जाती है। ऐसा लगता है कि एक समय यह व्यवस्था इस उपमहाद्वीप के अधिकांश भागों में प्रचलित थी, और अभी भी कई स्थानों पर यह प्रभावी तरीक़े से मौजूद है। ऊर्ध्व या लम्बवत (वर्टिकल) एकता को प्रभावित करने वाला दूसरा कारक पहले कारक से भिन्न नहीं है, लेकिन यह व्यक्ति के स्तर पर कम काम करता है। श्रीनिवास ने इसे जातियों' की परस्परनिर्भरता' की संज्ञा दी है, जो उनकी सामाजिक और आर्थिक विशेषज्ञता पर निर्भर करती है।

सिख और मुस्लिम जातियाँ

यह बताया गया है कि भारत के अन्य भागों में हिन्दू जनसंख्या की बहुलता के बीच एक धार्मिक अल्पसंख्यक को अमूमन जाति के रूप में देखा जाता है। भले ही ऐसी जाति का आकार बड़ा हो, किन्तु जाति पदसोपान में अमूमन इसकी स्थिति का ऐसे वर्णन किया जाता है, मानो यह एकल इकाई हो। पंजाब में सिखों को भी एक जाति की तरह ही माना जाता है। यदि हम जाति के पेशागत आयाम पर विचार करते हैं, अर्थात् उन आयामों पर जो सामाजिक और आर्थिक विशेषज्ञता पर निर्भर होते हैं, तो यह पंजाब के सामाजिक जीवन की जातियों के सन्दर्भ में एक अवांछित सरलीकरण है। यद्यपि सिख और मुस्लिम–दोनों ही स्पष्ट रूप से वैदिक जाति व्यवस्था को नकारते हैं, लेकिन फिर भी सिख और मुस्लिम जातियों का अस्तित्व है। इनके धार्मिक विश्वासों के कारण गुरुद्वारा और मस्जिद की छाया के भीतर सभी व्यक्तियों को बराबर मानने की प्रवृत्ति होती है, भले ही उनकी जाति कुछ भी क्यों न हो। लेकिन इसके बावजूद, रोज़मर्रा के जीवन में सिख और मुस्लिम जातियों को पूरी तरह मान्यता दी जाती है। इसलिए पेशे के आधार पर एक मुस्लिम मोची की वही जाति है, जो एक हिन्दू या सिख चमार की होती है, हालाँकि अमूमन उसकी सामाजिक स्थिति थोड़ी अच्छी होती है। लेकिन यह कहा जाता है कि माछी और झिनवार में कोई अन्तर नहीं होता था, सिवाय इसके कि माछी पूरी तरह से मुस्लिम थे और झिनवार में ज़्यादातर लोग मुस्लिम थे। विभाजन से पहले सिखों और मुस्लिमों की दो एकल जातियाँ नहीं थीं, और आज भी पूर्वी और पश्चिमी पंजाब के मोटे तौर पर सिख या मुस्लिम इलाकों में बहुत–सी परस्पर–निर्भर जातियाँ हैं।

गाँव के भीतर आर्थिक विशेषज्ञता के काम करने के तरीक़े को सतलुज

के दक्षिण में बसे पूर्वी पंजाब के डाखर गाँव में एकल वस्त्र के उत्पादन में निहित चरणों के माध्य से दिखाया जा सकता है। भेड़ों को डाखर में नहीं पाला जाता था। इसलिए एक उच्च जाति के फ़सल उत्पादक किसान की पत्नी, एक सिख महिला नियमित रूप से गाँव आने वाले गड़रियों से ऊन ख़रीदती थी। इसके बाद, यह ऊन एक सिख अछूत के यहाँ सफ़ाई के लिए जाती थीं। अमूमन महिलाएँ ख़ुद ही कताई का काम करती थीं। गाँव के रंगरेज मुस्लिम थे, और उनके द्वारा काती हुई ऊन का आगे प्रसंस्करण किया जाता था। बुनाई का काम एक मुस्लिम या एक सिख द्वारा किया जाता था, क्योंकि गाँव में बुनाई करने वाली दो जातियाँ थीं जिनके धर्म अलग–अलग थे। परिवारों के बीच सम्बन्ध के आधार पर इनमें से किसी एक को बुनाई का काम दिया जाता था; यह व्यवस्था काफ़ी हद तक जजमानी व्यवस्था के सामानान्तर थी। सभी दर्ज़ी हिन्दू थे। इसलिए निर्मित जैकेट बहुत–सी जातियों का संयुक्त उत्पाद होता था। स्वहित ने न सिर्फ़ जातियों, बल्कि धार्मिक समूहों को भी आपस में जुड़ी एकल व्यवस्था के रूप में क़ायम रखा है। इसलिए यह अन्दाज़ा लगाया जा सकता है कि 1947 में डाखर गाँव से मुस्लिम निवासियों के अचानक चले जाने से किस प्रकार के आर्थिक भ्रम की स्थिति उत्पन्न हुई होगी।

विभाजन का प्रभाव

विभाजन की अन्य तकलीफ़देह विशेषताओं के अलावा गाँव के स्तर पर आर्थिक अस्थिरता भी उत्पन्न हुई। इसे ठीक करने के लिए बड़े पैमाने पर पुनःसमायोजन आवश्यक हो गया, और शायद इसने गाँव के भीतर जातियों की परस्परनिर्भरता को कमज़ोर करने का काम भी किया। मसलन, सिखों के एक संयुक्त परिवार ने अपने एक सदस्य की दिल्ली यात्रा के दौरान उसे ऊन ख़रीदने के लिए कहा। इस ऊन से हिन्दू दर्ज़ी ने परिवार के पाँच वयस्क आदमियों के लिए जैकेट बना दिया। इस मामले में कच्चा माल ख़रीदने के बजाय बना–बनाया ऊन ख़रीदा गया। अभी भी विशेषज्ञता या श्रम का विभाजन मौजूद है, लेकिन आपस में जुड़ी व्यवस्था के मुख्य चरित्रों के हट जाने के कारण इस पूरी व्यवस्था के कई जुड़े हुए समूहों में कमी आ गयी है, जिससे ऊर्ध्व या लम्बवत एकता कमज़ोर हुई है। इसका अगला क़दम अर्थात् बने–बनाये जैकेट को ख़रीदना अभी भी गाँव के व्यवहार में बहुत प्रचलित नहीं हुआ है, क्योंकि मैंने विभाजन के

तुरन्त बाद ही आँकड़े एकत्रित किये थे। मैं यह नहीं जानता हूँ कि बाहर से आने वाले सहधर्मी विशेषज्ञ समूह पुराने पेशे को अपनाएँगे और पुरानी पारस्परिक–निर्भरता को नया स्वरूप प्रदान करेंगे। गाँव के पूर्ण सदस्य के रूप में उन्हें अपनाने को लेकर कठिनाइयाँ आयेंगी, किन्तु निश्चित रूप से, बहुत–से कारक उन्हें इस प्रकार का प्रयास करने के लिए प्रेरित करेंगे। कुछ निश्चित कार्य तो दैनिक जीवन में अस्तित्व क़ायम रखने से सम्बन्धित हैं। मसलन, तेल निकालना ऐसा ही एक काम है (सरसों का तेल पंजाबी भोजन का भाग है), और यह अपने आप में अचरज की बात है कि पूर्वी पंजाब से मुस्लिम तेली परिवारों के जाने के कारण पैदा हुई रिक्तता को हिन्दू और सिख परिवारों ने काफ़ी तेज़ी से भर दिया। सभी समूहों ने जाति की सीमा को पार करके इस आर्थिक मन्दी का सामना किया। पारस्परिक अधिकार और दायित्व जाति सम्बन्धों की विशेषताएँ हैं। इनका विस्तार गाँव से आगे भी किया जा सकता है, जिससे ऊर्ध्व (वर्टिकल) एकता गाँव से आगे भी जा सकती है। पूरे उत्तर भारत में ऐसा होता है कि गाँव के जीवन के लिए आवश्यक ब्राह्मण, नाई, धोबी या अन्य समूह गाँव के बाहर या नज़दीक के गाँवों में रहते हैं...इसलिए अपने जाति समूहों के सामाजिक या आर्थिक विशेषज्ञता के नेटवर्क से जुड़े गाँव ऐसी संरचनात्मक इकाइयों का निर्माण कर सकते हैं जिनमें राजनीतिक गोलबन्दी की भी सम्भावना होती है।

हाल ही में, उड़ीसा के बेपारी गाँव के चमारों की आर्थिक और सामाजिक स्थिति के सर्वेक्षण से यह बात सामने आयी है कि विभिन्न समुदायों के बीच विशेषज्ञता पर निर्भर पारस्परिक सम्बन्ध अभी भी क़ायम हैं (*द इकोनॉमिक वीकली*, 19 सितम्बर, 1953)। मृत जानवरों के मालिक एक गंडा, एक घासी या चमार को बुलाते हैं, जो मृत जानवर का चमड़ा निकालकर उसे बेपारी के चमार को दे देते हैं। पशु के सभी अवशेषों को बेपारी चमार को दे दिया जाता है, जो इन्हें बैलगाड़ी पर लादकर अन्य गाँव में ले जाने के लिए घासी जाति के व्यक्ति पर निर्भर रहता है। दूसरे गाँव में इस चमड़े को किसी महाजन द्वारा ख़रीद लिया जाता है, जो मुस्लिम होता है। जाति और धर्मों के बीच का यह परस्परव्यापन पंजाब की स्थिति के अनुरूप है। पंजाब में धर्म के राजनीतिक रूप से विभाजनकारी शक्तियों का इतना ज़्यादा दोहन हो गया कि विभिन्न धर्मों के व्यक्तियों के बीच का आर्थिक जुड़ाव एक अतिरिक्त तकलीफ़देह बन गया। कोई भी व्यापार सम्बन्ध हमेशा ही सहज रूप से नहीं चलता है, तथा प्रत्येक

घटना को धार्मिक–राजनीतिक–शिकायत में तब्दील किया जा सकता है। लेकिन एक भिन्न वातावरण में, इसी प्रकार के सामाजिक और आर्थिक जुड़ाव, सिर्फ़ गाँव के भीतर ही नहीं, बल्कि एक व्यापक दायरे में एकता को बढ़ावा देने का काम कर सकते हैं। भारत में अतीत में इस तरह की स्थितियाँ राजनीतिक रूप से महत्त्वपूर्ण रही हैं, और ऐसा लगता है कि अभी भी इसकी सम्भावना है। बहरहाल, यह हो सकता है कि भविष्य में किसी एक गाँव की भौतिक सीमाओं से आगे सामाजिक और आर्थिक एकता को मान्यता देना हमें दो दिशाओं में ले जा सकता है।

गाँवों के बीच निर्भरता

इसमें से पहला उस आयाम से सम्बन्धित है जिसे अमूमन गाँवों के आत्मनिर्भरता की संज्ञा दी जाती है। आमतौर पर, भारतीय गाँवों में हुए बदलावों की चर्चा करते समय गाँवों की पहले की आत्मनिर्भरता, और वर्तमान में अन्य स्थानों पर औद्योगिक रूप से उत्पादित वस्तुओं पर तुलनात्मक निर्भरता के बीच अन्तर किया जाता है। कारख़ानों में बने कपास (कॉटन) के कपड़े इसका एक प्रमुख उदाहरण हैं। ऊपर एक अन्य उदाहरण के रूप में बुने हुए ऊनी कपड़ों का उल्लेख किया गया है। इसमें कोई सन्देह नहीं है कि यह एक महत्त्वपूर्ण बदलाव है। बहरहाल, पंजाबी गाँव की आत्मनिर्भरता को आसानी से बढ़ा–चढ़ाकर प्रस्तुत किया जा सकता है। मसाला और धातु ऐसी आवश्यक वस्तुएँ हैं जिन्हें कम–से–कम कई सदियों से बाहर से लाया जा रहा है। गाँव अलग–थलग हो सकते हैं। लेकिन यदि व्यापक सन्दर्भ में देखा जाये, अर्थात् इसमें गाँवों को भी सम्मिलित किया जायें जिनसे ये नियमित रूप से वस्तुओं और सेवाओं का विनिमय करते हैं, तो गाँव को अभी भी आत्मनिर्भर कहा जा सकता है। लेकिन अर्थशास्त्र में 'आत्मनिर्भर' शब्द नये विश्व (न्यू वर्ल्ड) के अग्रणी समुदायों के लिए उपयुक्त है। ये समुदाय औद्योगिक समाज से बिल्कुल ही अलग हैं। ये न सिर्फ़ भारतीय गाँवों की तरह तक़रीबन पूरी तरह इस अर्थ में आत्मनिर्भर थे कि इन्हें सिर्फ़ कुछ आवश्यक वस्तुओं और सेवाओं को ही बाहर से मँगाना पड़ता था, बल्कि ये ऐसे परिवारों से मिलकर बने थे, जिनमें अपना अस्तित्व क़ायम रखने के लिए आवश्यक दक्षता थी। जब ऐसे किसी परिवार या आदमी को आत्मनिर्भर कहा जाता है, तो इसका अर्थ यह होता है कि बाहरी दक्षताओं या सेवाओं की सहायता के बिना काफ़ी हद तक

अपने अस्तित्व को क़ायम रख सकता है। अमेरिका के ग्रामीण समुदायों के भीतर आज भी इसी तरह की आत्मनिर्भरता का तत्त्व मौजूद है। और इसी अर्थ में यह आधुनिक शहरी और औद्योगीकृत समाज से अत्यधिक भिन्न है, जिसमें सेवाएँ परस्पर–निर्भर हैं। पश्चिम में औद्योगीकरण की दिशा में बदलाव ने विशेषीकरण और परस्पर–निर्भरता को भी बढ़ावा दिया है। अभी भी मुनष्यों पर इसके प्रभाव के बारे में अवशिष्ट भावनाएँ बची हुई हैं : पश्चिम में अक्सर यह कहा जाता है कि यदि एक व्यक्ति किसी दूसरे व्यक्ति पर निर्भर है, तो कुछ अर्थों में वह कमतर व्यक्ति है। भारतीय गाँव में इस तरह के कथन का काफ़ी कम महत्त्व होगा।

विशेषज्ञता में बदलाव

यदि भारतीय गाँव में बाहर से निर्मित वस्तुओं को स्वीकार किया जा रहा है, तो इसका एकमात्र कारण यह नहीं है कि नयी आवश्यकताओं का सृजन हुआ है। एक ग्रामीण व्यक्ति के पास दशकों से ऐसी आवश्यकताएँ रही हैं, जिन्हें वह सन्तुष्ट नहीं कर पाता है। असल में, निर्मित वस्तुओं को स्वीकार करने का कारण यह भी है कि इन्हें स्वीकार करने मात्र से ही उन्हें पारम्परिक निर्भरताओं के दबाव से मुक्ति मिल जाती है। जैकेट के उदाहरण की तरह ही अन्य वस्तुओं की ख़रीददारी वास्तव में परिवार की आत्मनिर्भरता की दिशा में एक क़दम बढ़ाने जैसा है। इसलिए यह आवश्यक है कि अपने लिए आवश्यक सभी संसाधनों को रखने वाले अग्रणी परिवार की आत्मनिर्भरता तथा शहर–निवासी की आत्मनिर्भरता में अन्तर किया जाये, जो कि एक पैसा–अर्थव्यवस्था पर निर्भरता के माध्यम से अपनी आत्मनिर्भरता क़ायम रखने में सफल हो पाता है। असल में, पारस्परिक रूप से निर्भर सेवाओं और विशेषज्ञताओं के कारण ही शहरी व्यक्ति की आत्मनिर्भरता मुमकिन हो पाती है। जब तक हमारा भारत में आत्मनिर्भरता से अर्थ यह होता है कि पहले एक ऐसी स्थिति थी जिसमें बाहर से कुछ निर्मित वस्तुएँ गाँव में आती थीं, तब तक हम एक काफ़ी हद तक सुरक्षित आधार में विचरण करते हैं। लेकिन जैसे ही हमारा अर्थ यह होता है कि औद्योगीकरण की ओर बदलाव में विशेषज्ञता और परस्पर–निर्भरता की ओर बदलाव सम्मिलित है, आत्मनिर्भरता के विचार से दूर चले जाते हैं। भारतीय गाँवों पर औद्योगीकरण का प्रभाव यह हुआ है कि एक प्रकार की परस्पर–निर्भरता से दूसरे प्रकार की परस्पर–निर्भरता,

तथा एक प्रकार की विशेषज्ञता से दूसरे प्रकार की विशेषज्ञता की ओर बदलाव हुआ है।

अभी विश्व समाजों में विशेषज्ञता की प्रकृति पर काफ़ी विश्लेषण किया जाना बाक़ी है। लेकिन हम औद्योगीकरण और भारतीय गाँवों के बारे में इतना जानते हैं कि ये रेखांकित कर सकते हैं कि गाँवों पर औद्योगीकरण के प्रभावों से सम्बन्धित बहुत–से सामान्यीकरणों को अतिसरलीकरण की संज्ञा दे सकते हैं। इसलिए इनके निहितार्थ भी अमूमन भ्रामक ही होते हैं। इसलिए हमारे दिमाग़ में जो विशिष्ट प्रक्रियाएँ हैं, उनके बारे में स्पष्ट रहना ज़्यादा सही है।

जब एक बार यह स्वीकार कर लिया जाता है कि जाति विशेषज्ञताओं की अन्तःक्रिया से स्थापित होने वाली संरचनात्मक एकता गाँव से आगे भी जाती है, तो हमारे सामने एक अन्य समस्या उत्पन्न होती है : क्या गाँव एक समुदाय है, जिसका एक समुदाय के रूप में अध्ययन किया जा सकता है? इस बात में कोई सन्देह नहीं है कि गाँव की अस्मिता की एक मज़बूत भावना है और ऊपर इसके बारे में विवेचना की गयी है। विश्व के बहुत–से भागों की तरह ही पंजाबी गाँव में भी आन्तरिक एकता और गाँव से जुड़ाव की भावना होती है। लेकिन यदि गाँव का अन्य गाँवों के साथ आवश्यक जुड़ाव है, तो क्या एकल समुदाय के रूप में इसका सही तरीक़े से अध्ययन किया जा सकता है?

इस प्रश्न का महत्त्व जातियों के बीच 'क्षैतिज' (हॉरिजॉण्टल) एकता से बढ़ जाता है, जिससे गाँव की सीमाओं से परे जाने वाले गठजोड़ बनते हैं। एक समय जाति पंचायतें काफ़ी मज़बूत हुआ करती थीं, और भारत के अन्य भागों की तरह पंजाब में भी जाति के सदस्यों के बीच सामान्य जुड़ाव होता था।

वैवाहिक सम्बन्ध

पहले यह वर्णन किया जा चुका है कि पंजाबी गाँव एक विजातीय विवाह करने वाली इकाई होता है। इसका अर्थ यह है कि विवाह द्वारा भी एक गाँव का सम्बन्ध अन्य गाँव से होता है, तथा सभी वैवाहिक सम्बन्ध गाँव की सीमाओं से आगे जाते हैं। मैरियट (*द इकोनॉमिक वीकली*, 23 अगस्त, 1952) ने उत्तर प्रदेश के गाँवों में विवाह का वर्णन किया है। उन्होंने यह बताया है कि 'विवाह की संरचना किसी गाँव द्वारा एक स्थानीय इकाई के रूप में अपने आर्थिक मामालों के प्रबन्ध के स्तर पर एक सीमा आरोपित

करती है।' उन्होंने जिस गाँव का वर्णन किया है वहाँ भी पंजाब की ही तरह यहाँ भी लड़कियाँ विवाह के बाद अपने ससुराल जाती हैं, और लड़की जिस गाँव में जाती है, उस गाँव से उसके पिता के गाँव का वैवाहिक सम्बन्ध का निर्धारण हो जाता है। इस प्रकार, यदि गाँव 'क' के एक पुरुष की शादी गाँव 'ख' की एक लड़की से तय हो जाती है, तो गाँव 'क' को गाँव 'ख' की तुलना में उच्च माना जाता है (इसलिए गाँव 'ख' निम्न है), और भविष्य में पत्नियाँ गाँव 'ख' से गाँव 'क' में जा सकती हैं, लेकिन कभी भी इसका विपरीत नहीं हो सकता है। इसी तरह, गाँव 'ख' उन गाँवों की तुलना में 'उच्च' होगा, जहाँ से गाँव 'ख' के पुरुषों की पत्नियाँ आयी हैं। सिखों ने जागरूक रूप से यह प्रयास किया है कि विवाह के ख़र्च को सीमित किया जाये, तथा विवाह में होने वाले आर्थिक लेन–देन में कटौती की जाये। लेकिन इस प्रयास में सिर्फ़ आंशिक सफलता ही मिली है। बहरहाल, पंजाब में वैवाहिक सम्बन्धों से बनने वाले गाँवों के नेटवर्क की सीधी तुलना ऊपर वर्णित उत्तर प्रदेश के गाँवों से की जा सकती है। पंजाब के तीन भौगोलिक भागों में अन्तर किया जा सकता है, जो मोटे तौर पर एक–दूसरे के उत्तर और दक्षिण में बसे हैं : माझा, जिसमें अमृतसर अवस्थित है, द्वबाबा (या दोआब) मध्य में है, और मालवा दक्षिण में है। सिखों ने यह बताया कि स्वाभाविक रूप से अधिकांश विवाह एक–दूसरे से नज़दीक बसे गाँवों के बीच होता है, इसलिए इन भौगोलिक पटिट्यों के बीच, इनकी सीमाओं से परे इस प्रकार विवाह तय किये जाते हैं, जिससे लड़कियाँ दक्षिण से उत्तर की ओर, अर्थात् अमृतसर की ओर आयें। जिस सीमा तक विवाह तय करने में इस पर विचार किया जाता है, उस सीमा तक यह माना जाता है कि पवित्र शहर के नज़दीक बसे सिख उन लोगों से 'उच्चतर' हैं, जो इस शहर से दूर बसे हैं। इसके अलावा, विवाह की दिशा के आधार पर गाँवों को 'उच्च' या 'निम्न' नहीं माना जाता है। बहरहाल, यह माना जाता है कि प्रत्येक गाँव के पास गाँवों का एक ऐसा पारम्परिक समूह है, जहाँ इसकी बेटियाँ ब्याही जाती हैं, और गाँवों का एक अन्य ऐसा समूह है, जहाँ इन्हें नियमित रूप से पत्नियाँ मिलती हैं, इसलिए ग्रामीणों के सामने यह बात पूरी तरह स्पष्ट है कि वे वैवाहिक सम्बन्धों पर आधारित गाँवों के एक नेटवर्क का हिस्सा हैं।

इस प्रकार के नेटवर्क के निर्माण को तय करने और इसके अस्तित्व की जाँच करने के लिए विशिष्ट आँकड़ों के साथ ही साथ सामान्य बयानों की भी आवश्यकता है। निम्नलिखित सिख सामग्री अप्रैल 1940 में *गोत*

ढिल्लन, *पट्टी* राजा, तहसील तारन, गाँव झाबल, ज़िला अमृतसर, पूर्वी पंचा गुरुचरण सिंह द्वारा किये गये वंशावली–सम्बन्धी अध्ययन से सम्बन्धित हैं। इन आँकड़ों का मैक्किम मैरियट द्वारा 1950–51 की शरद में विश्लेषण किया गया। इस वंशावली में 402 नाम सम्मिलित हैं, जिस की शुरुआत राजा राजा से होती है, जिन्होंने इस पट्टी की स्थापना की थी, और यह पैतृकवंशीय रेखा में वर्तमान और दसवीं पीढ़ी के कुछ वंशजों तक आती है। जीवित सूचनादाताओं की यददाश्त के आधार पर छठवीं पीढ़ी में महिलाओं के नाम सामने आने शुरू होते हैं। छठी से नौवीं पीढ़ी के बीच 208 विवाहों की सूचना दी गयी है। सातवीं से नौवीं पीढ़ी के बीच शायद पूरी सूचना दी गयी है। ऐसे अठारह गाँवों को सूचीबद्ध किया गया है, जहाँ से विवाह करके पत्नियाँ लायी जा सकती थीं। वास्तव में इस पूरी प्रक्रिया में 82 गाँव सम्मिलित थे। 18 में से कुल 13 में ही ज़्यादातर विवाह हुए, और 2 में विवाह होने के बहुत कम उदाहरण हैं। पूरी सूची पर विचार करने पर स्पष्ट होता है कि वरीयता प्राप्त गाँवों में ही ज्ञात शादियों में से आधी से ज़्यादा शादियाँ हुई थीं, अर्थात् चार पीढ़ियों की आधी से ज़्यादा शादियों का 15 अन्य गाँवों और झाबल के बीच बार–बार जुड़ाव सामने आता है। अन्य आधी शादियाँ 67 गाँवों में बिखरी हुई हैं, और ये सकारात्मक किन्तु कमज़ोर सम्बन्धों का निर्माण करती हैं। वरीयता प्राप्त सूची में से पाँच गाँवों में, और बड़ी संख्या में अन्य गाँवों में सिर्फ़ एक ही दिशा में (अर्थात् या तो सिर्फ़ बेटियों का या सिर्फ़ बेटों का) विवाह हुआ। किन्तु असीम रूप से एक ही दिशा में विवाह होने की पुष्टि नहीं होती है। पारम्परिक रूप से ढ़िल्लन और 6 अन्य *गोतों* के बीच विवाह को पारम्परिक रूप से वरीयता दी जाती है। इनमें से पाँच वैसे हैं जिनके साथ वास्तव में बार–बार विवाह होता रहता है, लेकिन अन्य का कोई उल्लेख नहीं मिलता है। वरीयता प्राप्त *गोतों* में से एक (सन्धू) के साथ 100 विवाह हुए हैं, जो कि कुल ज्ञात विवाहों का आधा है; अन्य चार के साथ 55 या सम्पूर्ण विवाहों का एक–तिहाई विवाह हुआ है। अन्य एक–चौथाई विवाह 18 *गोतों* में बिखरे हुए हैं।

ऐसा लगता है कि विवाह के बारे में गाँव और गोत की वरीयता अन्य कारकों पर भी निर्भर करती है। इनमें स्थानिक दूरी का कारक एक महत्त्वपूर्ण कारक है। झाबल के 4 मील के भीतर कोई भी विवाह नहीं हुआ है। इसलिए गाँव वास्तविकता और सिद्धान्त में ही विजातीय विवाह करने वाले नहीं होते हैं, बल्कि गाँव के आसपास का क्षेत्र भी विवाह में

विजातीय विवाह का अनुसरण करता है। इसके लिए यह तथ्य मुख्य रूप से ज़िम्मेदार है कि विवाह से पूर्व दूल्हा और दुल्हन को एक–दूसरे को देखना भी अनुचित माना जाता है। यह माना जाता है कि चार मील से आगे किसी का कोई परिचित नहीं होगा, या इतनी दूरी के बाद लोग एक–दूसरे को नहीं देखेंगे। लेकिन इसके साथ ही, ज़्यादा बड़ी दूरी विवाह के रास्ते में एक बाधा बन जाती है। झाबल के दो–तिहाई विवाह ऐसे गाँवों में हुए हैं जो यहाँ से 4–12 मील की दूरी पर हैं, और इनमें सबसे ज़्यादा विवाह 8 मील की दूरी पर हुए हैं। चूँकि झाबल माझा में है, और अमृतसर इसके विवाह के दायरे में आता है, इसलिए इन आँकड़ों से माझा और दोआबा के बीच दिशा से जुड़े सम्बन्धों के बारे में कोई सूचना नहीं मिलती है। गाँवों के बीच विवाह द्वारा वैवाहिक सम्बन्ध स्थापित होने की स्पष्ट तस्वीर हासिल करने के लिए हमारे पास सिर्फ़ झाबल की जनसंख्या के अन्य भागों के बारे में ही आँकड़े नहीं होने चाहिए, बल्कि झाबल का जुड़ाव जिन गाँवों से है उनके सभी जुड़ावों का आँकड़ा भी होना चाहिए। ऐसी किसी भी सामग्री के दायरे और जटिलता को व्यावहारिक रूप से असम्भव माना जा सकता है। इसके बावजूद, इस विश्लेषण में हमारे पास मौजूद आँकड़ों में यह बात पूरी तरह स्पष्ट होती है कि किस सीमा तक पंजाबी गाँवों के हित गाँव की सीमाओं से आगे जाते हैं। झाबल की किसी पट्टी के एक गोत के अन्तर्वैयक्तिक सम्बन्धों या सामाजिक प्रेरणाओं को समझने के किसी भी प्रयास के लिए वैवाहिक समुदाय पर चार मील से आगे विचार करना चाहिए, और इसमें कम–से–कम आठ मील की दूरी तक के गाँवों को सम्मिलित किया जाना चाहिए। पश्चिम से आये लोगों के लिए इस प्रकार के आवश्यक सम्बन्ध को समझना आसान नहीं होता है।

परिवार के बजट पर दबाव

पंजाब में पैतृक संयुक्त परिवारों के भीतर आर्थिक जुड़ावों ने भी गाँव के सम्पर्कों का विस्तार करने का काम किया है। प्रत्येक गाँव को उपलब्ध खेती योग्य भूमि की मात्रा पर प्राकृतिक सीमाएँ हैं, और जनसंख्या के आँकड़ों में लगातार वृद्धि होने के कारण, सभी परिवारों, और यहाँ तक कि भू–स्वामियों के संयुक्त परिवारों के बजट पर दबाव अत्यधिक बढ़ गया है। पारम्परिक रूप से इस समस्या से निपटने का तरीक़ा यह रहा है कि परिवार के एक या एक से ज़्यादा युवा पुत्र गाँव छोड़कर चले जाते हैं

और कुछ दूरी पर रोज़गार करते हैं। अमूमन इन पुरुषों के जाने से पहले ही इनका विवाह कर दिया जाता था, तथा इनकी पत्नियाँ और छोटे बच्चे परिवार के साथ ही रह जाते थे जहाँ उनकी देखभाल होती थी। उनके काम से होने वाली किसी भी आय को वापस परिवार में भेजा जाता था। परिवार इससे अपना उधार चुकाता था, और इससे घर की माली हालत सुधरने में मदद मिलती थी। निश्चित रूप से, इस प्रकार की बचत बहुत–से व्यक्तिगत कारकों पर निर्भर थी, तथा उन्हें अक्सर संयुक्त परिवार के मुखिया या अन्य ज़िम्मेदार सदस्यों को भेज दिया जाता था। बेली (1953) ने यह उल्लेख किया है कि इसी प्रकार के व्यवहार से उनके उड़िया–भाषी गाँव की आय भी बढ़ती है, और निश्चित रूप से भारत के अन्य भागों के लोग भी ऐसे व्यवहार से सुपरिचित हैं। फिर भी, बाहर रोज़गार करने के लिए पंजाबी गाँव छोड़ने वाले लोगों की संख्या असामान्य रूप से ज़्यादा थी। 1916 के गज़ेटियर (पृ. 341) में यह बताया गया है कि 'लाहौर शहर में आप्रवासन काफ़ी ज़्यादा है, प्रत्येक मील में 436 निवासियों का ज़िले से बाहर जन्म हुआ है...।'

अवमानना की प्रकृति के कारण पुरुषों की प्रधानता बढ़ी है, और पूरे शहर में 1,000 पुरुषों पर सिर्फ़ 596 महिलाएँ हैं। अन्य पुरुष खेतों में जाते हैं और बहुत–से पंजाबी साम्राज्यीय सेना में सम्मिलित हो गये। हमेशा ही यह अपेक्षा की जाती थी कि ये लोग हमेशा अपने गाँव लौटेंगे, और उनके संयुक्त परिवार में उनके स्थान को सुरक्षित रखा जाता था। इसका नतीजा यह हुआ है कि आज शायद ही ऐसा कोई सिख गाँव ऐसा है, जिसमें अनुभवी यात्री यानी पुराना सिपाही या पूर्व शहर निवासी न हो।

साम्प्रदायिक संगठन

यदि हमें आधुनिक परिस्थितियों में पंजाब के ग्रामीण जीवन को समझना है तो हमें पंजाबी साम्प्रदायिक संगठन की शक्ति को भी समझना होगा। बँटवारे से पहले सरकार के प्रतिनिधियों और ग्रामीणों के बीच का सम्बन्ध मुख्य रूप से कर संग्रहण और पुलिस व्यवस्था तक सीमित था। विशेष रूप से, बँटवारे के बाद पूर्वी और पश्चिमी–दोनों ही पंजाब सरकार ग्रामीणों को राशन उपलब्ध करने के साथ–साथ अन्य कई सेवाएँ उपलब्ध करा रही है। इससे स्पष्टतः लोगों के साथ उसका सम्पर्क बढ़ा है। इसके बावजूद, ग्रामीणों के पास सरकार में भागीदारी करने का कोई मौक़ा नहीं

है। इस तथ्य के साथ एक अन्य आश्चर्यजनक अन्तर्विरोध जुड़ा हुआ है कि पंजाबी ग्रामीण अमूमन एक विशेषज्ञ राजनेता होता है। वह एक सम्भावित आर्थिक और राजनीतिक लाभ की पृष्ठभूमि में काम करने वाली व्यक्तिगत प्रेरणाओं का मूल्यांकन करता है। वह षड्यन्त्रकारी से षड्यन्त्र करना जानता है, और उसके पास सकारात्मक नेतृत्व की चतुराई से भरी भावना होती है। पिछले 100 वर्षों में ये क्षमताएँ मुख्य रूप से साम्प्रदायिक संगठनों में अभिव्यक्त हुई हैं। इन सभी संगठनों का राजनीतिक के साथ ही साथ धार्मिक पक्ष भी रहा है। गुरु गोबिन्द सिंह, अहमदिया, और आर्य पंजाबियों के अनुयायियों के समूहों के जटिल संगठनों पर विश्वास करने के लिए इसका अध्ययन करना आवश्यक है। सरकारी संगठन में स्थान न मिलने के कारण पंजाबियों ने अपने संगठन का निर्माण किया है। जहाँ सरकार की ग्रामीण स्तर पर पैठ नहीं है, वहीं पंजाबियों की ग्रामीण स्तर पर पैठ है। इसके विपरीत, साम्प्रदायिक मामलों में लोगों की रुचि और भागीदारी में लगातार वृद्धि हुई है। छोटे गाँव से लेकर नेतृत्व स्तर तक यही हाल है : यह अचरज की बात नहीं है कि मतदाता भी अमूमन इसी प्रकार की निष्ठा से काम करते हैं। स्थान की कमी के कारण यहाँ यह विवरण देना नामुमकिन है कि गाँव के स्तर पर साम्प्रदायिक संगठन किस तरह काम करते हैं। लेकिन पंजाब की राजनीति का सतही ज्ञान भी इस बात का मज़बूत प्रमाण प्रस्तुत करता है कि ग्रामीण साम्प्रदायिक राजनीति में रुचि रखते हैं।

जाति गठजोड़ों की तरह ही साम्प्रदायिक जुड़ाव भी क्षैतिज एकता का मज़बूत तत्त्व है। ये संरचनात्मक रूप से एक गाँव के मामले को उससे दूर बसे दूसरे गाँवों से जोड़ते हैं। आधुनिक जीवन की बहुत–सी शक्तियाँ पुराने जातिगत गठजोड़ों को तोड़ने का काम करती हैं। लेकिन ऐसा लगता है कि बहुत–से मामलों में साम्प्रदायिक भागीदारी ने इसका स्थान ले लिया है। सरकार ने प्रशासनिक उद्देश्य से गाँव और पट्टी की एकता पर बल दिया है, जिसने ऊर्ध्व एकता का अतिरिक्त तत्त्व उपलब्ध कराने का काम किया है, जिसमें गाँव की पंचायत में आधिकारिक मान्यता के साथ वृद्धि हुई है। चाहे हम अतीत के बारे में विचार करें या वर्तमान के बारे में, पंजाबी गाँव की एकता, और इसके परे अन्य गाँवों से सम्बन्धों पर एक साथ विचार किया जाना चाहिए। ग्रामीण जीवन के किसी भी विश्लेषण में ऊर्ध्व और क्षैतिज एकताओं का एक साथ विश्लेषण किया जाना चाहिए।

विविधता में एकता

मुझे ऐसा लगता है कि इन परिस्थितियों में बहुत ही सीमित स्तरों पर गाँव को एकल 'समुदाय' माना जा सकता है। आर्थिक और सामाजिक विशेषज्ञता, वैवाहिक सम्बन्धों, धार्मिक और राजनीतिक संगठनों के सन्दर्भ में गाँव एक संरचनात्मक इकाई से ज़्यादा है। ये ऐसे सम्पर्क नहीं हैं, जिनमें ग्रामीण व्यक्ति अपनी मर्ज़ी से शामिल हो सकते हैं या नहीं हो सकते हैं; दरअसल ये उनके अस्तित्व के साथ उन पर थोपे गये हैं। इसलिए, निश्चित तौर पर मैं एकल गाँव के अध्ययन को महत्त्वपूर्ण मानता हूँ, लेकिन मुझे ऐसा लगता है कि सिर्फ़ इनके माध्यम से पंजाबी गाँव की पूरी तस्वीर हासिल नहीं की जा सकती है। पंजाबी समाज आत्मनिर्भर गाँवों के खण्डों से निर्मित पच्चीकारी (मोजैक) नहीं है, यह एक ऐसे कालीन की तरह है, जिसमें प्रत्येक भाग अपने आप में अलग से पहचाना जा सकता है, किन्तु काफ़ी निकटता से कालीन के अन्य भागों से जुड़ा हुआ है। इस तरह, पंजाब की सामाजिक संरचना, विविध संरचनाओं के एक सन्तुलन पर आधारित है, और यदि हमें सम्पूर्णता के अर्थ को समझना है तो इनमें से प्रत्येक पर अवश्य विचार किया जाना चाहिए।

अनुवाद : कमल नयन चौबे

सन्दर्भ

'अ सर्वे ऑफ़ द इकोनॉमिक ऐंड सोशल कंडीशन्स ऑफ़ द चमार्स ऑफ़ बारपली इन ओडिशा', 1953, *द इकोनॉमिक वीकली* 5 (38), 19 सितम्बर।

बेली, एफ. जी. 1953, 'ऐन ओडिया हिल (*विलेज), द इकोनॉमिक वीकली*, 21 मार्च

हट्टन, जे. एच. 1946, *कास्ट इन इंडिया : इट्स नेचर, फंक्शन्स ऐंड ऑरिजिन्स*, ऑक्सफोर्ड यूनिवर्सिटी प्रेस।

मैरियट, मैक्किम, 1952 'सोशल स्ट्रक्चर ऐंड चेंज इन यूपी विलेज', *द इकोनॉमिक वीकली* 4 (34), 23 अगस्त।

वाइजर, डब्ल्यू. एच. 1936, *द हिन्दू जजमानी सिस्टम : अ सोशियो–इकोनॉमिक सिस्टम इंटररिलेटिंग मेम्बर्स ऑफ़ अ हिन्दू विलेज*, यूपी : लखनऊ पब्लिशिंग हाउस।

दक्कन का एक गाँव*

एस. सी. दुबे

पूरे भारतीय उपमहाद्वीप में ग्रामीण समुदायों की बहुत–सी साझा विशेषताएँ हैं। सामाजिक संगठन की एक इकाई के रूप में गाँव एक ऐसी एकजुटता को अभिव्यक्त करते हैं जो गोत्र, जाति और संगठन से अलग होती है। साथ ही, यह समाजीकरण और सामाजिक नियन्त्रण की एजेंसी के रूप में महत्त्वपूर्ण भूमिका अदा करती है। प्रत्येक गाँव एक विशिष्ट इकाई होता है, यहाँ के लोगों के आचार–विचार और रिवाज़ों में कुछ भिन्नता होती है, और इनके बीच में सहयोगी एकता भी होती है। गाँव में रहने वाली विभिन्न जातियाँ और समुदाय एक एकीकृत आर्थिक, सामाजिक और कर्मकाण्डीय प्रतिमानों के पारस्परिक जुड़ावों और एक–दूसरे के प्रति दायित्वों से बँधे होते हैं, जिन्हें आमतौर पर स्वीकृत परम्पराओं से मान्यता प्राप्त होती है, और इन्हीं परम्पराओं द्वारा इन्हें क़ायम रखा जाता है। गाँव के भीतर के सामुदायिक जीवन की एक प्रमुख विशेषता यह होती है कि यहाँ विभिन्न जातियों के बीच आर्थिक, सामाजिक और कर्मकाण्डीय सहयोग होता है। गाँव की परिषद द्वारा महत्त्वपूर्ण प्रशासकीय कार्य किये जाते हैं, जिसमें अमूमन गाँव के बुजुर्ग और गाँव के अधिकारी सम्मिलित होते हैं। गाँव के भीतर विभिन्न समूहों और गुटों के अस्तित्व के बावजूद गाँव के लोग बाहरी दुनिया का सामना संगठित और सुगठित इकाई के रूप में करते हैं।

बहरहाल, इन बुनियादी समानताओं के आधार पर हमें यह कल्पना नहीं करनी चाहिए कि पूरे देश में भारत के गाँवों का एक जैसा स्वरूप है। विविध कारणों के चलते इनकी आन्तरिक संरचना और संगठन, प्रकृति और विश्वदृष्टि, और इनकी जीवन–शैली और चिन्तन पद्धतियों के बीच अन्तर

---

* *इकोनॉमिक ऐंड पॉलिटिकल वीकली*, 8 मई, 1954 : 526–29; और 15 मई, 1954 : 533–54।

होता है। आकार, जनसंख्या, और भूमि क्षेत्र, जातीय संघटन, और जातियों का स्वरूप, भू–स्वामित्व की रूपरेखा, प्राधिकार और सत्ता पदसोपान की संरचना, शहरी क्षेत्रों से पृथक्ता या सम्पर्क के स्तर और स्थानीय परम्पराओं सहित अन्य बहुत से कारकों के चलते इनकी संरचनाओं में विविधता होती है।

दक्कन पठार के सीमान्त पर

इस अध्याय में, मैं देवारा की सामाजिक संरचना की रूपरेखा प्रस्तुत करूँगा। यह हैदाराबाद राज्य के अदीलाबाद ज़िले का एक मिश्रित गाँव है, जहाँ मुख्य रूप से आदिवासियों का प्रभुत्व है। तेलंगाना और मराठवाड़ा के संस्कृति क्षेत्र का अदीलाबाद में मिलन होता है, और देवारा दक्कन पठार के उत्तरी सीमान्त पर अवस्थित है। प्रोफ़ेसर क्रिस्टॉफ वॉन फ्यूरर–हेमेनडॉर्फ द्वारा अदीलाबाद का सामान्य वर्णन प्रस्तुत किया गया है, जो इस गाँव की स्थिति पर काफ़ी हद तक लागू होता है। इसके आसपास 'चौड़े, फ़सलों से भरे खेत हैं, जिनमें कहीं–कहीं पेड़ हैं। सिर्फ़ कुछ ही ऐसे स्थान हैं जहाँ पर आम और इमली के पेड़ों का समूह है, जो एक गाँव के स्थान को दर्शाता है; यह ऊपर की ओर जाता है जहाँ खेतों से भरी चौड़ी घाटियाँ हैं, जिनके बाद एक निम्न, वृक्षों से युक्त पहाड़ी होती है'। भारतीय गाँवों की रूपरेखा के आधार पर यह कहा जा सकता है कि देवारा आकार, भू–क्षेत्र और जनसंख्या के सन्दर्भ में काफ़ी बड़ा गाँव है। यहाँ की जनसंख्या 1,090 है। इसके जातीय संगठन और विभिन्न जातियों के उपस्थिति के आधार पर देवारा का चार भिन्न समूहों में बाँटा जा सकता है : जनजातीय समूह, तेलुगू बोलने वाले हिन्दू, मराठी बोलने वाले हिन्दू और मुस्लिम। पहले दो समूह संख्यात्मक शक्ति के आधार पर तक़रीबन बराबर हैं। आख़िरी दो छोटे हैं किन्तु इनमें से प्रत्येक नज़दीकी रूप से जुड़े सुगठित समूह का निर्माण करता है। देवारा की अधिकांश भूमि का स्वामित्व एक अनुपस्थित ज़मींदार (एक मुस्लिम महिला) के पास है जो हैदाराबाद शहर में रहती है। गाँव से उसकी अनुपस्थिति का गाँव की परिषद के निर्माण पर महत्त्वपूर्ण प्रभाव पड़ा है क्योंकि वह सीधे तौर पर विचार–विमर्श और फ़ैसले को प्रभावित नहीं कर सकती है। वर्तमान में (1950) गाँव में मालिकाना जोतदारों की संख्या काफ़ी कम है, लेकिन इस बात की पूरी सम्भावना है कि हाल ही में हुए भूमि सुधारों और आदिवासियों के कल्याण के लिए उठाये गये क़दमों के कारण इनकी संख्या में काफ़ी वृद्धि हो सकती है। चूँकि न तो ज़मींदार और न ही कोई महत्त्वपूर्ण सरकारी अधिकारी गाँव में रहता है,

इसलिए ग्रामीण समुदाय अपने आन्तरिक मामलों में काफ़ी स्वायत्त है। साथ ही, यह तुलनात्मक रूप से बाहरी दबावों और प्रभावों से मुक्त है। यह बड़े शहरी और औद्योगिक क्षेत्रों से काफ़ी दूरी पर, तुलनात्मक रूप से दूरस्थ क्षेत्र में अवस्थित है। इसके कारण, देवारा क्षेत्र के बहुत–से निवासी शहरी प्रभाव से तुलनात्मक रूप से अछूते हैं। लेकिन यह उस सड़क से सिर्फ़ डेढ़ मील की दूरी पर है जो दो सब–डिविजन के प्रशासनिक मुख्यालयों को जोड़ती है। ग़ौरतलब है कि जहाँ यह मुख्यालय है वहाँ रेलवे स्टेशन भी है। इसके अलावा, यह गाँव बस के एक छोटे रास्ते से जुड़ा हुआ है। इसलिए यह नहीं कहा जा सकता है कि यह शहरी सम्पर्कों और प्रभावों से पूरी तरह मुक्त है। इस गाँव की विशिष्टता यह है कि यह आंशिक रूप से जनजातीय, आंशिक रूप से तेलुगू और आंशिक रूप से मराठी है। इसके कारण गाँव में समूहों के बीच समायोजन के लिए एक विशेष प्रतिमान आवश्यक हो गया है।

देवारा की सामाजिक संरचना

देवारा की सामाजिक संरचना को समझने के लिए इसके जातिगत स्वरूप का विश्लेषण आवश्यक है। पहले ही यह उल्लेख किया जा चुका है कि गाँव की आबादी में चार प्रमुख तत्त्व हैं : तकनीकी रूप से, तीन जनजातियाँ (राज गोंड, कोलम और प्रधान) और मुस्लिम जातियाँ नहीं हैं। इसका कारण यह है कि जनजातियाँ हिन्दू समाज के व्यापक पाँच स्तरीय विभाजन में कहीं भी फिट नहीं होती हैं, और मुस्लिम स्पष्ट रूप से ग़ैर–हिन्दू हैं; बहरहाल, गाँव के भीतर के जीवन में, व्यावहारिक रूप से ये स्वतन्त्र जातियों के रूप में ही काम करते हैं, इनके पास अपनी जाति जैसे संगठन हैं, और ये जातियों की तरह ही एकजुटता का प्रदर्शन करते हैं। यद्यपि गाँव के अधिकांश लोग द्वि–या त्रि–भाषी हैं, किन्तु यहाँ की आबादी के मुख्य तत्त्व को उनकी मातृभाषा के आधार पर तीन पृथक् समूहों में बाँटा जा सकता है। हिन्दू समाज के पाँच प्रमुख विभाजन इस प्रकार हैं : ब्राह्मण (पुरोहित और ज्ञानार्जन करने वाले समूह), क्षत्रिय (योद्धा और शासक), वैश्य (व्यापारी), कारीगर और अछूत। ये सिर्फ़ पूरे भारत के स्तर पर सामाजिक पदसोपान में जातियों के वर्गीकरण और स्तरीकरण को अभिव्यक्त करते हैं; 'जाति' या 'उप–जाति' का सीमित, क्षेत्रीय प्रसार होता है। भिन्न सांस्कृतिक क्षेत्रों में (जो कि अमूमन भाषाई क्षेत्र होते हैं) जातियाँ और उप–जातियाँ अमूमन अन्तर्विवाही होती हैं। साथ ही,

अन्य सांस्कृतिक–क्षेत्रों के ऐसे ही अन्य समूहों के साथ इनकी बहुत कम प्रभावकारी सामाजिक अन्तःक्रिया होती हैं। इससे देवारा जैसे तेलगू और मराठी बोलने वाला मिश्रित गाँव दो पृथक् भागों में विभाजित हो जाता है। एक तेलुगू–भाषी बढ़ई (वाडला) की सामाजिक हैसियत मराठी–भाषी बढ़ई (सुतार) के बराबर होती है, लेकिन दोनों आपस में वैवाहिक सम्बन्ध नहीं रख सकते हैं; इसके अलावा, भाषा, वेश–भूषा, प्रथाओं और विश्वासों के कारण इनके बीच का अन्तर और ज़्यादा बढ़ जाता है। इसलिए, जातियों के संगठन पर विचार करते हुए हमें दोनों भागों या खण्डों पर अलग–अलग विचार करना होगा।

जनजातीय समूह

जनजातीय समूह में तीन जातियाँ सम्मिलित हैं : राज गोंड, कोलम और प्रधान। सारणी 1 में इन जनजातियों के परिवारों और इनसे सम्बन्धित लोगों की संख्या को दर्शाया गया है।

सारणी 1 : जनजातीय समूह

जनजाति का नाम	परिवारों की संख्या	लोगों की संख्या
राज गोंड	58	330
कोलम	6	39
प्रधान	7	36
कुल	71	405

स्रोत : लेखक

इस समूह में धनवान और ज़मीन के मालिक राज गोंड जनजातीय पदसोपान में सबसे ऊपर आते हैं। निश्चित रूप से, वे इस क्षेत्र के सबसे प्रभावशाली जनजातीय समूह हैं। कोलम उनके 'ग़रीब भाई' हैं। यद्यपि ग्रामीण समुदाय के जादू–टोने और धार्मिक जीवन में उनका महत्त्वपूर्ण स्थान है, लेकिन असल में ये भूमिहीन हैं और छोटी झोंपड़ियों में रहते हैं, और इनके ज़्यादा परिष्कृत जनजातीय बन्धुओं द्वारा 'गन्दा, साधारण और आदिम' माना जाता है। तीसरे जनजातीय समूह प्रधान की स्थिति काफ़ी अलग है। कोलम के विपरीत, ये यह दावा नहीं कर सकते हैं कि इनकी सामाजिक हैसियत राज गोंड के तक़रीबन बराबर है। ये राज गोंड के भाट (गवैया) और चारण हैं, और उन्हें अपना मालिक मानते हैं।

एक सम्पूर्ण इकाई के रूप में जनजातीय समूह के भीतर काफ़ी मज़बूत जनजातीय भावना है, और इनका कर्मकाण्डीय जीवन अन्य लोगों से पृथक् और ज़्यादा प्रभावशाली है। ये अपने हिन्दू पड़ोसियों से इस आधार पर अलग हैं कि जहाँ हिन्दू लोगों के लिए गायों को काटने और उनका मांस खाने पर सख़्त पाबन्दी है, वहीं ये जनजातीय समूह गायों की बलि चढ़ाते हैं और गाय का मांस खाते हैं।

जातिगत पदसोपान

इस गाँव में कुल मिलाकर तेलुगू बोलने वाली जातियों के परिवारों की संख्या 80 और उससे जुड़े व्यक्तियों की संख्या 446 है। यह महत्त्वपूर्ण है कि इसमें प्रथम तीन वर्णों से जुड़ी एक जाति सम्मिलित नहीं है। अछूत मानी जाने वाली मडिगा जाति, और मिश्रित बिचेपोलु समूह के अपवाद के अतिरिक्त अन्य सभी जातियों को 'स्वच्छ जाति' माना जाता है। ये कारीगर, खेतिहर और पेशेवर जातियों के चौथे स्तर से सम्बन्धित हैं। इस समूह में मानेवर (किसानों) और पदमाशली (बुनकरों) को सर्वोच्च स्थान प्राप्त है। यह माना जा सकता है कि मेरा (दर्ज़ी), गंडोला (ताड़ी निकालने वाला) और गोला (चरवाहा) का स्थान इसके बाद है; और इन तीनों की हैसियत तक़रीबन बराबर है। मडिगा (अछूत) इस समूह की सबसे निम्नतम जाति है। सारणी 2 में तेलुगू–भाषी हिन्दुओं के बीच जातिगत पदसोपानों को दर्शाया गया है।

सारणी 2 : तेलुगू–भाषी हिन्दू

मानेवर 17 परिवार–83 लोग		पदमाशली 10 परिवार–59 लोग
पंच–ब्रह्म समूह		वाडिया (बढ़ई) 1 परिवार–7 लोग कनमूरी (लोहार) 2 परिवार–9 लोग ओसूला (सुनार) 3 परिवार–23 लोग
मेरा (दर्ज़ी) 3 परिवार–22 लोग	गंडोला (ताड़ी निकालने वाले) 1 परिवार–2 लोग	गोला (चरवाहा) 19 परिवार–120 लोग

मांगली (नाई) 2 परिवार–14 लोग		साकली (धोबी) दो परिवार–8 लोग
मडिगा (अछूत खेतिहर और चमड़े का काम करने वाले मज़दूर)–15 परिवार–79 लोग बिचेपोलू (भिखारी)–5 परिवार–20 लोग		

स्रोत : लेखक

वाडला (बढ़ई), कनमूरी (लोहार) और ओसूला (सुनार) की स्थिति काफ़ी हद तक एक जैसी है। भारत के इस भाग में ये पृथक् अन्तर्विवाही जातियों के रूप में नहीं हैं, बल्कि अन्य दो समूहों के साथ मिलकर पाँच प्रकार के कार्यों पर इन्होंने अपना एकाधिपत्य क़ायम रखा है। ये पाँचों प्रकार के कार्य करने वाले लोग पाँच भागों के रूप में हैं और ये आसानी से आपस में विवाह कर सकते हैं, तथा आपस में ये काम की अदला–बदली भी कर सकते हैं। इनकी पौराणिक कथाएँ इन्हें शेष हिन्दुओं से पृथक् करती हैं : ये किसी भी हिन्दू जाति के हाथ से भोजन ग्रहण नहीं करते हैं, और न ही कोई हिन्दू जाति इनके द्वारा स्पर्श किये गये भोजन को ग्रहण करती है (नाई, धोबी और मडिगा इसके अपवाद हैं, जिन्होंने हाल ही के वर्षों से ही इनसे भोजन ग्रहण करना स्वीकार कर लिया है)। ये अपने कर्मकाण्डों और त्योहारों में पूजा–अर्चना के लिए ब्राह्मणों को आमन्त्रित नहीं करते हैं। इसके बावजूद ये 'स्वच्छ जातियाँ' हैं और जातिगत पदसोपान में इनका स्थान मानेवर–पदमाशली से नीचे, किन्तु मेरा–गंडोला–गोला से ऊपर है।

मराठी बोलने वाली हिन्दू जातियों को सारणी 3 के अनुसार श्रेणीबद्ध किया जा सकता है।

सारणी 3 : मराठी–भाषी हिन्दू

ब्राह्मण	1 परिवार–5 लोग
मरार (माली और किसान)	12 परिवार–69 लोग
सुतर (बढ़ई)	1 परिवार–10 लोग
तेली (तेल विक्रेता)	7 परिवार–34 लोग
महार (खेतिहर मज़दूर की अछूत जाति)	1 परिवार–14 लोग

स्रोत : लेखक

कुल मिलाकर इस समूह में 22 परिवार हैं, जिनकी कुल जनसंख्या 132 है। ब्राह्मण परिवार का मुखिया एक विद्यालय में शिक्षक है, और यह परिवार बाहर से आकर यहाँ बसा है। अन्य जातियाँ या तो खेती करती हैं, या कोई पारम्परिक व्यापार करती हैं–या फिर दोनों कार्य करती हैं। महारों को तेलुगू मडिगाओं से उच्चतर माना जाता है।

इस गाँव में मुस्लिमों के कुल 22 परिवार हैं, जिनकी जनसंख्या 107 है। इसमें फकीरों या धार्मिक भिक्षाटन करने वालों का कुछ हद तक निम्नतर स्थान है। मुस्लिमों की आस्था और विश्वास हिन्दुओं से अलग हैं। ये गाय का मांस खाते हैं तथा मुस्लिम मिश्रित समूह हैं, जिनमें निम्न हिन्दू जातियों से धर्मान्तरण करने वाले बहुत से परिवार भी सम्मिलित हैं। यह आश्चर्य की बात नहीं है कि हिन्दू इन्हें हेय दृष्टि से देखते हैं। लेकिन इस तथ्य के कारण गाँव के जीवन में उनका विशेष प्रभाव है कि हाल के समय तक मुस्लिम हैदराबाद के शासक समूह थे।

परिवारों के प्रकार

गाँव में परिवार संगठन की बुनियादी इकाई है। आमतौर पर, संयुक्त परिवार को आदर्श माना जाता है, किन्तु व्यवहार में तीन पीढ़ियों के सभी सदस्यों को मिलाकर बनने वाले परिवार भी नहीं मिलते हैं। प्राथमिक परिवारों का संयुक्त परिवारों में विकास होता है, और फिर इनमें बँटवारा होता है और ये प्राथमिक परिवार बन जाते हैं। बहुपत्नीवादी संयुक्त परिवार भी मिलते हैं। सारणी 4 में विभिन्न प्रकार की परिवार इकाइयों की संख्या को दर्शाया गया है।

सारणी 4 : परिवार के प्रकार

I–क	प्राथमिक परिवार	77	43.01 प्रतिशत
I–ख	प्राथमिक परिवार (निर्भर सदस्यों के साथ)	7	
II–क	बहुपत्नीवादी संयुक्त परिवार	18	11.8 प्रतिशत
II–ख	बहुपत्नीवादी संयुक्त परिवार (निर्भर सदस्यों के साथ)	5	
III	संयुक्त परिवार	80	41.0 प्रतिशत
IV	मिश्रित	8	

स्रोत : लेखक

सम्बद्ध परिवार

अगली इकाई को सम्बद्ध परिवारों के रूप में वर्णित किया जा सकता है। एक ही बस्ती या बसाहट में रहने वाले विस्तृत परिवार के सदस्य एक ही घर में नहीं रहते हैं, किन्तु इनके बीच काफ़ी घनिष्ठ सम्बन्ध होता है। ऐसे परिवार सम्बद्ध परिवारों का निर्माण करते हैं। सम्बद्ध परिवारों को पिता पक्ष से सम्बन्धित परिवारों या संयुक्त परिवारों के रूप में वर्णित किया जा सकता है, और इसमें ऐसे परिवार में सम्मिलित होते हैं जिनका इन परिवारों के साथ वैवाहिक सम्बन्ध होता है। यह माना जाता है कि इनके बीच नज़दीकी सामाजिक और कर्मकाण्डीय सम्बन्ध होता है, और मुसीबत के समय ये एक–दूसरे की मदद करते हैं।

गुडा या मोहल्ला गाँव का एक विशिष्ट क्षेत्र होता है, और जाति या जनजाति या अन्य सामुदायिक इकाई, 'सम्बद्ध परिवारों' के बाद ज़्यादा व्यापक समूहों का निर्माण करते हैं।

असल में, गुडा से ज़्यादा महत्त्वपूर्ण इकाई जाति है। गाँव में रहने वाले एक ही जाति के लोगों के बीच निकट सम्बन्ध होता है। अधिकांश जातियाँ आगे अन्तर्विवाही उप–जातियों में विभाजित होती हैं। अन्य उप–समूह आपस में एक जाति का नाम और पेशे को साझा करते हैं, और इनकी पौराणिक या धार्मिक कथाएँ भी एक जैसी होती हैं। इन उप–समूहों के सदस्य अपनी जाति के अन्य सदस्यों के साथ कमोबेश समानता के आधार पर खान–पान का सम्बन्ध रखते हैं। बहरहाल, विभिन्न उप–समूहों के बीच आपस में विवाह पर प्रतिबन्ध होने के कारण प्रत्येक उप–समूह का आस–पड़ोस के गाँव में रहने वाले अपने उप–समूह के साथ क्षैतिया (या समस्तरीय) सम्बन्ध होता है। यहाँ जगह की कमी के कारण जाति के भीतर सम्बन्धों के जटिल नेटवर्क का वर्णन करने की गुंजाइश नहीं है, किन्तु इसकी मुख्य विशेषताएँ सुपरिचित हैं। सम्बन्ध में कर्मकाण्डीय दूषण की अवधारणा के आसपास निर्मित जटिल व्यवस्था विभिन्न समूहों के बीच एक–दूसरे का स्पर्श करने, धूम्रपान करने, खाना खाने, शराब पीने, विवाह करने और सामान्य सामाजिक अन्तःक्रिया को निर्धारित करती है।

गाँव में कई अन्य संरचनात्मक इकाइयाँ भी हैं। इनका गाँव के जीवन में कम महत्त्व है किन्तु ये व्यक्ति के सामाजिक–धार्मिक जीवन में महत्त्वपूर्ण भूमिका निभाती हैं। इन इकाइयों में जनजातीय समूहों की बिरादरी और वंश तथा हिन्दुओं के गोत्र और वंश प्रमुख हैं। जनजातीय

समूहों में इन इकाइयों का विशेष महत्त्व है क्योंकि वंश के ईश्वर का व्यक्तित्व काफ़ी बड़ा माना गया है और उनसे सम्बन्धित कई कर्मकाण्ड भी हैं। इस तरह, विभिन्न कर्मकाण्डों को पूरा करने के लिए एक निश्चित अवधि के बाद एक गोत्र से सम्बन्धित विभिन्न लोगों को मिलना पड़ता है तथा ये पूजा–पाठ और बलिदान में एक साथ भागीदारी करते हैं। विजातीय विवाह करने वाली इकाइयों के रूप में, ये जनजाति के भीतर वैवाहिक सम्बन्धों का नियमन करते हैं। शेष हिन्दू जातियों की तरह ही ये इकाइयाँ भी सिर्फ़ विवाहों का नियमन करती हैं। यहाँ यह नियम है कि हर किसी को अपने गोत्र के बाहर विवाह करना चाहिए, और विवाह करने वाले पुरुष और महिला की वंशावली एक–दूसरे से अलग होनी चाहिए। किन्तु ऐसा कोई साझा कर्मकाण्डीय जीवन नहीं है जो एक गोत्र या वंशावली के लोगों तक सीमित हो।

यद्यपि चार सांस्कृतिक समूहों का अपना कोई पृथक् औपचारिक संगठन नहीं है किन्तु चार सांस्कृतिक समूहों में से प्रत्येक की एक पृथक् पहचान है। बहरहाल, इनके उत्सव और कर्मकाण्ड अलग–अलग हैं, और इस मामले में ये अलग–अलग सुगठित खण्डों के रूप में काम करते हैं।

गाँव में प्राधिकार की संरचना

अब हम गाँव में प्राधिकार की संरचना के संक्षिप्त विश्लेषण का प्रयास कर सकते हैं। पहले यह उल्लेख किया गया है कि गाँव में कोई भी सरकारी अधिकारी नहीं रहता है, और न ही गाँव में किसी ज़मींदार का निवास है। इसके कारण गाँव बाहरी दबाव और हस्तक्षेप से तुलनात्मक रूप से मुक्त है। इस क्षेत्र के अन्य गाँवों में ज़मींदार और छोटे सरकारी अधिकरी ग्रामीण मामलों में सबसे प्रभावशाली और शक्तिशाली भूमिका निभाते हैं। प्रत्येक परिवार में एक मान्यता प्राप्त मुखिया है, जो सम्पूर्ण परिवार की ओर से बोलता है। साथ ही, परिवार का यह मुखिया गाँव में अपने परिवार के सदस्यों के हर सही–गलत काम के लिए जवाबदेह होता है। गाँव में प्रत्येक जाति (इसमें जनजाति और मुस्लिम समुदाय भी सम्मिलित हैं) का एक मुखिया होता है और इसी तरह प्रत्येक *गुडा* का भी मुखिया होता है। इन *पेदमानशियों* को, जिसका शाब्दिक अर्थ 'बड़ा आदमी' होता है, अपने समूहों या निवास क्षेत्रों के मुखिया के रूप में मान्यता दी जाती है। गाँव की प्रथाएँ इनके कुछ दायित्वों और अधिकारों को तय करती हैं, किन्तु उनका अपना व्यक्तित्व उनके प्रभाव का वास्तविक स्तर तय करता है।

जाति के भीतर होने वाले छोटे–मोटे विवादों को गाँव में जाति के मुखिया के पास भेजा जाता है, जो अपनी जाति की परम्पराओं के अनुसार, अपनी जाति के बुजुर्गों से सलाह–मशविरा करके उनके बारे में फ़ैसला करते हैं। इसी तरह, दो जातियों के बीच साधारण प्रकृति के विवाद के बारे में *गुडा* के मुखिया द्वारा अपने गुडा के बुजुर्गों से सलाह–मशिवरा करके फ़ैसला किया जाता है।

गुडा या *मोहल्ला* (या टोला) और जातियों के वरिष्ठ सदस्यों की अपनी अलग–अलग परिषद् होती है जिसे पंचायत के रूप में जाना जाता है। जाति पंचायत की अध्यक्षता जाति के मुखिया द्वारा की जाती है, और इसमें उस ख़ास जाति के वरिष्ठ सदस्य शामिल होते हैं। गुडा या मोहल्ला पंचायत में उस मोहल्ले के वरिष्ठ सदस्य सम्मिलित होते हैं और इसकी अध्यक्षता उस मोहल्ले के मुखिया द्वारा की जाती है। पूरे एक बड़े परिषद में सभी मोहल्लों के मुखिया सम्मिलित होते हैं। अन्य प्रभावशाली और महत्त्वपूर्ण व्यक्तियों को भी इसकी बैठकों में बुलाया जाता है। इस परिषद में स्थानीय मसलों और विभिन्न गुडाओं या विभिन्न जातियों के तुलनात्मक रूप से गम्भीर किस्म के विवाद पर विचार–विमर्श किया जाता है। यह परिषद गुडा और जाति परिषदों में लिए गये फ़ैसलों पर अपील की सुनवाई भी कर सकती है। आमतौर पर, चल और अचल सम्पत्ति से जुड़ा विवाद, उधार के रूप में लिए गये पैसे और अनाज को वापस न करने से सम्बन्धित विवादों तथा पारिवारिक विवाद पर इस परिषद में सुनवाई की जाती है। बहरहाल, व्यवहार में गाँव के परिषद ज़्यादा मुखर और प्रभावशाली लोग ही वास्तव में पंचायत की भूमिका अदा करते हैं। हमारी जाँच–पड़ताल के दौरान वास्तविक ग्रामीण परिषद में चार राज गोंड, एक गोला, दो बुनकर (जिनमें से एक ज़मींदार का एजेण्ट है) और एक मुस्लिम सम्मिलित था। यह भी ग़ौरतलब है कि जाति के भीतर, तथा जातियों के बीच ज़्यादा गम्भीर विवाद होने की स्थिति में ऐसे विवाद पर एक जाति की कई गाँवों में फैली हुई पंचायत विचार करती हैं। कुछ विवादों में गाँव की पंचायत और जाति की पंचायत–दोनों द्वारा विचार किया जाता है।

जहाँ हैदराबाद के कई अन्य भागों में उतनी प्रभावशाली और जीवन्त नहीं है, वहीं देवारा में अभी भी इसकी स्थिति मज़बूत है। लोगों पर इसकी पकड़ में कमी आने या इसमें गिरावट होने का कोई संकेत सामने नहीं आया है। हमारे सामने कोई ऐसा मामला नहीं आया, जब किसी ने इसके फ़ैसले या इसके द्वारा दी गयी नोटिस की अवमानना की हो। यह सच है कि गाँव में ज़मीन से जुड़े कुछ विवादों में ज़िला अदालतों में भी सुनवाई हुई है, और विशेष रूप से राज गोंड में तलाक की प्रक्रिया से सम्बन्धित

नोटिस को तलाक चाहने वाले लोगों के माध्यम से भेजा गया है; बहरहाल, ऐसी कुछ घटनाओं को पंचायत संगठन के कमज़ोर होने का संकेत नहीं माना जा सकता है। कोई भी ऐसा मामला सामने नहीं आया, जब लोगों ने इसके फैसले को मानने से इनकार कर दिया हो, या फिर उन्होंने पंचायत के निर्णय की अवहेलना या उपेक्षा करते हुए क़ानून की अदालत में न्याय की अर्जी दी हो। दरअसल, गाँव के परिषद की एकजुटता और ताक़त का मुख्य कारण यह है कि यहाँ विभिन्न समूहों के बीच आक्रामक गुटबन्दी का अस्तित्व नहीं है। सार्वजनिक निन्दा और उपहास, जुर्माना और सामाजिक बहिष्कार तथा गाँव निकाला—अभी भी पंचायत के हाथ में बहुत ही शक्तिशाली हथियार हैं, जिनकी मदद से यह अपने फ़ैसले को लागू करवा सकता है।

यहाँ ऐसे तीन छोटे सरकारी अधिकारियों का उल्लेख किया जा सकता है, जिनका ग्रामीण समुदाय के भीतर कुछ प्रभाव है। ये तीन अधिकारी हैं: पटेल, कोतवाल और हवलदार। पटेल भू—राजस्व के संग्रहण में सहायता करता है, क़ानून उल्लंघन की घटनाओं की जानकारी पुलिस को देता है, तथा अमूमन सरकारी अधिकारियों के गाँव की यात्रा का प्रबन्ध देखता है। यह गाँव की महत्त्वपूर्ण घटनाओं तथा बच्चों के जन्म, विवाह, और जानवरों की ख़रीद—बिक्री आदि का रिकॉर्ड रखता है। अछूत मडिगा जाति से सम्बन्धित कोतवाल पटेल के सहायक के रूप में काम करता है। वह पुलिस स्टेशन में हर सप्ताह गाँव में हुए गम्भीर अपराधों की सूचना देता है। वह रात में गाँव का दौरा करता है, ढोल की मदद से सरकार और गाँव की मुख्य घोषणाओं के बारे में बताता है, तथा गाँव की यात्रा करने वाले सरकारी कर्मचारियों की ठहरने का बन्दोबस्त देखता है। हवलदार भी पटेल के एक सामान्य सहायक की तरह होता है। कोतवाल और हवलदार—दोनों को प्रति माह 3 रुपये का वेतन मिलता है। इसके अलावा, उन्हें एक राजस्व मुक्त भूमि का एक टुकड़ा भी मिलता है। फ़सल कटाई के समय किसान उन्हें कुछ अनाज भी देते हैं।

अन्तर्जातीय एकजुटता

गाँव में मौजूद सामाजिक सहजीवन ने समूहों के बीच एक भिन्न प्रकार के सहजीवन को जन्म दिया है। जनजातीय समूह अपने विशिष्ट सामाजिक—कर्मकाण्डीय प्रतिमान को क़ायम रखते हैं, लेकिन उन्होंने आर्थिक और कर्मकाण्डीय क्षेत्रों में सहयोगी श्रम की परम्परागत व्यवस्थाओं को स्वीकार किया है। वे अपने जीवन में ब्राह्मण को कोई स्थान नहीं देते हैं,

लेकिन उनके सामाजिक–धार्मिक कर्मकाण्डों और उत्सवों में धोबी, बढ़ई, लोहार, सुनार और मडिगा का प्रमुख स्थान है। उनकी खेतिहर व्यवस्था में गाँव की स्थापित परम्पराओं के आधार पर पेशेवर जातियाँ जुड़ी हुई हैं।

मुस्लिम समुदाय के भीतर भी इसी तरह की व्यवस्था है। गाँव के देवता की पूजा–अर्चना तथा गाँव के साझे कर्मकाण्ड और उत्सवों में सभी जनजातियाँ, जातियाँ और यहाँ तक कि मुस्लिम भी भागीदारी करते हैं। ये सभी एक सुपरिभाषित पूर्वता का अनुसरण करते हैं, और इन सभी की एक सुपरिभाषित भूमिका है। सांस्कृतिक समूह या खण्ड एक–दूसरे के विशिष्ट उत्सवों में भागीदारी करते हैं। हिन्दू राज गोंड और कुछ अन्य जनजातियों के उत्सवों में कुछ समय तक सामाजिक स्तर पर पूरी भागीदारी करते हैं, किन्तु गाय के बलिदान का समय आने से काफ़ी पहले ये इससे अलग हट जाते हैं। दो महत्त्वपूर्ण मुस्लिम त्योहारों में जनजातियों और हिन्दुओं की नाममात्र की भागीदारी को भी आवश्यक माना जाता है। मुस्लिम हिन्दुओं के कुछ प्रमुख त्योहारों में नाममात्र के लिए सम्मिलित होते हैं। लेकिन ये बुरी आत्माओं, भूतों और महामारियों को शान्त करने के लिए हिन्दू और जनजातीय पड़ोसियों के सहयोग से होने वाले कर्मकाण्डों में बढ़–चढ़कर हिस्सा लेते हैं। कठिनाई के समय में जनजातीय परिवारों, हिन्दुओं और मुस्लिमों–सभी के द्वारा कोलम फकीर या जादूगरों को बुलाया जाता है। चार खण्डों की पहचान और पृथक्ता को मान्यता दी जाती है, तथा विवादों के बारे में फ़ैसला करते समय गाँव की पंचायत सांस्कृतिक भिन्नताओं और जातियों की प्रथाओं पर ध्यान देती है। स्थानीय स्थिति की आवश्यकताओं के कारण ही कोई भी गाय की बलि देने वाले और गाय का मांस खाने वाले राज गोंडों (या अन्य जनजातियों) को अछूत नहीं मानता है। और दरअसल, ब्राह्मणों और कुछ पदमाशेलों (बुनकरों) को अलावा, किसी भी अन्य जाति के व्यक्ति को इनसे पानी लेने में झिझक नहीं होती है, और निम्न जातियाँ इनसे भोजन भी लेती हैं। गाँव का नेतृत्व मोटे तौर पर राज गोंड के हाथों में है, और इस तथ्य को पूरी तरह से स्वीकार किया जाता है।

गाँव गोत्र समूह, जाति और जनजाति की तरह एक पृथक् संरचनात्मक निकाय है। ये सभी निकाय व्यक्ति के आचरण को नियन्त्रित करते हैं। बहुत से गाँव अस्थायी और स्थायी–दोनों ही तरीक़े से एक साथ आकर एक व्यापक संरचना निर्मित करते हैं। देवारा 16 गाँवों से मिलकर बने एक समूह का नेतृत्व करता है।

अनुवाद : कमल नयन चौबे

मालवा के एक गाँव में बदलाव*

एड्रियान सी. मेयर

भारतीय गाँव का कोई भी अध्ययन यहाँ होने वाले बदलावों की उपेक्षा नहीं कर सकता है। इनमें से कुछ बदलाव गाँव के लिए जागरूक नीति का नतीजा नहीं हैं, बल्कि ये जनसंख्या में वृद्धि, प्राकृतिक आपदाओं या सामान्य आर्थिक और सांस्कृतिक प्रवृत्तियों के कारण सामने आये हैं। अन्य बहुत–से बदलाव सरकार की पुनर्संगठन और बदलाव की नीतियों के कारण उत्पन्न हुए हैं। पहले श्रेणी के बदलावों को अनौपचारिक बदलाव की संज्ञा दी जा सकती है, कई बार ये खुद ग्रामीण लोगों के फ़ैसले के कारण उत्पन्न होते हैं, और कई अन्य अवसरों पर ऐसे बदलावों पर ग्रामीण लोगों का कोई नियन्त्रण नहीं होता है। दूसरी श्रेणी के बदलाव स्वीकृति प्राप्त बदलाव होते हैं, क्योंकि अमूमन इनके पीछे ऐसे क़ानूनों या निर्देशों की भूमिका होती है जिनका पालन करना अनिवार्य होता है। अमूमन शहरी लोग स्वीकृति प्राप्त बदलावों पर ज़्यादा ध्यान देते हैं। इसका कारण यह है कि इन्हें सरकार द्वारा शुरू किया जाता है और इनका प्रचार किया जाता है इसलिए इनके बारे में ज़्यादा लोग जानते हैं। लेकिन जैसा कि मैं दिखाने का प्रयास करूँगा, इन नीतियों पर अनौपचारिक बदलावों का प्रभाव भी महत्त्वपूर्ण है। इन्दौर से तक़रीबन 30 मील दूर स्थित मालवा के एक गाँव में इन दोनों तरह के परिवर्तनों को देखा जा सकता है।

अनौपचारिक बदलाव

हमारे गाँव में सबसे प्रमुख अनौपचारिक बदलाव जातिगत जनसंख्या में बदलाव के रूप में सामने आया है। गाँव में हिन्दुओं की कुल जनसंख्या

---

* *इकोनॉमिक ऐंड पॉलिटिकल वीकली*, 8 मई, 1954 : 526–29; और 15 मई, 1954 : 533–54।

806 है और यह जनसंख्या 25 जातियों में विभाजित है। ये जातियाँ अपने आकार के क्रम में इस प्रकार हैं : खाती (181), राजपूत (118), बलाई (85), चमार (69), भिलाला (64), गोसाईं (45), तेली (29), ब्राह्मण (28), अहीर (26), सुतार (25), नाथ (14), नाई (14), कुमावत (14), माली (13), गारी (10), दर्ज़ी (9), कुम्हार (9), बलाई बाबाजी (9), लोहार (8), डोली (8), भंगी (8), मीना (8), बेरगई (5), बरगुण्डा (5) और बरबुज्या (2)। इसके अतिरिक्त, 102 पिंजारा और चार फ़कीर मुस्लिम भी हैं।

बहरहाल, हमेशा ऐसी स्थिति नहीं थी। साठ वर्ष पहले गाँव में सिर्फ़ 5 खाती घर थे, जिसमें तक़रीबन एक दर्ज़न लोग थे। उस समय राजपूत और बलाई दो प्रमुख जातियाँ थीं। लेकिन गाँव के इतिहास में 1899–1900 का अकाल एक महत्त्वपूर्ण मोड़ साबित हुआ। गाँव के अधिकांश बुज़ुर्ग लोग एक अत्यधिक महत्त्वपूर्ण घटना के रूप में इसका उल्लेख करते हैं। इस आपदा के कारण राजपूत और बलाई–दोनों ही तक़रीबन पूरी तरह से ग़ायब हो गये। साथ ही, भाम्बी और नायक जैसी कुछ जातियाँ या तो पूरी तरह से विलुप्त हो गयीं या फिर इन जातियों के लोग भोजन की तलाश में बाहर गये और फिर कभी वापस नहीं लौटे।

चूँकि खेत खाली थे और इन पर खेती नहीं हो रही थी, इसलिए जागीरदार ने अपने भू–राजस्व को क़ायम रखने के लिए बाहरी लोगों को गाँव में बुलाकर बसाना आरम्भ कर दिया। इसने उन्हें खेती के लिए बैल और अन्य सुविधाएँ भी उपलब्ध कराईं। गाँव में आने वाले लोगों में खाती जाति के लोग सर्वप्रमुख थे। गाँव में रहने वाले लोगों ने पहले से ही इस जाति के कुछ लोगों को बुलाकर यहाँ बसा दिया था। इसके विपरीत, केवल चार राजपूत ही आये, और इसके बाद के वर्षों में खातियों की तुलना में राजपूत इस गाँव को छोड़कर चले गये। अब खाती इस गाँव में पूरी तरह स्थापित हो गये हैं : कुल 53 वयस्क पुरुषों में से 44 का इसी गाँव में जन्म हुआ है वहीं इसकी तुलना में 34 राजपूत वयस्क पुरुषों में से 30 का जन्म ही इस गाँव में हुआ है। अब इस गाँव में अप्रवासन कमोबेश रुक चुका है। पिछले पन्द्रह वर्षों में बाहर से सिर्फ़ एक परिवार ही यहाँ आकर बसा है। अब बाहर से लोगों के न आने का एक प्रमुख कारण यह भी है कि कोई खाली ज़मीन नहीं बची है। लेकिन खातियों की संख्या में प्राकृतिक रूप से राजपूतों की तुलना में ज़्यादा तेज़ी से वृद्धि हुई है। इसके कारण दो जातियों के बीच संख्यात्मक अन्तराल और ज़्यादा बढ़ गया है

(खाती और राजपूत मिलाकर गाँव की जनसंख्या का एक–तिहाई हैं, और ये गाँव में मौजूद जातियों में सबसे ज़्यादा प्रभावशाली हैं, किन्तु इसके साथ ही अन्य छोटी जातियों की जनसंख्या में भी बदलाव होता रहा है।

13 खाती पुरुषों ने, जो अविवाहित नहीं हैं और जो एक या दो वर्षों से अपनी पत्नियों के साथ रह रहे हैं, उन्होंने गणना के समय औसतन 2.28 बच्चों को जन्म दिया (जिनमें से 1.1 बच्चे लड़के हैं)। इसी तरह 27 राजपूतों ने अपनी पत्नी के साथ एक या दो वर्षों तक रहते हुए 2.18 बच्चों को जन्म दिया, जिसमें से 1.0 लड़के हैं। एक अन्य परिप्रेक्ष्य से विचार करने पर यह तथ्य सामने आता है कि पिछले 30 वर्षों में 29 खातियों में से प्रत्येक ने औसतन 2.73 बच्चों को जन्म दिया है, जिनमें से 1.38 लड़के हैं; वहीं राजपूतों के सन्दर्भ में यह आँकड़ा क्रमशः 2.22 और .89 है। शिशु मृत्यु दर (6 वर्ष की उम्र के आसपास बच्चे) के सन्दर्भ में जाति के आधार पर भिन्नता सामने आती है। इस प्रकार के आँकड़ों को अस्थायी ही मानना चाहिए क्योंकि यह मुमकिन है कि कुछ लोगों ने सभी मौतों का उल्लेख न किया हो। लेकिन इस सन्दर्भ में जातियों के बीच का अन्तर इतना ज़्यादा है कि इसकी व्याख्या सिर्फ़ इन कमियों के आधार पर नहीं की जा सकती है। जहाँ खातियों में 1.28 बच्चों की मृत्यु हुई, वहीं राजपूतों में यह आँकड़ा 2.70 था। वहीं 30 साल से ज़्यादा उम्र के पुरुषों में यह आँकड़ा क्रमशः 2.01 और 2.90 था।

यह सच है कि परीक्षण से जाति–आधारित आँकड़ों की भिन्नताओं का कोई सांख्यिक महत्त्व सामने नहीं आता है। शायद इसका कारण यह है कि इसमें बहुत ही छोटी संख्या सम्मिलित है। लेकिन यह तथ्य महत्त्वपूर्ण है कि ये भिन्नताएँ मौजूद हैं। इन्हें ऐतिहासिक रूप से अनूठा तथ्य माना जा सकता है या इन जातियों के बीच भिन्नताओं की सामान्य प्रवृत्ति के रूप में रेखांकित किया जा सकता है। निस्सन्देह गाँव के लोग इसे एक प्रवृत्ति के रूप में देखते हैं, और अमूमन इसकी व्याख्या करते हुए अब यह कहा जाता है कि राजपूतों का ख़ून कमज़ोर है। इसके लिए राजपूतों द्वारा मांस खाने और शराब पीने को भी ज़िम्मेदार माना जाता है। राजपूतों के विपरीत खाती जाति के लोग शाकाहारी हैं और यह माना जाता है कि वे ज़्यादा हरी सब्ज़ियाँ खाते हैं। कुछ लोग यह भी मानते हैं कि राजपूत अपने पुराने पापों का फल भोग रहे हैं। गाँव के लोगों द्वारा इस प्रवृत्ति को स्वीकार करना यह दर्शाता है कि गाँव में राजपूतों की स्थिति कमज़ोर

हुई है। आगे हमने इस बिन्दु का वर्णन किया है। लेकिन यहाँ यह कहा जा सकता है कि गाँव की यह स्थिति उपर्युक्त आँकड़ों को सांख्यिक रूप से न सही, किन्तु सामाजिक रूप से अवश्य ही महत्त्वपूर्ण बना देती है।

इसके अलावा, गाँव के लोग यह मानते हैं कि नज़दीक के दो गाँवों में भी इसी तरह की प्रवृत्ति सामने आयी है। लोग यह बताते हैं कि एक गाँव में हाल ही में आकर बसे खाती जाति के लोगों की संख्या में यहाँ के मूल निवासी अहीरों की तुलना में ज़्यादा तेज़ी से वृद्धि हो रही है। इसका एक प्रभाव यह भी हुआ है कि दो अहीर मुखियों में से एक की शक्ति और एक खाती जाति के मुखिया के हाथों में चली गयी है। यह माना जाता है कि दूसरे गाँव में बाहर से लोगों के आने या यहाँ से लोगों के बाहर जाने का कोई इतिहास नहीं है। दोनों प्रभुत्वशाली जातियाँ धाकड़ और राजपूत पिछली कई पीढ़ियों से यहाँ रह रही हैं। लेकिन अब यहाँ राजपूतों के 45 और धाकड़ों के सिर्फ़ 7 घर हैं। यह माना जाता है कि यहाँ धाकड़ जाति 'कमज़ोर' हो गयी है। 1900 के अकाल में धाकड़ों की मौत हुई, 1919 के इन्फ़्लुएंजा महामारी में भी धाकड़ जाति के बहुत से लोग मरे, और 1940 के दशक के मध्य में कोलेरा के कारण भी धाकड़ जाति के बहुत से लोगों की मृत्यु हुई थी। बचे हुए लोगों की संख्या और मृत्यु दर में अन्तर गाँव में होने वाले बदलाव में महत्त्वपूर्ण कारण है। इसके साथ ही, अकाल और महामारी की भी महत्त्वपूर्ण भूमिका रही है। इन कारकों के कारण गाँव का जातिगत संघटन में परिवर्तन हुआ है। इन्होंने अनौपचारिक बदलावों के आधार का काम किया है तथा स्वीकृत बदलाव को प्रभावित किया है।

स्वीकृत बदलाव

गाँव के प्राधिकार (अथॉरिटी) के क्षेत्र में मुख्य स्वीकृत बदलाव हुए हैं। ऐतिहासिक रूप से राजपूत यहाँ के प्रभुत्वशाली जाति के रूप में रहे हैं। इसका कारण यह है कि तक़रीबन 500 वर्ष पूर्व यहाँ बसने के बाद से ही इस जाति के लोगों के हाथ में यहाँ का नेतृत्व (पटेली) रहा है। पहले के समय में पटेल का प्राधिकार काफ़ी ज़्यादा था। पटेल भू–राजस्व का संग्रहण करता था, तथा इसे वह जागीरदार या महाराजा को सौंप देता था। गाँव में शान्ति क़ायम रखना उसकी ज़िम्मेदारी थी, तथा गाँव के चौकीदार उसके निर्देशों के अनुसार काम करते थे। क़ानून का कोई गम्भीर उल्लंघन होने की स्थिति में जागीरदार का यह कर्त्तव्य था कि वह पुलिस को इसके बारे में सूचित करे। जब जागीरदार विभिन्न विवादों को सुलझाने

का काम नहीं करता था, तो पटेल गाँव के छोटे–मोटे विवादों की सुनवाई करने का काम करता था। यदि महाराजा को आस–पड़ोस में कोई काम होता था तो वह पटेल की मदद से मज़दूरों की भर्ती करता था। पटेल उसके एक सामान्य अभिकर्त्ता के रूप में काम करता था, तथा राज्य के अधिकारियों के गाँव में आने पर उनके सेवा–सत्कार की व्यवस्था करता था। महाराजा से अपने सम्बन्ध के प्रतीक के रूप में दशहरा दरबार में पटेल उन्हें बहुत से उपहार देता था। दशहरा दरबार में राज्य के कुलीनों के साथ विभिन्न गाँवों के पटेल एकत्रित होते थे। इस समय पटेल वार्षिक दशहरा कर्मकाण्ड के रूप में राज्य के ध्वज के सामने एक बकरी की बलि देता था। अपने कर्त्तव्यों का निर्वहन करने के दौरान पटेलों का बहुत से लोगों पर नियन्त्रण होता था। भिलाला जाति के लोग गाँव में चौकीदार का काम करते थे; पटेल के अन्तर्गत बलाई जाति के दो लोग थे, जो पटेल के आदेश के अनुसार किसी सार्वजनिक काम को करते थे और अधिकारियों की यात्रा के समय उनके सेवा–सत्कार का काम करते थे; इनके अलावा, नाई, कुम्हार, भंगी, ब्राह्मण और डोली–ये सभी महाराजा या किसी अन्य अधिकारी की यात्रा के समय कुछ निश्चित काम करते थे। इन्हें अपने इस काम के बदले में लगान मुक्त ज़मीन मिलती थी। चूँकि पटेल के पास ऐसे काम की सामान्य ज़िम्मेदारी होती थी, इसलिए वह इनकी गतिविधियों पर नज़र रखता था और पर्यवेक्षण का काम करता था।

पटेल की शक्तियों में हाल ही के समय में कमी आयी है क्योंकि गाँव के काम के लिए ऐसे संयन्त्र सामने आये हैं, जिसमें इसकी उपेक्षा की गयी है। 1946 में गाँव की एक परिषद (पंचायत) का निर्माण किया गया, जिसमें छह निर्वाचित सदस्य होते थे (बाद में इनकी संख्या घटकर 4 हो गयी)। मूल रूप से इस पंचायत का काम छोटे विवादों का निपटारा करना था, लेकिन अब इस काम को शहर की न्याय पंचायत को हस्तान्तरित कर दिया गया है, जहाँ हमारे गाँव का एक प्रतिनिधि नज़दीक के अन्य गाँवों के प्रतिनिधियों के साथ बैठता है। किन्तु गाँव की पंचायत अभी भी गाँव में सभी सार्वजनिक और विकास कार्यों के लिए ज़िम्मेदार है। इसके अधिकार–क्षेत्र में आने वाले कामों में सड़क और सार्वजनिक कुओं का निर्माण, सड़कों और गलियों की सफ़ाई और वहाँ रोशनी की व्यवस्था करने जैसे काम सम्मिलित हैं। गाँव की पंचायत का यह भी अधिकार है कि वह इन कामों को पूरा करने के लिए प्रत्येक वर्ष हर किसी से पाँच

दिन का श्रम ले सकता है। विकास के काम में बढ़ोतरी होने और इससे काफ़ी मात्रा में पैसा जुड़े होने के कारण पंचायत के सदस्यों के हाथों में काफ़ी शक्ति आ गयी है।

अभी भी पटेल लगान वसूलने, गाँव में अशान्ति के बारे में पुलिस को बताने तथा गाँव में आने वाले राजस्व और पुलिस अधिकारियों के सेवा–सत्कार का काम करते हैं। ग़ौरतलब है कि विकास अधिकारी के बाद गाँव में सबसे ज़्यादा राजस्व और पुलिस अधिकारी ही आते हैं। निश्चित रूप से, पटेल के इन कार्यों से यह स्पष्ट होता है कि अभी भी इसके पास काफ़ी शक्ति है। लेकिन यह सिर्फ़ पुरानी वंशानुगत व्यवस्था से नये लोकतंत्र की ओर एक संक्रमण का चरण है। पटेलों और ग्राम सेवकों की लगान मुक्त ज़मीन ख़त्म हो रही है, और इनकी सेवाओं के बदले में इन्हें नगद में भुगतान किया जा रहा है और यह कहा जा रहा है कि पटेल की वर्तमान व्यवस्था को पूरी तरह से ख़त्म कर दिया जायेगा। अब सिर्फ़ एक निर्वाचित पटेल रहेगा। आरम्भ में इसका चुनाव राजपूत पटेलों के बीच से होगा, तथा बाद में गाँव की सभी जातियों के लोगों के बीच से पटेल का चुनाव होगा। सरकार के साथ पटेल का व्यक्तिगत सम्पर्क भी ख़त्म हो गया है। चूँकि यह राज्य 1948 में अन्य 24 रजवाड़ों के साथ भारतीय संघ के मध्य भारत राज्य में मिला लिया गया, इसलिए पटेल का महाराजा से प्रत्यक्ष सम्पर्क ख़त्म हो गया। अब वह ध्वज के सामने बलि नहीं देता है। पहले शासक से प्रत्यक्ष सम्बन्ध होने के कारण उसका काफ़ी प्रभाव और प्रतिष्ठा थी, किन्तु अब यह सब ख़त्म हो चुका है। अब सरकार का केन्द्र यहाँ सौ से भी ज़्यादा मील की दूरी पर बसे ग्वालियर या इन्दौर में है। अब सरकारी शक्ति का प्रयोग ऐसे अज्ञात लोगों द्वारा किया जाता है, जिनसे पारम्परिक स्थिति या सेवा और निष्ठा से बने व्यक्तिगत सम्बन्धों के कारण किसी अनुग्रह की उम्मीद नहीं की जा सकती है।

राजपूतों की स्थिति

गाँव के प्रशासन के बारे में सरकार की इस नीति के कारण राजपूतों की सामान्य स्थिति में काफ़ी बदलाव हुआ है। पटेलों का प्राधिकार सम्पूर्ण रूप में उनकी जाति से उत्पन्न होता था। इसका एक विशिष्ट कारण यह भी था कि अधिकांश पटेल आपस में निकट सम्बन्धी थे। गाँव में राजपूतों के दो मुख्य समूह हैं : पहला, चौहान और दूसरा सोलंकी। यह कहा

जाता है कि इस गाँव में सबसे पहले दो भाई रहने आये, और इन दोनों के अलग होने के बाद दो मुख्य वंश उभरकर सामने आये। वर्तमान में 34 राजपूतों में से 21 इन वंशावलियों से सम्बन्धित हैं और अन्य 5 इनसे विवाह सम्बन्धों के माध्यम से जुड़े हुए हैं। प्रत्येक वंशावली के बाद पटेल का एक पद है; लेकिन हाल ही में एक सोलंकी वंश का एक पटेल पद रिक्त हो गया। चूँकि इस पटेल का कोई प्रत्यक्ष वारिस नहीं था, और अन्य निकट सम्बन्धियों को पटेल पद लेने की अनुमति नहीं थी, इसलिए अब सिर्फ़ तीन पटेल ही हैं। पटेल की शक्तियों में कमी होने के कारण कुल–मिलाकर जाति के प्रभाव में गिरावट आयी है।

इसके अलावा, जैसा कि हम आगे देखेंगे कि आंशिक रूप से खाती जाति की जनसंख्या में वृद्धि होने के कारण पटेलों और उनके परिजनों की ग़ैर–आधिकारिक स्थिति में भी परिवर्तन हुआ है। पटेलों का महत्त्वपूर्ण कर्मकाण्डीय कर्त्तव्य होता था। मसलन, दशहरा त्योहार के नौवें दिन वे देवी के मन्दिर में बकरियों की बलि चढ़ाते थे। इस दिन शाम में वे गाँव के सभी धार्मिक स्थलों पर जाते थे और पूजा–अर्चना करते थे। साथ ही, ये गाँव में सभी वंशावलियों की रक्षक देवियों के धार्मिक स्थलों पर कर्मकाण्ड के लिए पूजा सामग्री भेजते थे। ऐसा करके वे आश्वस्त हो जाते थे कि अगले वर्ष भी देवी उनकी रक्षा करेंगी। अन्य प्रमुख त्योहारों पर भी पटेल कर्मकाण्डों का शुभारम्भ करते थे और सम्पूर्ण पूजा–पाठ उनके देख–रेख में होता था। मसलन, गाँव में दीपावली के अगले दिन बछड़े की खाल को एक खम्भे से बाँध दिया जाता है, और गायों को इनसे लड़ने के लिए भड़काया जाता है। पहले इस दिन पटेल सुबह–सुबह चमार के यहाँ जाते थे और यह सुनिश्चित करते थे कि बछड़े की खाल तैयार हो, उसे एक मोटी छड़ी से बाँधा जाये। इसके बाद वे गाँव की ओर से चमार को नाममात्र की कुछ राशि अदा करते थे।

इसके अलावा, पटेल और उसके सम्बन्धियों का लोगों के जीवन पर एक व्यापक प्रभाव होता था। वे गाँव के सबसे ज़मींदार और सबसे सम्पन्न लोगों में से एक होते थे, उनसे यह उम्मीद की जाती थी कि वे विवाह या मृत्यु के बाद होने वाले भोज में दरिद्र जातियों को दान दें। इसी तरह, जब वे दूसरे गाँवों की यात्रा करते थे तो वे अपनी बैलगाड़ी से जाते थे, जिसे बलाई जाति का व्यक्ति हाँकता था, वहीं दूसरी जाति के लोग अपनी बैलगाड़ी ख़ुद ही हाँककर ले जाते थे। इस तरह, अपनी

सम्पत्ति और अपनी पारम्परिक ज़िम्मेदारियों से पैदा होने वाले प्राधिकार के कारण गाँव में राजपूतों का काफ़ी प्रभाव था।

निश्चित रूप से, यह ग़ैर–आधिकारिक प्रभाव अभी भी जारी है। अभी भी पटेल ऊपर वर्णित कर्मकाण्ड करते हैं। साथ ही, प्रमुख ज़मींदारों या भूमिपतियों के रूप में राजपूतों की हैसियत बनी हुई है, और अच्छी आर्थिक स्थिति के कारण गाँव में उनका प्रभाव भी है। इसके बावजूद गाँव के जाति संघटन में बदलाव के कारण अनौपचारिक परिवर्तन हुए हैं। जैसा कि हमने आगे वर्णन किया है, खाती जाति के लोग सार्वजनिक कार्यक्रमों में ज़्यादा भाग नहीं लेते हैं। जैसे–जैसे गाँव में खाती लोगों की संख्या बढ़ती जाती है, वैसे–वैसे सार्वजनिक कार्यक्रम में लोगों की भागीदारी में कमी होती जाती है। असल में, राजपूत इस तरह के कार्यक्रमों को क़ायम रखने में महत्त्वपूर्ण भूमिका निभाते हैं।

इस बदलाव को विशिष्ट सांस्कृतिक कार्यक्रमों के सन्दर्भ में देखा जा सकता है। मसलन, आहार पर विचार करते हैं। पहले के समय में गाँव की सभी प्रमुख जातियाँ अर्थात् राजपूत, बलाई, चमार, भिलाला, और पिंजारा मांस खाते थे। सिर्फ़ ब्राह्मण, सुतर, लोहार और कुछ अन्य लोग मांस नहीं खाते थे। अब खाती लोग भी मांस नहीं खाते हैं, तथा अन्य शाकाहारी समूहों के साथ मिलकर ये गाँव की जनसंख्या का तक़रीबन एक–तिहाई होते हैं। ये दशहरा त्योहार में बकरियों की बलि दिये जाने को सही नहीं मानते हैं और सिर्फ़ कुछ शाकाहारी लोग ही ऐसे उत्सव के कार्यक्रमों में भाग लेते हैं। इसी तरह, एक निश्चित अवधि के बाद पूरे गाँव द्वारा सीतला माता की पूजा की जाती है। पहले इस पूजा में मांस खाने वाली जातियों द्वारा बकरियों की बलि दी जाती थी, लेकिन हाल ही के समय में राजपूतों और अन्य जातियों के विरोध के कारण इसे छोड़ दिया गया है। यह कहा गया कि जिन धार्मिक स्थलों पर जानवरों का रक्त रहेगा, वहाँ शाकाहारी लोगों को पूजा–अर्चना करने में परेशानी होगी (हालाँकि पहले कभी इस तरह की मुश्किल सामने नहीं आयी थी)। साथ ही, यह भी कहा गया कि सरकार ऐसी प्रथा को स्वीकार नहीं करती है और यह समय के अनुरूप इसमें बदलाव करना आवश्यक है। यह अनौपचारिक बदलाव था, जिसमें किसी विशिष्ट नीति की कोई भूमिका नहीं थी। ऐसा गाँव में शाकाहारी जनसंख्या में वृद्धि के कारण हुआ। साथ ही, इस बदलाव में सैन्य महाराजा और

उनके कुलीनों (महाराजा और राजपूत) के सांस्कृतिक तौर–तरीक़ों के स्थान पर वर्तमान समय में गाँधीवादी सूत्रों के प्रभाव में वृद्धि ने महत्त्वपूर्ण भूमिका निभाई। दोनों ही मामलों में गाँव में राजपूतों के प्रभाव में कमी आयी, और अब उनके नेतृत्व का अनुसरण करने वाले लोगों की संख्या में भी कमी आयी।

खातियों की स्थिति

खाती जाति के लोगों की स्थिति क्या है? निश्चित रूप से, खातियों के पास पटेल जैसी कोई आधिकारिक शक्ति या ज़िम्मेदारी नहीं है। ये किसानों का एक ऐसा समूह है जिनका लगातार विकास हो रहा है इनमें से कुछ लोग काफ़ी अमीर हो गये हैं, लेकिन बड़े परिवार की विरासत के कारण अधिकांश लोगों के पास कम ज़मीन है। गाँव के मामले में, कारीगर या सेवक के रूप में इनकी कोई पारम्परिक ज़िम्मेदारी नहीं है। और ऐसा लगता है कि सामान्य रूप से भी खाती लोग गाँव से ज़्यादा जाति और परिवार की आवश्यकताओं के प्रति जागरूक हैं। बहुत कम खाती ऐसे मामलों में हिस्सेदारी करते हैं जिसमें गाँव के स्तर पर सभी लोगों के भाग लेने की आवश्यकता होती है। इसलिए शिवरात्रि त्योहार के समय खेले जाने वाले गुल्ली–डंडा खेल को खेलने के लिए जहाँ आठ राजपूत और छह बलाई जाति के लोग आये, वहीं खाती जाति से सिर्फ़ पाँच लोग ही आये; जहाँ राजपूत जाति से उम्रदराज लोग मौजूद थे, वहीं खाती जाति के युवा ही इस खेल के लिए आगे आये। इसी तरह, गाँव के दो धार्मिक स्थलों पर राम देवजी महाराज की पूजा–अर्चना के लिए राजपूत जाति के 12 लोग आये, वहीं खाती जाति के सिर्फ़ दो लोग ही आये। खाती जाति के बहुत से लोगों ने यह बताया कि इस दिन उन्होंने उपवास रखा था किन्तु उन्होंने सार्वजनिक रूप से पूजा करने के बजाय अपने घर में ही पूजा की। दशहरा में राजपूतों की ज़िम्मेदारियों तथा जानवरों की बलि चढ़ाने के बारे में खातियों के दृष्टिकोण का पहले ही उल्लेख किया जा चुका है। आमतौर पर, जब भी कोई बाहर से आता है तो उसकी बातें सुनने के लिए राजपूत जाति के ज़्यादा लोग आते हैं; वहीं खाती जाति के लोग यह मानते हैं कि गाँव के अन्य निवासियों के विपरीत उनके पास इतना वक़्त नहीं है कि वे अपना काम छोड़कर दूसरों की बातों पर ध्यान दे सकें।

बहरहाल, इस सन्दर्भ में यह भी उल्लेखनीय है कि खातियों में अपनी जाति और सह–सम्बन्धियों की गतिविधियों में ज़्यादा भाग लेने की प्रवृत्ति होती है। राजपूतों की विभिन्न शाखाएँ दशहरा त्योहार के अलग–अलग दिनों पर अपने वंश की देवियों की पूजा करती हैं, लेकिन खाती जाति के सभी लोग एक ही दिन पूजा करते हैं। इसके साथ ही, यह भी प्रथा है कि एक गुरु से एक साथ राम का नाम सुनने वालों को भाई–बहन माना जाये, और ऐसे लोग अलग–अलग जाति के हो सकते हैं। इस प्रकार, एक साथ राम का नाम सुनने वाले 148 लोगों में 67 खाती जाति के थे और अन्य 81 लोग 17 अन्य जातियों से सम्बन्धित थे। एक अन्य समूह में जहाँ 156 लोगों का सूमह था और जिसमें राजपूत भी सम्मिलित थे, उसमें सिर्फ़ 50 राजपूत थे और शेष 106 लोग 21 अन्य जातियों से सम्बन्धित थे। चूँकि इसमें बहुत कम लोग बाहरी थे, इसलिए यह आँकड़ा यह संकेत करता है कि राजपूतों का गाँव की अन्य जातियों के लोगों के साथ ज़्यादा जुड़ाव है। खातियों का एक ज़्यादा विशिष्ट स्वरूप है, जिसे शायद उनकी ज़्यादा संख्या के कारण बढ़ावा मिला है।

अन्त में, राजपूतों की तुलना में खाती जाति के लोगों के खान–पान की आदतें ज़्यादा विशिष्ट हैं। वे सिर्फ़ अपनी जाति के लोगों या ब्राह्मण के नमक या पानी से बना खाना ही खाते हैं, और वे खाना खाते समय अन्य जाति के लोगों से अलग बैठते हैं। लेकिन राजपूत ब्राह्मण, नाई, कुम्हार, गोसाईं, कुमावत आदि दर्ज़न से भी ज़्यादा जातियों के साथ खाना खा लेते हैं। इसका अर्थ यह है कि अधिकांश बड़े भोजों में खाती जाति के लोग अपना खाना ख़ुद बनाते हैं, और अलग बैठकर खाते हैं। दूसरी ओर, राजपूत अन्य जातियों के साथ भोजन करते हैं, और इस तरह गाँव की अन्य जातियों की गतिविधियों में खुलकर भागीदारी करते हैं।

हमारे गाँव के खातियों की इन विशेषताओं का यह अर्थ नहीं है कि वे एक जाति के रूप में कभी भी गाँव के मामलों में भागीदारी नहीं करते हैं। बहुत से स्थानों पर खाती पटेल हैं और पंचायत के सदस्य हैं। हमारे गाँव में उनके सक्रिय न होने का कारण यह नहीं माना जा सकता है कि वे हाल ही के समय में ही गाँव में आये हैं, क्योंकि नज़दीक के गाँव के खाती भी 1900 के अकाल के समय ही वहाँ आकर बसे थे, और उसके बाद उन्होंने वहाँ के एक पटेल का काम भी अपने हाथों में ले लिया; वहीं

एक अन्य गाँव में जहाँ खाती कई पीढ़ियों से रह रहे हैं, वे गाँव के मामले में इसी तरह उदासीन हैं। शायद इसके लिए जाति के भीतर मौजूदा विभाजन ज़िम्मेदार है, और साथ ही, जाति में ऐसे लोगों की कमी है जिनमें सार्वजनिक जीवन का नेतृत्व करने का स्वभाव और इच्छा हो। यह एक तथ्य है कि अब गाँव के भीतर बहुत से महत्त्वपूर्ण पदों को चुनावों द्वारा भरा जा रहा है, इसलिए यदि खाती जाति के लोग पूरी सक्रियता से सार्वजनिक जीवन में भाग लेते तो इन्हें ये पद हासिल करने में कामयाबी मिलती। हालाँकि इस सन्दर्भ में कई अन्य कारक भी महत्त्वपूर्ण हो जाते हैं–मसलन, क्या खाती लोग एक जाति के रूप में सामूहिक रूप से मत देंगे, या खाती जाति का नेता अन्य जातियों के कितने मत जुटा पायेगा। लेकिन मुख्य बात यह है कि अब वंश के बजाय संख्या गाँव में शक्ति को निर्धारित करेगी, इसलिए अब सभी जातियों, विशेष रूप से संख्यात्मक रूप से बड़ी जातियों के पास गाँव का महत्त्वपूर्ण हासिल करने का मौक़ा है।

निष्कर्ष

इसलिए गाँव की जनसंख्या के जाति संघटन में अनौपचारिक परिवर्तनों (अप्रवासन और बचे रहने की दर में अन्तर के कारण), और सामान्य रूप से माने जाने वाले मूल्यों (सार्वजनिक कर्मकाण्डों में भागीदारी और शाकाहार के आग्रह) और स्वीकृत बदलावों (पटेल और अन्य पदों के वंशानुगत न रहने) के कारण अभी तक प्रभुत्वशाली स्थिति में रही राजपूत जाति का प्रभाव कम हुआ है और इस बात की पूरी सम्भावना है कि आने वाले समय में खाती जाति के प्रभुत्व में वृद्धि होगी। यह ज़रूरी नहीं है कि अभी तक इन दो प्रकार के परिवर्तनों की अन्तःक्रिया हुई हो। मसलन, मान लीजिए कि एक ऐसे गाँव में पटेल के पद और ग्राम पंचायत की संस्था में परिवर्तन होता है, जहाँ पटेल की जाति की संख्या में वृद्धि हो रही हो, या वह एक स्तर तक क़ायम हो; ऐसी स्थिति में वहाँ चुनावी व्यवस्था के माध्यम से प्राधिकार में होने वाला बदलाव यहाँ वर्णित बदलाव की तरह ही नहीं होगा। इसलिए इस तरह के बदलावों का अलग–अलग गाँवों में भिन्न–भिन्न प्रभाव हो सकता है। गाँव के इतिहास, उसके जातिगत संघटन, जातियों के मनोभावों अर्थात् संक्षेप में वहाँ होने वाले अनौपचारिक परिवर्तनों के ज्ञान के बग़ैर उस गाँव में होने वाले परिवर्तनों का वर्णन नहीं किया जा सकता है, और न ही उनके बारे

में भविष्यवाणी की जा सकती है। किसी भी बदलाव की सामान्य प्रवृत्ति पर भी यही बात लागू होती है। 'भारतीय गाँव' के ज्ञान का कोई भी आसान रास्ता नहीं हो सकता है।

अनुवाद : कमल नयन चौबे

नोट : 1934 तक यह गाँव एक जागीरदार के अधीन था। लेकिन उसके पास लगान तय करने या उसे वसूलने का कोई अधिकार नहीं था। उसका सिर्फ़ यही कर्त्तव्य था कि वह पटेल से लगान एकत्रित करे, और जागीरदार की व्यक्तिगत भूमि का प्रबन्धन करे, जो कि तक़रीबन 100 एकड़ के आसपास थी। 1915 से पहले जागीरदार के पास अपनी व्यक्तिगत खेती के लिए ज़्यादा ज़मीन थी, और उसके पास अभिकर्त्ता की ज़्यादा शक्तियाँ भी थीं। लेकिन पिछले 40 वर्षों में सिर्फ़ पटेल के हाथों में सरकारी शक्ति केन्द्रित हो गयी। इसलिए हमें अभिकर्त्ता (एजेंट) के पद या उसकी जाति पर विचार करने की आवश्यकता नहीं है। पटवारी के पास भी शक्ति है, लेकिन अमूमन वह दूसरे गाँव से सम्बन्धित होता है; जब तक गाँव में उसका कोई रिश्तेदार न हो, (इस गाँव में भी उसका कोई रिश्तेदार नहीं है) तब तक उसका प्रभाव सिर्फ़ व्यक्तिगत ही होता है, और उसका स्थानान्तरण हो जाने पर यह प्रभाव ख़त्म हो जाता है।

श्रीपुरम

*तंजौर ज़िले का एक गाँव**

आंद्रे बेते

गाँव एक सूक्ष्म जगत की तरह है जो कि बाहरी दुनिया के विशालकाय अस्तित्व की झलक प्रस्तुत करता है और इसलिए यह हमारे अध्ययन का एक अभिन्न अंग है। श्रीपुरम एक प्राचीन गाँव है जो तंजौर से 8 किलोमीटर दूर उत्तर में स्थित है। एक पक्की सड़क गाँव के दक्षिणी हिस्से से होकर गुजरती है जो एक तरफ़ कुम्बाकोनम तो दूसरी तरफ़ कल्लानाई बाँध (ग्रैंड एनीकट) से बराबर दूरी पर है। कावेरी नदी पक्की सड़क के समानान्तर बहती है और गाँव को दो भाग में बाँटती है। गाँव के अहम गली–कूचे पक्की सड़क की विपरीत दिशा में हैं और नदी के समानान्तर स्थित हैं। गाँव के केन्द्र से क़रीब सौ गज़ की दूरी में नदी बहती है। तिरुवैयारु जो कि श्रीपुरम के पूर्वी छोर से जुड़ा हुआ है, पाँच पवित्र नदियों में से एक है जो कि पूरे तमिल प्रदेश में अपने शिव मन्दिर के लिए मशहूर है। यह मन्दिर और भी पवित्र माना जाता है क्योंकि इसका सम्बन्ध 19वीं शताब्दी के बड़े संगीतकार त्यागराज से है जो कि बहुत प्रसिद्ध सन्त भी थे।

श्रीपुरम अपने आप में एक राजस्व गाँव नहीं है बल्कि, इसे राजस्व वसूली के लिहाज़ से एक दूसरे गाँव मेलुर के साथ जोड़ दिया गया है। भौतिक रूप से ये दोनों गाँव एक–दूसरे से बिल्कुल अलहदा हैं। मेलुर गाँव श्रीपुरम से एक मील की दूरी पर उत्तर में स्थित है। दोनों ही गाँव का अपना विशिष्ट प्राचीन इतिहास है, जो कि कई सदियों पुराना है। मौजूदा समय में दोनों गाँवों के लोगों के बीच बहुत अच्छे सम्बन्ध हैं और ये सम्बन्ध पिछले 200 वर्षों से चले आ रहे हैं। हालाँकि दोनों गाँवों के बीच के आपसी सम्बन्ध काफ़ी जटिल भी हैं लेकिन इसकी चर्चा हम

---

* *इकोनॉमिक ऐंड पॉलिटिकल वीकली*, वार्षिक अंक, फरवरी 1962: 141–46।

यहाँ नहीं करेंगे। राजस्व गाँव के तौर पर स्थापित मेलुर में 1951 की जनगणना के मुताबिक़, 457 घरों में 502 परिवार रहते थे और गाँव की कुल आबादी 2,485 थी। ज़मीन के मालिकाना हक़ के सन्दर्भ में मेलुर को सम्पूर्ण तरीक़े से समझना होगा क्योंकि राजस्व खातों में श्रीपुरम और मेलुर की विशेषताओं को नज़रअन्दाज किया गया है।

ब्राह्मणों का एक गाँव

अपनी चर्चा को आगे बढ़ाते हुए, अब हम पूरी शिद्दत से श्रीपुरम को देखेंगे जो बहुत सारे कारणों से एक स्वतन्त्र पहचान रखता है। गाँव में बहुत सारे घर हालाँकि राजस्व की लिहाज़ से भौतिक रूप से श्रीपुरम का हिस्सा हैं, परन्तु वे एक अन्य इकाई से जुड़े हुए हैं जो लगभग 2 किलोमीटर की दूरी पर स्थित हैं। यह सम्बन्ध कई कारणों से पैदा हुआ है जो इस क्षेत्र के राजस्व सम्बन्धी इतिहास पर दिलचस्पी से प्रकाश डालता है। परन्तु इन समस्याओं का ज़िक्र यहाँ नहीं किया जा सकता है। चूँकि यह घर–परिवार प्राकृतिक, आर्थिक और सामाजिक रूप से श्रीपुरम की संरचना से अलग है इसलिए वर्तमान उद्देश्य के लिए इसे श्रीपुरम के एक हिस्से के रूप में मानते हैं।

दक्षिण के तीन प्रमुख ज़िलों तिन्नेवेल्ली, कामनाड तथा मदुरा के गाँवों को दो प्रमुख भागों में बाँटा गया था– अग्रहारा वडई और पंडारा वडई। इनमें से अग्रहरा वडई के अन्तर्गत सम्पूर्ण भूमि या अधिकांश भूमि का हिस्सा हाल ही के समय तक ब्राह्मणों के स्वामित्व में था जिसे अग्रहारम कहा जाता है, जबकि गाँव का दूसरा हिस्सा अर्थात् पंडारा वडई ग़ैर–ब्राह्मण ज़मींदारों के पास था। तंजौर के गाँवों में यह विभाजन एक बेहद महत्त्वपूर्ण विशेषता के तौर पर थी। हालाँकि अग्रहारा वडई और पंडारा वडई शब्दावली का प्रयोग सामान्य तौर पर बोलचाल में नहीं होता था। इस सन्दर्भ में, श्रीपुरम एक अग्रहारम यानी ब्राह्मणों के एक गाँव के तौर पर स्थापित है, हालाँकि इसका मतलब यह कतई नहीं है कि इस गाँव में सिर्फ़ ब्राह्मण रहते हैं।

इसे शुरुआत में ही स्पष्ट किया जाना चाहिए कि तंजौर में तुलनात्मक रूप से ब्राह्मणों की तादाद ज़्यादा होने के बावजूद, ज़िले के हर गाँव अग्रहारम नहीं हैं। सही मायने में अधिकांश गाँवों में ब्राह्मणों के कुछ ही परिवार मिलते हैं जो मन्दिर के पुजारी के तौर पर काम करते हैं या ग़ैर–ब्राह्मणों की धार्मिक कामकाज को पूरा कराते हैं। इस तरह से देखें

तो सांख्यिकीय लिहाज़ से श्रीपुरम कतई एक अनूठा गाँव नहीं है। फिर भी एक ख़ास प्रकार के गाँव के रूप में श्रीपुरम का अच्छा–ख़ासा महत्त्व है, जिसमें क्षेत्र की बुनियादी सामाजिक स्थितियों की समीक्षा के साथ–साथ उसका विश्लेषण किया ही जा सकता है।

गाँव की संरचना

भौतिक रूप से श्रीपुरम कमोबेश एक सुगठित इकाई की तरह है। सारे मकान एक छोटे से क्षेत्र के दरमियान ही झुरमुट की तरह नज़र आते हैं जो गाँव को एक ख़ास अस्तित्व प्रदान करता है। गाँव की कुल आबादी 1400 है जो क़रीब 349 परिवारों में बँटा हुआ है। परिवारों और जाति के आधार पर जनसंख्या का वर्गवार ब्यौरा सारणी 1 में दर्शाया गया है।

सारणी 1 : जाति समूह के आधार पर परिवार और जनसंख्या

जाति समूह	परिवार	जनसंख्या
ब्राह्मण	92	341
ग़ैर–ब्राह्मण	168	688
आदि–द्रविड़	89	371
कुल	349	1400

स्त्रोतः लेखक

त्रि–स्तरीय विभाजन

गाँव की भौतिक संरचना के साथ विचार करना ज़्यादा उपयोगी रहेगा, जो कुछ मायने में इसकी सामाजिक–संरचना पर असर डालता है। यह गाँव भौतिक रूप से तीन विशिष्ट भागों में बँटा हुआ है–अग्रहारम, कुड़िगाना और चेरी। इनमें अग्रहारम और चेरी अत्यन्त महत्त्वपूर्ण हैं। अग्रहारम पक्की सड़क के क़रीब और समानान्तर पूर्व से पश्चिम की तरफ़ लगभग एक सीधी रेखा में अवस्थित है। यह हिस्सा ब्राह्मण घरों के पिछवाड़ों और विशाल नारियल के झुरमुटों के जरिए पक्की सड़क से अलग किया गया है, जबकि चेरी ठीक इसके समानान्तर सड़क से दूर बसा हुआ है। आदि–द्रविड़ों या अछूतों के घर एक तरफ़ सुव्यवस्थित ढंग से बने हुए हैं, ठीक वैसे ही जैसे अग्रहारम की गलियों में ब्राह्मणों के घर हैं। अग्रहारम और चेरी के

बीच कुडियाना में ग़ैर–ब्राह्मणों के घर हैं जो कई गलियों में बँटे हुए हैं और इनमें अग्रहारम या चेरी जैसी समरूपता नहीं है। कुछ ग़ैर–ब्राह्मण घर पक्की सड़क के किनारे और गाँव के पश्चिमी छोर पर स्थित शिव मन्दिर के सामने भी पाये गये।

इन भू–क्षेत्रीय विभाजन का अत्यन्त महत्त्व इसलिए भी है क्योंकि इनके साथ सामाजिक मूल्यों का जुड़ाव है। अग्रहारम में सभी ब्राह्मणों के घर अवस्थित हैं, जो वहाँ के सामाजिक जीवन का मुख्य हिस्सा हैं। एक ग़ैर–ब्राह्मण आमतौर पर कुछ विशेष व्यवसाय को छोड़कर अग्रहारम में प्रवेश नहीं करता है। हालाँकि यह पक्की सड़क और ग़ैर–ब्राह्मणों की गलियों के बीच बसा है, लेकिन कोई भी अग्रहारम से बिना गुजरे भी इन गलियों में प्रवेश कर सकता है। अग्रहारम की सामाजिक विशिष्टता है कि वह भौतिक तौर पर गाँव के दूसरे हिस्से से बिल्कुल अलहदा है। मुझे यह बताया गया है कि 25 साल पहले यह विशिष्टता और भी ज़्यादा स्पष्ट थी।

दूरी बनाकर रहते हैं ब्राह्मण

अग्रहारम की तरह ही चेरी भी गाँव के अन्य हिस्सों से पूरी तरह से अलहदा है। चेरी को अपवित्र मानते हुए ब्राह्मण न तो यहाँ प्रवेश करते हैं और न ही इस रास्ते से होकर गुजरते हैं। फिर भी अगर कोई ब्राह्मण चेरी के रास्ते से गुजरता है तो उसे किसी भी पूजा अनुष्ठान की गतिविधि करने से पहले स्नान करना ज़रूरी हो जाता है। जैसा कि हमने पहले बताया है कि चेरी एक गली में दोनों तरफ़ झोपड़ियों में बसा है। इस गली के सभी बाशिंदे पल्लन हैं जो तंजौर ज़िले में आदि–द्रविड़ों के बीच सबसे बड़ा समूह है। पल्लनों की गली से थोड़ी दूर पर परायनों की पाँच झोपड़ियों का समूह है। ये परायन भी आदि–द्रविड़ों या अछूतों की श्रेणी से सम्बन्धित हैं, लेकिन पल्लनों के विपरीत, इस गाँव में वे सभी ईसाई हैं। पल्लन और परायन के घरों के बीच भौतिक अलगाव साफ़ दिखता है। इनके सामाजिक अलगाव को सगोत्र विवाह, अलग कुओं के इस्तेमाल और कई अन्य प्रथाओं के माध्यम से समझा जा सकता है।

मेरे लिए, ग़ैर–ब्राह्मण सड़कों की पहचान साफ़ तौर पर उस दिन हो गयी थी जिस द्रविड़ मुनेत्र कड़गम (डीएमके) नेता सी.एन. अन्नादुराई श्रीपुरम पहुँचे थे। उनके आने की तैयारी पहले ही की गयी थी, और ग़ैर–ब्राह्मण सड़कों को लाल और काले रंग के कागज़ के झण्डों से सजाया गया था। एक ग़ैर–ब्राह्मण घर में एक लाउडस्पीकर फिट किया गया था

और दिन में फ़िल्मी संगीत आबोहवा में गूँज रहा था। चारों तरफ़ हलचल और ज़बरदस्त गतिविधियाँ थी जबकि ठीक इसके विपरीत, अग्रहारम शान्त और निर्जन लग रहा था।

गाँव की भौतिक इकाई और अग्रहारम, कुडियाना, चेरी में उसका आन्तरिक विभाजन इसकी सामाजिक संरचना की सबसे बुनियादी विशेषता है। ब्राह्मणों, ग़ैर–ब्राह्मणों और आदि–द्रविड़ों के बीच भेदभाव न केवल एक अनुष्ठानिक सन्दर्भ में, बल्कि आर्थिक और राजनीतिक क्षेत्रों में भी स्पष्ट है और इस सम्बन्ध में, श्रीपुरम वर्तमान समय में तमिलनाडु में मौजूद बुनियादी दरार को दर्शाता है। हमारी चर्चा के दौरान, हम इन बुनियादी दरारों को व्यक्तियों और समूहों के बीच के सम्बन्धों के विकसित होने और उन्हें बरकरार रखने के तौर पर देखेंगे।

समूह पहचान

ब्राह्मण, ग़ैर–ब्राह्मण और आदि–द्रविड़ की अपनी एक पहचान है, इसका अर्थ यह नहीं है कि वे सजातीय इकाइयों का गठन करते हैं। ब्राह्मणों में केवल ग़ैर–ब्राह्मणों और आदि–द्रविड़ों की तुलना में एकता दिखाई पड़ती है लेकिन आन्तरिक रूप से, ब्राह्मणों के बीच भी कई उप–विभाजन हैं। ऐसा ही उप–विभाजन ग़ैर–ब्राह्मणों में भी मौजूद है। इस सन्दर्भ में आदि–द्रविड़ सबसे अधिक सजातीय प्रतीत होते हैं, और जैसा कि ऊपर वर्णित है उनके दो समूहों के बीच एक साधारण विभाजन देखा जा सकता है।

लोग एक सन्दर्भ में जहाँ एकीकृत थे वहीं दूसरे सन्दर्भ में स्पष्ट रूप से विभाजित। श्रीपुरम के ब्राह्मण जिन्होंने डीएमके की बैठक को ध्यान में रखते हुए समूह के रूप में अपनी एकता व्यक्त करते हुए इससे किनारा किया था बावजूद इसके कि वे आपस में विभाजित हैं। वास्तव में, ब्राह्मण आपसी विभाजन के प्रति स्वयं बहुत सचेत हैं, उनका यह भी मानना है कि वर्तमान समय में उनके पतन का प्रमुख कारण भी यही है। हालाँकि वे अक्सर अपने अतीत की ओर देखते हैं, जब उनके पास शक्ति और गौरव था। उस समय श्रीपुरम के ब्राह्मण एकजुट होते थे। यह जानना बहुत मुश्किल है कि हाल ही के दिनों में ब्राह्मणों के बीच विभाजन ज़्यादा गहरा हुआ है या नहीं। मेरी अपनी धारणा है कि मामला एकदम विपरीत है। ऐसे स्पष्ट साक्ष्य हैं कि 1880 के दशक में ब्राह्मण रीति–रिवाज और अन्य मामलों को लेकर आपस में झगड़ते थे।

जैसा कि पहले संकेत दिया गया है, आदि–द्रविड़ों के बीच विभाजन ब्राह्मणों और ग़ैर–ब्राह्मणों की तरह स्पष्ट नहीं हैं। ब्राह्मणों और ग़ैर–ब्राह्मणों के मामले में मौजूद विभाजन आंशिक रूप से धन, व्यवसाय और शैक्षणिक स्तर में अन्तर के कारण है जबकि विभाजन का सबसे अधिक महत्त्वपूर्ण कारण इनके बीच का जातिगत विभाजन था।

ब्राह्मण और ग़ैर–ब्राह्मण श्रेणियों में विभिन्न जातियों का संगम है। हम 'कास्ट शब्द का उपयोग स्थानीय तौर पर जाति या कुल के रूप में करने के लिए करते हैं जो कि रिश्तेदारी से जुड़ा एक ऐसा छोटा सा समूह है जो कई मामलों में पारम्परिक पेशा और जीवन–यापन की कमोबेश एक जैसी शैली का अनुसरण करता है। श्रीपुरम के ब्राह्मण कई अलग–अलग जातियों के हैं और वास्तव में, पूरे तमिलनाडु में मौजूद ब्राह्मण जातियों के एक निष्पक्ष अन्तरवर्गीकरण का प्रतिनिधित्व करते हैं। हालाँकि, ब्राह्मणों के बीच जाति–आधारित विभाजन की लिहाज़ से उनके घरों का विभेदीकरण नहीं किया गया है। मुझे यह बताया गया है कि आज से 50–60 साल पहले अग्रहारम का सामाजिक विन्यास जातिगत विघटन पर आधारित था।

त्रि–भाषा समूह

श्रीपुरम के ब्राह्मण तीन भाषा समूहों से जुड़े हुए हैं : कन्नड़, तेलुगू और तमिल। कन्नड़ और तेलुगू ब्राह्मण घर पर बोलते समय अपनी मूल भाषाओं के कुछ अपभ्रंश रूपों का प्रयोग करते हैं जबकि अन्य सभी मौकों के लिए तमिल का इस्तेमाल करते हैं। मैं ब्राह्मणों की सांस्कृतिक विविधता पर ज़ोर देता हूँ क्योंकि यह सामाजिक संरचना में उनकी स्थिति के एक महत्त्वपूर्ण पहलू को रेखांकित करता है। एक समूह के रूप में ब्राह्मण अन्य समूहों की तुलना में कहीं अधिक गतिशील रहे हैं और एक ब्राह्मण जाति में ग़ैर–ब्राह्मण जाति की तुलना में आमतौर पर बहुत व्यापक क्षेत्रीय विस्तार है। परम्परागत व्यवस्था में, ब्राह्मण अक्सर एक ख़ास राजा या राजकुमार की तरफ़ से दी गयी भूमि पर बसने के लिए एक क्षेत्र से दूसरे क्षेत्र में चले जाते थे। आपसी सम्पर्क और मेलजोल बहुत व्यापक दूरी होने के बावजूद बनाये रखा जाता था। इस प्रकार, श्रीपुरम के कुछ तमिल ब्राह्मणों के मैसूर में बहुत सारे रिश्तेदार हैं, जो मैसूर राजा की तरफ़ से उन्हें दी गयी ज़मीन पर कई पीढ़ियों पूर्व जाकर बसे थे। कुछ तेलुगू ब्राह्मण जिन्हें श्रीपुरम में ज़मीन दी गयी थी, के रिश्तेदार आन्ध्र प्रदेश में हैं, जिनसे वे आज भी मिलते हैं।

श्रीपुरम में कन्नड़ भाषी माधव ब्राह्मणों का केवल एक ही परिवार है। यह परिवार लगभग 15 साल पहले श्रीपुरम में आकर बस गया था, हालाँकि परिवार के वर्तमान मुखिया के पूर्वज कई पीढ़ियों से तंजौर ज़िले में रहते थे। श्रीपुरम में तेलुगू ब्राह्मणों की विभिन्न जातियों के कुल 14 घर हैं। हम यहाँ इन अन्तरों का उल्लेख नहीं करेंगे बल्कि केवल एक महत्त्वपूर्ण अन्तर को देखेंगे। बहुत सारे तेलुगु ब्राह्मण परिवार की आख़िरी पीढ़ी के बाशिंदे आख़िरी पीढ़ी में श्रीपुरम में आकर बसे हैं। वहीं दूसरी तरफ़ गाँव में वे परिवार भी हैं, जिनकी जड़े गाँव में काफ़ी गहरी हैं, और वे गाँव के मूल निवासियों के पुरुष वंशजों से सम्बन्धित हैं। वर्तमान में ये परिवार काक–करई (एक–चौथाई हिस्सा) शास्त्री समूह का गठन करते हैं, और विष्णु मन्दिर के स्वामित्व, नियन्त्रण और प्रबन्धन के साथ–साथ कई अन्य मामलों से ताल्लुक रखते हैं।

रोज़गार के लिए अप्रवासन

देशज तमिल ब्राह्मणों में भी, ऐसे कई परिवार हैं जो हाल ही में श्रीपुरम में रहने आये हैं। यह अग्रहारम के लिए कुछ हद तक अनाकार चरित्र दर्शाता है जो अन्य अग्रहारम से अलग है जहाँ एकल वंशावली लेखा–चित्र में ब्राह्मणों का पर्याप्त बहुमत था। पुराने ब्राह्मण परिवारों में से कई परिवार पिछले 50 वर्षों के दौरान गाँव से बाहर चले गये हैं। यह तस्वीर गाँवों के पैटर्न को ध्यान में रखते हुए पूरे तमिलनाडु में अधिक है। हालाँकि, पिछले कुछ दशकों के दौरान कई नये परिवारों का अग्रहारम में प्रवेश असामान्य माना जा सकता है। ऐसा इसलिए हुआ क्योंकि आंशिक रूप से स्थानीय परिस्थितियों का इसमें महत्त्वपूर्ण योगदान रहा। मुख्य रूप से थिरुवयारु में शिक्षण और लिपिकीय नौकरियों की संख्या में काफ़ी इजाफ़ा हुआ। महत्त्वपूर्ण है कि अग्रहारम में एक दर्ज़न से अधिक परिवार किराये के मकानों में रहते हैं, इससे किराये में काफ़ी वृद्धि हुई है जिसे गाँव के कुछ ब्राह्मण निवासी एक मामूली समस्या के तौर पर देखते हैं।

श्रीपुरम के तमिल ब्राह्मण ख़ुद विभिन्न जातियों से जुड़े हुए हैं। मन्दिर के पुजारियों के दो परिवार हैं, एक शिव मन्दिर के लिए और दूसरा विष्णु मन्दिर के लिए। यह परिवार आपस में अथवा गाँव के अन्य ब्राह्मण परिवारों में विवाह नहीं करते हैं। अन्य तमिल ब्राह्मण दो मुख्य भाग में विभाजित हैं–समार्था (अथवा अय्यर) और श्रीवैष्णव (आयंगर)। समार्था 8वीं शताब्दी के अद्वैतवादी दार्शनिक शंकराचार्य से सम्बद्ध हैं, तथा शिव और

विष्णु दोनों की पूजा करते हैं। श्री वैष्णव सैद्धान्तिक रूप से रामानुज के अनुयायी हैं, जो 12वीं शताब्दी के अग्रणी अद्वैतवाद के समर्थक रहे हैं और पारम्परिक रूप से विष्णु के प्रति निष्ठा रखते हैं।

ग़ैर–ब्राह्मण अधिक विभाजित

ब्राह्मणों में विभाजन की चर्चा कुछ विस्तार से की गयी है क्योंकि वे अग्रहारम के भीतर उपस्थित जातीय संरचना की जटिलता को दर्शाते हैं। ग़ैर–ब्राह्मणों में जातियों की संख्या और विविधता और भी अधिक है। एक या दो मामलों में जाति और उप–जाति के बीच का अन्तर बिल्कुल स्पष्ट नहीं है, ग़ैर–ब्राह्मण जातियों की सटीक संख्या बताना यहाँ सम्भव नहीं है, फिर भी लगभग 20 जातियाँ हैं, जिनमें से कुछ में उप–विभाजन हैं, और वो आपस में ही विवाह करते हैं। इनमें कुम्हार और सुनार जैसे कारीगर शामिल हैं; नाईयों और संगीतकारों जैसी सेवा प्रदान करने वाली जातियाँ; कोनाना जो कि पारम्परिक तौर पर चरवाहे हैं; और कई खेती करने वाली जातियाँ जैसे कि वेल्लालन, पडायची और गौंडन प्रमुख हैं। इनमें से कुछ जातियाँ, जैसे–कुम्हार, अपने पारम्परिक व्यवसाय को जारी रखे हुए हैं जबकि अन्य जैसे कि सुनार और चरवाहे अपने मूल व्यवसाय से अलग होते जा रहे हैं।

ग़ैर–ब्राह्मण जातियों के बीच विशेष रूप से वेल्लालन और कलियन प्रमुख हैं। वेल्लालन संख्यात्मक रूप से सबसे बड़ी ग़ैर–ब्राह्मण जाति है और गाँव में उनकी गहरी जड़ें हैं। आमतौर पर माना जाता है कि वे परम्परा से कुडी या खेतिहर रहे हैं, जो ब्राह्मण मीरासदारों के लिए भूमि जोतते हैं। हालाँकि गाँव के लगभग सभी वेल्लालन प्रमुख रूप से चोझिया वेल्लालन की उप–जाति से सम्बन्धित हैं, और उनकी सामाजिक और आर्थिक हैसियत में बहुत अन्तर है। दूसरी ओर, कलियन एक छोटे और आर्थिक रूप से अधिक सजातीय समूह हैं। यह गाँव में तुलनात्मक रूप से नयी जाति है जो केवल तीन पीढ़ियों से वहाँ रह रहे हैं। वे एक समृद्ध और सुगठित समूह हैं, और नाते–रिश्तेदारी से बँधे हुए हैं। वे गाँव की राजनीति में एक महत्त्वपूर्ण ताकत के तौर पर स्थापित भी हैं।

जाति का श्रेष्ठ–क्रम

वेल्लालन और कलियन के बीच की तुलना ने हमें एक महत्त्वपूर्ण सवाल के सामने लाकर खड़ा कर दिया है और यह सवाल मुख्य रूप

से उनके आपसी श्रेष्ठ–कर्म (रैंक) को लेकर है। हाल ही के दिनों तक जाति आधारित मानवशास्त्रीय अध्ययन में मुख्य रूप से अलग–अलग जातियों को अलग–अलग दर्जा दिए जाने की समस्या को समझने की कोशिश की गयी है। इस तरह के शोध और अध्ययन से यह बात निकलकर आती है कि सीधे और स्पष्ट तरीक़े से जाति का वर्गीकरण नहीं किया जा सकता है, बल्कि सिर्फ़ एक बहुत ही सामान्य सी समझ ही बनायी जा सकती है। सबसे पहले धर्म आधारित वर्ग के सवाल पर विचार करना होगा। यह अपने आप में आसान नहीं है क्योंकि प्रत्येक वर्ग के साथ जाति भी जुड़ी हुई है। इसके अलावा आर्थिक, राजनीतिक और जनसंख्या का प्रभुत्व भी धार्मिक मापदण्ड से अलग, सभी जातियों के एक–दूसरे के प्रति रवैये को काफ़ी हद तक प्रभावित करती है। इस बात को और भी स्पष्ट तरीक़े से कलियन और वेल्लालन के बीच अन्तर से समझा जा सकता है। श्रीपुरम के ब्राह्मणों और सामान्य धार्मिक वर्गीकरण के अनुसार वेल्लालन और कलियन से उच्चतर है। लेकिन वर्तमान समय की दैनिक परिस्थितियों के सन्दर्भ में मुख्य रूप से कलियन के वर्तमान आर्थिक और राजनीतिक प्रभुत्व के सामने यह कहना संदिग्ध है।

इसी तरह की समस्या विभिन्न ब्राह्मण जातियों के आपसी वर्गीकरण में भी देखने को मिलती है। बिना किसी असहमति के यह कहा जा सकता है कि शिव मन्दिर के पुजारी की जाति समार्था की किसी भी उपजाति से निम्न है। परन्तु यहाँ यह सवाल उठता है कि फिर साधारणतः आयंगर की तुलना में समार्था का क्या स्थान है। राजनीतिक, आर्थिक और पारस्परिक सम्बन्धों के विचार के बाद भी इस प्रश्न का कोई सटीक उत्तर दे पाना मुश्किल है।

वर्गीकरण की समस्या को बताकर हम यह बताना चाहते हैं कि यह समस्या उन अस्पष्टताओं की तरफ़ इशारा कर रही हैं जब हम जाति को एक समूह की जगह जाति और उपजातियों के तौर पर समझने लगते हैं। हम मुख्य रूप से तीन जाति, ब्राह्मण, ग़ैर–ब्राह्मण और आदि–द्रविड़ पर चर्चा करेंगे क्योंकि कम समय में अर्थपूर्ण ढंग से इनके वर्गीकरण की समस्या को समझा जा सकता है। जब हम ब्राह्मण, ग़ैर–ब्राह्मण और आदि–द्रविड़ के अन्तर को समझते हैं तो हम समर्था और आयंगर या वेल्लालन की दो उपजातियों के बीच के अन्तर की अस्पष्टता को महत्त्वपूर्ण रूप से उभारते हैं।

जाति विभाग से मित्रता

यह सभी स्वीकारते हैं कि धर्म के आधार पर ब्राह्मण, ग़ैर–ब्राह्मण से बेहतर हैं और उसी तरह ग़ैर–ब्राह्मण, आदि–द्रविड़ों से बेहतर हैं। इसके अलावा कुछ और भी असमानताएँ इनके बीच हैं, हालाँकि यह अन्तर शायद उतना स्पष्ट नहीं है। उदाहरण के लिए, ब्राह्मण एक दल या समूह के रूप में सबसे अधिक ज़मीन के मालिक हैं। इसके बाद ग़ैर–ब्राह्मण आते हैं जो आदि–द्रविड़ों के मुकाबले काफ़ी अधिक ज़मीन का स्वामित्व रखते हैं। फिर बहुत सारे ब्राह्मण मीरासदार हैं जो कभी कृषि कार्य या और कोई घरेलू काम नहीं करते हैं जबकि लगभग सभी आदि–द्रविड़ कृषि कार्य या अन्य किसी घरेलू कार्य में संलग्न हैं और कोई भी आदि–द्रविड़, जो श्रीपुरम का रहने वाला है, गाँव में ज़मीन का मालिक नहीं है। ग़ैर--ब्राह्मण इन दोनों वर्गों के बीच में कहीं है जो भू–स्वामी भी है और कृषि से लेकर घरेलू कार्य तक में भी संलग्न है।

ब्राह्मण, ग़ैर–ब्राह्मण और आदि–द्रविड़ों के बीच का अन्तर आपसी मित्रता के जरिए और भी सचित्र रूप से स्पष्ट होता है। आपसी व्यक्तिगत मित्रता गाँव के सन्दर्भ में कई बार जातीय विभाजन के दायरे में तय की जाती है और कई बार जाति के बाहर भी। समार्था, आयंगर और मध्य युवा पुरुष जो स्कूल शिक्षक हैं, आपस में दोस्त हैं। गाँव के अध्ययन करने के दौरान मैंने ब्राह्मणों और ग़ैर–ब्राह्मणों या आदि–द्रविड़ों के बीच किसी भी प्रकार की मित्रता का प्रमाण नहीं पाया। वेल्लालन और पदयाची युवक समय–समय पर मिलकर सांस्कृतिक कार्यक्रमों का आयोजन करते हैं। हालाँकि ग़ैर–ब्राह्मण और आदि–द्रविड़ के बीच इस तरह की मित्रता देखने को नहीं मिलती है।

गाँव में आर्थिक जीवन

अब हम गाँव की आर्थिक स्थिति की चर्चा करेंगे जो हमें सामाजिक ढाँचे के विभाजन को और बेहतर तरीक़े से समझने में मदद करेगा। श्रीपुरम की अर्थव्यवस्था को देखें तो, तंजौर के ज़्यादातर गाँव धान की खेती करते हैं। दूसरे अन्य ज़िलों के मुकाबले यहाँ पानी की निरन्तर उपलब्धता से फसल को बढ़ने में मदद मिलती है और इसमें मेहनत भी कम लगती है। यह किसानों को प्राकृतिक आपदाओं से भी बचाता है। हालाँकि कावेरी नदी की बाढ़ आज भी इस इलाके में तबाही ला देती है। धान की खेती ख़ुद के उपयोग और बाहर बेचने के लिए की जाती है। मुख्य

नक़दी फसल केला है जो कि मुख्य रूप से नदी के किनारे की ज़मीन पर उगाया जाता है और इसके लिए गहन खेती की ज़रूरत होती है। पान की खेती में और भी ज़्यादा मेहनत और देखभाल की ज़रूरत होती है और कुछ ही एकड़ में इसकी खेती की जाती है। हालाँकि यह सबसे ज़्यादा मुनाफ़ा देता है।

अनुपस्थित ज़मींदारी

श्रीपुरम में ज़मींदारी ने एक विचित्र स्वरूप धारण किया है, जो कि मुख्य रूप से ज़मींदारों के पलायन और ज़मीन का विक्रय उन लोगों को करने, जो गाँव से बाहर रहते हैं, से मिलकर बना है। ज़मींदारों की अनुपस्थिति श्रीपुरम में एक साधारण सी बात है। चार में से एक मिरासदार ज़मींदार श्रीरंगम में रहते हैं और उनकी ज़मीनों की देखभाल उनके एजेंट करते हैं। दूसरे ज़मींदार तंजौर में रहते हैं, लेकिन वह नियमित रूप से गाँव आते हैं क्योंकि उनकी माँ अभी भी गाँव में रहती हैं। तीसरे ज़मींदार भी तंजौर में ही रहते हैं, लेकिन उनकी ज़मीन की देखभाल उनके दामाद और साला करते हैं, जो कि गाँव में ज़मींदार के ही घर रहते हैं। चौथे और सबसे आख़िरी बड़े मिरासदार ज़मींदार हैं, जिन्होंने अपनी नौकरी जहाँ वे पिछले पन्द्रह साल से काम कर रहे थे, से इस्तीफ़ा देकर गाँव में ही रहने का फैसला किया। ये चारों ही ब्राह्मण हैं और इनमें से कोई भी 30 एकड़ से ज़्यादा ज़मीन का मालिक नहीं है। कुछ ज़मीन इनके नाम पर भी नहीं है बल्कि इनके परिवार के लोगों, बेटा–बेटी और बहन के नाम पर है।

अधिकांश ज़मीन ब्राह्मणों के पास है, वहीं कुछ ज़मीन ग़ैर–ब्राह्मणों के पास भी हैं। लेकिन कोई भी ग़ैर–ब्रह्मण 10 एकड़ से ज़्यादा ज़मीन का मालिक नहीं है। ऐसा लगता है कि एक समय सारी ज़मीन ब्राह्मण के ही पास थी, लेकिन उसमें भी एक अपवाद है। कुछ मराठा परिवार, जो कि तंजौर के राजपरिवार के वंशज हैं, एक समय में गाँव के लगभग आधी ज़मीन के मालिक हुआ करते थे। यह परिवार आज भी है, लेकिन आज उसके पास कुछ भी ज़मीन नहीं बची है। आज के समय मराठाओं का ग़ैर–ब्राह्मणों से काफ़ी जगह अन्तर भी दिखता है और उनके पैतृक घर भी ग़ैर–ब्राह्मणों की किसी गली में स्थित नहीं हैं बल्कि उनका घर ग़ैर–ब्राह्मण और ब्राह्मण घरों से बिल्कुल अलग चारदीवारी से घिरे बगीचे के अन्दर बना है।

ग़ैर ब्राह्मणों का भूमि अधिग्रहण

जाति आधारित भूमि धारण को संख्या में बताना मुश्किल है। यह भी सम्भव है कि संख्या के आधार पर भूमि धारण का वर्णन करना शायद सटीक रूप से श्रीपुरम या फिर सिर्फ़ मेलूर की स्थिति को भी नहीं बता पाये। एक बात स्पष्ट है कि 19वीं शताब्दी के पूर्व तक पेरमुर और विष्णुपुराण जैसे अन्य गाँवों में भी ब्राह्मण ज़मीन के मालिक थे और उन्होंने एक एकल राजस्व इकाई को श्रीपुरम और मेलुर को साथ में मिला कर बना रखा था। एक और तरीक़े से देखें तो पता चलता है कि श्रीपुरम में काफ़ी ज़मीन उन लोगों के पास थी जो कि गाँव से नहीं थे और ऐसे लोगों की जाति का पता लगाना आसान काम नहीं है। ज़मीन का मालिक एक महिला हो तो उनकी जाति का पता लगाना और भी मुश्किल होता है।

यह स्पष्ट है कि ग़ैर–ब्राह्मणों ने कुछ सालों में काफ़ी ज़मीन ली है जबकि 19वीं शताब्दी के अन्त तक उन लोगों के पास बहुत कम ज़मीन थी। उस समय ज़्यादातर ग़ैर–ब्राह्मण ज़मींदार वेल्लालन हुआ करते थे और कोई भी बहुत बड़ा ज़मींदार नहीं था। कालान्तर में कुछ ज़मीन को पदयाची समुदाय ने अर्जित किया जो आज सबसे बड़ा ग़ैर–ब्राह्मण ज़मींदारों में से एक है। सबसे रोचक स्थिति कलियन समुदाय की है जो कि बीते कुछ दशकों में काफ़ी प्रगति कर चुका है। उनकी ज़्यादातर ज़मीन मुख्य तौर से पादुघई ज़मीन है, जहाँ केले की खेती की जाती है और उसे बाहर बेचा जाता है।

हालाँकि ब्राह्मण ज़मीन के मालिक हैं, लेकिन वे ज़मीन जोतते नहीं हैं। ब्राह्मण दो तरीक़ों से अपनी ज़मीन पर खेती करते हैं और उसका विश्लेषण ब्राह्मणों के ग़ैर–ब्राह्मण और आदि–द्रविड़ों के साथ आर्थिक सम्बन्धों को समझाने में मदद करता है। ऐसा भी कहा जा सकता है कि श्रीपुरम के सन्दर्भ में यह उत्पादन सम्बन्धों की सबसे मूलभूत इकाई है जो कि इन सम्बन्धों को बनाता है। यहाँ यह भी बताना ज़रूरी है कि श्रीपुरम के बाहर मेलुर तक खेती के मामलों में यह सम्बन्ध देखने को मिलता है। श्रीपुरम के कुछ मिरासदार ज़मींदार, अपनी ज़मीन पर जो कि पेरमुर में भी है, ग़ैर–ब्राह्मण और आदि–द्रविड़ों से जुतवाते हैं। कुछ ग़ैर–ब्राह्मण और आदि–द्रविड़ अनुपस्थित ज़मीदारों, जो कि श्रीपुरम के हैं भी नहीं, उनकी ज़मीन पर भी जुताई करते हैं।

ब्राह्मणों की असुरक्षा

कुछ ब्राह्मण खेतिहार मज़दूरों से अपने खेतों को जुतवाते हैं लेकिन वे मज़दूरों की निगरानी ख़ुद करते हैं। ये मज़दूर दिन के हिसाब से मेहनताना पाते हैं। यहाँ यह बताना ज़रूरी है कि इस तरह के उत्पादन का तरीक़ा बहुत सामान्य नहीं है बल्कि एक अपवाद की तरह है। हालाँकि इस व्यवस्था से ज़मीन मालिकों को ज़्यादा मुनाफ़ा होता है जिसके दो कारण आमतौर पर दिये जाते हैं। पहला कारण, ज़्यादातर ज़मींदार गाँव के बाहर रहते हैं या जो गाँव में भी रहते हैं वे भी दूसरे कामों में लगे हैं जैसे कि कोई शिक्षक है तो कोई क्लर्क। इस कारण से उनके लिए निगरानी का कार्य बहुत मुश्किल हो जाता है और फिर ब्राह्मणों को इस प्रकार के कामों का कोई विशेष अनुभव भी नहीं है। इसलिए वे इस तरह के कार्यों से अमूमन बचते हैं।

दूसरा, ब्राह्मण ज़मींदार, ग़ैर–ब्राह्मण और आदि। द्रविड़ मज़दूरों के बीच के आपसी सम्बन्ध पिछले दो दशकों में काफ़ी बिगड़ चुके हैं। ब्राह्मण ज़मींदार मुख्य रूप से मज़दूरों की बढ़ती माँगों और उनके अड़ियल रवैये को प्रमुख कारण बताते हैं। यह कुछ हद तक सही भी है और पूरे तमिलनाडु में ब्राह्मणों की असुरक्षा का मुख्य कारण भी है। यह पूरे तौर पर नहीं कहा जा सकता है कि ब्राह्मण ज़मींदारों की यह सोच किस हद तक ठीक है कि मज़दूरों के इस व्यवहार के कारण वह अपनी वैध माँगों को मज़दूर पर लागू कर सकें। ब्राह्मणों के अन्दर असुरक्षा की भावना ज़रूर हावी है, यही असुरक्षा ब्राह्मणों को उनकी ख़ुद की ज़मीन की देखरेख से भी रोकती है क्योंकि इससे ज़मींदार और मज़दूर के बीच सम्बन्ध बहुत महत्त्वपूर्ण हो जाते हैं।

दूसरा एक और बहुत ही सामान्य तरीक़ा यह है जिसके अन्तर्गत ब्राह्मण अपनी ज़मीन को जुताई हेतु पट्टे पर देते हैं जिसे कुट्टाखाई प्रथा कहते हैं। यह पट्टा आमतौर पर एक साल के लिए दिया जाता है और फिर स्वतः अगले साल के लिए लागू कर दिया जाता है। वास्तव में, हाल ही के दिनों में कोई औपचारिक अनुबन्ध किया भी नहीं गया है। क़ानूनी तौर पर, जो पट्टे पर लेता है, वह उपज की 40 प्रतिशत का हक़दार होता है लेकिन अमूमन वह 50–60 प्रतिशत का हिस्सा लेता है और साथ ही भूसा और दूसरे अन्य उपज पर भी उसका क़ानूनी हक़ होता है। पट्टे में बीज, हल, मवेशी, खाद आदि ज़रूरी खेती के सामान

मिलते हैं। आमतौर पर, वह जितना देने का वादा करता है उससे वह कम ही देता है।

जो पट्टे पर लेता है ज़रूरी नहीं है कि वह ख़ुद ज़मीन को जोतें। अगर वह ब्राह्मण है और उसके पास अपनी कुछ ज़मीन है तो वह आमतौर पर आदि–द्रविड़ मज़दूरों से खेत जुतवाता है और दैनिक आधार पर उसे मेहनताना देता है। कई ग़ैर–ब्राह्मण ख़ुद भी खेत जोतते हैं। ग़ैर–ब्राह्मण पट्टेदार सबसे ज़्यादा मुनाफ़ा कमाते हैं। ग़ैर–ब्राह्मण पट्टेदार, अपने ब्राह्मण ज़मींदार को वादे के उलट कम हिस्सा देकर और आदि–द्रविड़ मज़दूर से उसकी मेहनत के एवज़ में कम पैसे देकर काम करवाता है और ख़ुद फ़ायदे में रहता है। वे अपनी इस प्रगति के लिए ब्राह्मणों के राजनीतिक पतन और ग़ैर–ब्राह्मणों के राजनीतिक उत्थान के साथ–साथ आदि–द्रविड़ों को भी राजनीतिक रूप से पिछड़ा और असंगठित होने देते हैं।

त्रिकोणीय कड़वाहट

ब्राह्मण समाज की कड़वाहट ग़ैर–ब्राह्मणों के प्रति बढ़ रही है क्योंकि उन्हें लगता है कि ज़मीन से जुड़े नये क़ानून और नये राजनीतिक वातावरण में उनके साथ धोखा हुआ है और उसका फ़ायदा ग़ैर–ब्राह्मणों को मिल रहा है। हालाँकि सारे काम आदि–द्रविड़ करते हैं। यह कहानी का सिर्फ़ एक पहलू है। ग़ैर–ब्राह्मण पट्टेदार को लगता है कि वे कड़ी मेहनत करते हैं और बीज–खाद में निवेश करने पर अपना मुनाफ़ा कमाते हैं, जबकि ब्राह्मण घर पर बैठ कर ही आधी उपज का दावा करते हैं। आदि–द्रविड़ों का गुस्सा और कड़वाहट ब्राह्मण और ग़ैर–ब्राह्मण दोनों के ख़िलाफ़ है, उनकी शिकायत है कि कोई भी उसे ज़मीन पट्टे पर नहीं देता है और इसी वजह से वह तक़रीबन आधे साल बिना काम के बेरोज़गार घूमता है। मैं यह पता लगाने में असमर्थ रहा कि ब्राह्मण आदि–द्रविड़ों की जगह ग़ैर–ब्राह्मणों को अपनी ज़मीन पट्टे पर क्यों देते हैं क्योंकि राजनीतिक रूप से, ब्राह्मणों के लिए आदि–द्रविड़ों के साथ गठबन्धन बनाना आसान है क्योंकि ग़ैर–ब्राह्मणों की तुलना में आदि–द्रविड़ कम संगठित हैं और अपनी शर्तें भी नहीं मनवायेंगे।

उत्पादन पद्धति के जरिए ब्राह्मण, ग़ैर–ब्राह्मण और आदि–द्रविड़ के बीच का अन्तर और ज़्यादा स्पष्ट हो जाता है। बहुत सारे ब्राह्मण ज़मींदार है लेकिन सारे ज़मींदार ब्राह्मण नहीं हैं। ब्राह्मण ज़मींदार अपनी ज़मीन को

पट्टे पर ग़ैर–ब्राह्मण को देते हैं। हालाँकि यहाँ एक बार फिर यह बताना ज़रूरी है कि कुछ पट्टेदार आदि–द्रविड़ भी हैं। फिर, कुछ ग़ैर–ब्राह्मण की अपनी ज़मीन है वहीं कुछ ग़ैर–ब्राह्मण खेतिहर मज़दूर भी हैं। इन सबके अलग आदि–द्रविड़ दिहाड़ी मज़दूरी करते हैं।

जो वर्णन हमने प्रस्तुत किया है वह काफ़ी सरल है। हमने सारे वर्ग की भिन्नताओं को अलग करते हुए उनके बीच के अन्तर को स्पष्ट रूप से दर्शाया है। तीनों जाति के आपसी सम्बन्धों को समझने के लिए और उनके विश्लेषण के लिए एक विस्तृत वर्णन की ज़रूरत है। हालाँकि यह विस्तृत वर्णन तीनों जाति समूहों के बीच के अन्तर पर आधारित हैं। सिर्फ़ आर्थिक पहलू में ही, खेती से अलग सारे रोज़गार का विश्लेषण करना होगा जिसमें गाँव के लोग लगे हुए हैं।

50 साल पहले की तुलना में शायद आज सामाजिक संरचना और अधिक जटिल रूप ले चुकी है। 19वीं शताब्दी में, ब्राह्मणों और अन्य के बीच का आर्थिक अन्तर स्पष्ट था। ब्राह्मणों के पास बड़ी तादाद में भूमि केन्द्रित थी। ब्राह्मण एक समूह के रूप में आज की तुलना में आर्थिक रूप से अधिक समरूप थे। इन परिवर्तनों की पूरी समझ के लिए पिछले 50 वर्षों में तमिलनाडु में हुए राजनीतिक परिवर्तन के विश्लेषण की भी आवश्यकता है। आर्थिक और राजनीतिक कारक बहुत अन्तरंग तरीक़े से एक–दूसरे को प्रभावित करते हैं, और एक में आये परिवर्तन को दूसरे में हुए परिवर्तन से अलक करके सही मायने में नही समझा जा सकता है।

अनुवाद : पंकज कुमार झा, देवारती राय चौधरी, संदीप कुमार

राजस्थान का एक बदलता गाँव*

वी. नाथ

'क' मध्य आकार का एक गाँव है, जिसमें बहुत–सी जातियों के लोग रहते हैं। इसकी जनसंख्या तक़रीबन 2000 है और यह ज़िला मुख्यालय से 6 मील की दूरी पर स्थित है। ज़िला मुख्यालय ख़ुद एक छोटा शहर है जिसकी जनसंख्या 20,000 है। 'क' शहर से एक ऐसी सड़क से जुड़ा हुआ है जिस पर हर मौसम में गाड़ियाँ चल सकती हैं। 1955 तक यह 'क' पूर्व जयपुर राज्य के एक महत्त्वपूर्ण जागीरदार की जागीर का भाग था। यह जागीरदार 1949–50 में राजस्थान के गठन से पहले तक इस गाँव में काफ़ी शक्तिशाली था। इसके बाद, उसकी शक्ति ख़त्म हो गयी क्योंकि जयपुर राज्य का अस्तित्व भी समाप्त हो गया। नयी सरकार जागीरदारी का उन्मूलन करने के लिए वचनबद्ध थी, और हर कोई यह स्वीकार कर रहा था कि कभी भी इसका उन्मूलन हो सकता है।

इस गाँव में 26 जातियों के लोग रहते हैं। इनमें ब्राह्मण और राजपूत उच्च जातियाँ हैं; जाट, माली और मीणा खेती करने वाली जातियाँ हैं; अनुसूचित जातियों में चमारों की संख्या सबसे ज़्यादा है। चमार इस गाँव की जनसंख्या का कुल एक–चौथाई हैं, और यह गाँव की सबसे बड़ी जाति है। बहरहाल, गाँव में कोई जाति प्रभुत्वशाली स्थिति में नहीं है।

गाँव घर है

'क' का औसत निवासी इस बात को लेकर काफ़ी जागरूक है कि इस गाँव से उसका गहरा नाता है। यह गाँव–'क' उसका घर है। वह एक ख़ास जाति में अपनी सदस्यता के बारे में भी जागरूक है। जाति सबसे महत्त्वपूर्ण सामाजिक संस्था है और यह सामाजिक समूहन का मुख्य आधार

---

* *इकोनॉमिक ऐंड पॉलिटिकल वीकली,* 8 दिसम्बर 1962 : 1877–82।

है। गाँव के बारे में यहाँ के लोग यह मानते हैं कि यह सात जातियों से मिलकर बना है। लेकिन यह बताते हुए इन सात जातियों के लोग अन्य छोटी जातियों की गणना नहीं करते थे। यह माना जाता है कि पूरे गाँव से सम्बन्धित किसी भी मसले पर सभी जातियों के प्रतिनिधियों की राय ली जानी चाहिए। प्रत्येक जाति को उसकी परम्परा काम और सामाजिक हैसियत (सामाजिक पदसोपनों में स्थान) से जाना जाता है। हालाँकि गाँव के लोग यह भी स्वीकार करते हैं कि हाल ही के वर्षों में इन आयामों के सन्दर्भ में काफ़ी महत्त्वपूर्ण परिवर्तन हुए हैं। मसलन, यह स्वीकार किया जाता है कि राजपूतों ने अपनी राजनीतिक और सामाजिक सर्वोच्चता खो दी है; चमारों ने मृत जानवरों को उठाने और उनका चमड़ा निकालने का काम छोड़कर खेती पर ध्यान देना आरम्भ कर दिया है, और वे परम्परागत रूप से खेती करने वाली जाट और मीणा जैसी जातियों की बराबरी करने का प्रयास कर रहे हैं।

सिर्फ़ एक आबादी

गाँव और जाति से जुड़ाव से सम्बन्धित भावनाओं में होने वाले बदलावों को समझने के लिए सबसे पहले यह समझना उचित होगा कि अतीत में ये भावनाएँ किन आधारों पर टिकी हुई थीं। इसके बाद इनमें से प्रत्येक आधार में हुए बदलावों का विश्लेषण किया जा सकता है। मेरा यह मानना है कि गाँव से जुड़ाव की भावना चार मुख्य आधारों पर टिकी हुई है :

(1) एक–दूसरे के नज़दीक निवास

(2) पृथक्ता और गाँव के भीतर आर्थिक गतिविधि की संकेन्द्रण

(3) जजमानी व्यवस्था; और

(4) जाति

जहाँ तक एक–दूसरे के नज़दीक निवास–स्थान होने का प्रश्न है, तो इस सन्दर्भ में अभी भी कोई उल्लेखनीय बदलाव नहीं हुआ है। गाँव के सभी परिवार अभी *आबादी* (निवास–क्षेत्र) के भीतर ही रहते हैं। गाँव के भीतर जनसंख्या और समृद्धि दोनों ही बढ़ी हैं। इस कारण, पिछले 10 वर्षों में गाँव में कई नये मकान बने हैं। लेकिन ये सभी गाँव की आबादी के भीतर ही बने हैं। अब यह क्षेत्र पूरी तरह से भर चुका है और गाँव के लोग यह महसूस करते हैं कि उन्हें घर बनाने के लिए अतिरिक्त ज़मीन की आवश्यकता है। कुछ परिवारों ने यह महसूस किया कि आबादी के भीतर बना उनका घर उनकी आवश्यकताओं को पूरा करने के लिए पर्याप्त नहीं

है, इसलिए उन्होंने अपने सिंचाई के कुओं के नज़दीक बने *बारो* (पशुओं को रखने की जगह) का उपयोग निवास स्थान के रूप में करना शुरू कर दिया। लेकिन ये निवास–स्थान आबादी के भीतर बने उनके मुख्य निवास स्थान के अतिरिक्त और उनके अनुपूरक के रूप में होते हैं। अभी भी कोई परिवार व्यवस्थित तरीक़े से आबादी क्षेत्र से बाहर नहीं गया है। लेकिन लोग अतिरिक्त ज़मीन की आवश्यकता महसूस कर रहे हैं, इसलिए यह मुमकिन है कि वे जल्द ही आबादी क्षेत्र से बाहर घर बनाने के लिए ज़मीन खोजेंगे। आबादी की नयी ज़मीन अब की मौजूदा ज़मीन से कुछ दूरी पर होगी क्योंकि मौजूदा आबादी से सटी ज़मीन काफ़ी उपजाऊ है। इस ज़मीन पर सिंचाई की अच्छी व्यवस्था है, और इसे गाँव की सबसे अच्छी ज़मीन मानी जाती है। इन ज़मीनों के मालिक अपनी ज़मीन घर बनाने के लिए नहीं देना चाहते हैं। जब नयी आबादी के लिए गतिशीलता शुरू होगी, तो गाँव के परिवार दो, तीन या ज़्यादा बस्तियों या टोलों में बँट जायेंगे। इससे एक गाँव से जुड़े होने की भावना भी कमज़ोर होगी। ग़ौरतलब है कि वर्तमान में इस भावना के मज़बूत होने का एक प्रमुख कारण यह भी है कि लोग एक ही सुगठित आबादी के भीतर रहते हैं। इस बात से भी इन्कार नहीं किया जा सकता है कि आने वाले समय में बसने वाली नयी आबादियाँ ख़ुद अपनी पहचान का विकास कर लेंगी। बहरहाल, यह भविष्य की बात है। अभी इसकी सम्भावना नहीं दिखती है।

पृथक्ता और गाँव के भीतर आर्थिक गतिविधियों का संकेन्द्रण अब अतीत की बातें हो चुकी हैं। अभी यहाँ यह वर्णन करने की आवश्यकता नहीं है कि पिछले 100 वर्षों या उससे कुछ ज़्यादा समय में ये परिवर्तन कब और कैसे हुए, और किन सामाजिक और आर्थिक शक्तियों के कारण ऐसे बदलाव हुए, इन सभी आयामों के बारे में विस्तार से लिखा जा चुका है। बहरहाल, यहाँ इस बात पर बल देने की आवश्यकता है कि पिछले एक दशक में ये शक्तियाँ ज़्यादा मज़बूती के साथ सक्रिय हुई हैं। ख़ासतौर पर, पाँच साल पहले यहाँ हर मौसम में गाड़ी चलाने लायक सड़क बन जाने के बाद इन शक्तियों की सक्रियता बढ़ी है। आज सड़क, मोटरगाड़ी और साइकिल के कारण अब यह गाँव शहर से 20–30 मिनट की दूरी पर रह गया है। इसलिए अब इस गाँव के लोग शहर के साथ नियमित रूप से सक्रिय सम्पर्क बना पाते हैं। इसका एक महत्त्वपूर्ण नतीजा यह हुआ है कि अब लोग रोज़गार के लिए रोज़ाना शहर जाने लगे हैं। गाँव के तक़रीबन 50 लोग पूरे साल शहर के किसी कारख़ाने में या कोई

सार्वजनिक काम करने के लिए शहर के रेलवे स्टेशन जाते हैं। अन्य 50–100 लोग अनौपचारिक या वेतन वाले मज़दूर के साथ साल में 4 से लेकर 8 महीने तक शहर में काम करते हैं। ये 150–200 तक की संख्या वाले लोग गाँव की कुल श्रम शक्ति के छठे भाग का प्रतिनिधित्व करते हैं। ये नियमित रूप से शहर जाते हैं और इन्हें दुनिया में घट रही घटनाओं की जानकारी होती है। इसके अलावा, व्यापारी, सरपंच जैसे गाँव के नेता और उच्च विद्यालय में पढ़ने वाले चार विद्यार्थी भी नियमित रूप से शहर जाते हैं। एक औसत किसान अमूमन बहुत ज़्यादा शहर नहीं जाता है। लेकिन फिर भी कपड़े और अन्य आवश्यक सामान ख़रीदने, अपनी उपज को बेचने और बहुत से अन्य मिश्रित उद्देश्यों के कारण शहर जाता है।

शहर से सम्पर्क

जहाँ गाँव के बहुत से लोग शहर जाते हैं, वहीं शहर के बहुत से लोग भी गाँव आते हैं। गाँव के स्कूल में पढ़ाने के लिए आठ स्कूली शिक्षक नियमित रूप से गाँव आते हैं। जो दुकानदार शहरों में रहते हैं, वे भी अपनी दुकान चलाने के लिए गाँव में आते हैं। सरकारी अधिकारी, राजनीतिक नेता और अपना सामान बेचने के लिए एक स्थान से दूसरे स्थान पर जाने वाले खुदरा विक्रेता भी अक्सर गाँव आते हैं। अख़बार, डाक सेवा और रेडियो की मदद से भी गाँव के लोग शहर, राजस्थान और पूरी दुनिया में होने वाली घटनाओं की जानकारी रखते हैं। कुल–मिलाकर, गाँव शहर से नियमित सम्पर्क रहता है, और एक औसत गाँव वाले के पास तक़रीबन उतनी ही सूचनाएँ होती हैं, जितनी की उसके स्तर तक शिक्षा पाने वाले शहर के व्यक्ति के पास होती हैं।

चूँकि गाँव की श्रम शक्ति का छठा हिस्सा गाँव के बाहर काम करता है, इसलिए अब गाँव यहाँ के लोगों की आर्थिक गतिविधियों का एकमात्र केन्द्र नहीं है। बाहर काम करने वाले लोग यह महसूस करते हैं कि वे अपनी जीविका के लिए पूरी तरह से गाँव पर निर्भर नहीं हैं, बल्कि वे एक ऐसी बड़ी आर्थिक व्यवस्था का भाग हैं जिसका केन्द्र शहर है। यहाँ तक कि जो लोग ख़ुद काम नहीं करते हैं, उन्हें यह पता होता है कि शहर में काम है। यह उनके खेती के काम का विकल्प या उसका अनुपूरक है और उनकी युवा पीढ़ी के लिए अवसर भी है। वे यह मानते हैं कि जब भी उनके परिवार के साधनों से उनका गुजरा नहीं होगा, वे शहर जाकर

काम कर सकते हैं। अब गाँव की ज़मीन को ही जीविका का एकमात्र स्रोत नहीं माना जाता है। अन्य स्रोतों को भी वास्तव में या सम्भावित रूप से महत्त्वपूर्ण माना जाता है। यद्यपि धीरे–धीरे ही सही, किन्तु लगातार लोगों के भीतर यह चेतना बढ़ रही है कि वे राष्ट्रीय स्तर तक फैली हुई आर्थिक व्यवस्था का भाग हैं। गाँव के ज़्यादा विवेकशील और जानकार लोग यह मानते हैं कि दिल्ली और जयपुर में बैठे मन्त्रियों द्वारा लिये गये फैसलों के कारण शहरों में विकास का काम तेज़ गति से हो रहा है। व्यापारियों और गाँव के नेताओं का शहर में अदालतों और अन्य प्रशासनिक एजेंसियों से सामना होता है। वे इनके महत्त्व के बारे में काफ़ी समय से जागरूक हैं। अब गाँव के आम लोगों में भी इस तरह की जागरूकता आने लगी है।

इस सक्रिय और निरन्तर सम्पर्क के कारण लोगों में शहर से जुड़ाव क़ायम करने की चाह बढ़ी है। लेकिन अभी भी लोगों को इस बारे में स्पष्ट समझ नहीं है कि एक ऐसे क्षेत्र (पंचायत समिति या तहसील जैसे क्षेत्र) का निर्माण करते हैं, जिसका भाग शहर है। पंचायत के सदस्य और गाँव के अन्य जानकार लोग यह जानते हैं कि उनका गाँव पंचायत समिति का एक भाग है। वे यह भी जानते हैं कि वह इसी नाम की एक तहसील का भाग है। लेकिन ये संस्थाएँ सिर्फ़ गाँव से शहर के जुड़ाव पर बल देती हैं। ये अभी भी अपने अन्तर्गत आने वाले क्षेत्र से जुड़ाव की भावना का विकास करने में नाकाम रही हैं। इसके अलावा, ये इस क्षेत्र के अन्य गाँवों के बीच में जुड़ाव या सम्बन्ध स्थापित नहीं कर पायी हैं। विभिन्न गाँवों का एक–दूसरे से सम्बन्धों, विवाहों और सगोत्रीय जुड़ावों पर आधारित होता है। लेकिन यह आवश्यक नहीं है कि ऐसे गाँव एक ही प्रशासनिक इकाई के अन्तर्गत आये, अमूमन ऐसे गाँव अलग–अलग प्रशासनिक इकाईयों से जुड़े होते हैं।[1]

जजमानी व्यवस्था

जजमानी व्यवस्था पूरी तरह से खण्डित हो चुकी है। यद्यपि यह व्यवस्था लम्बे समय से खण्डित हो रही थी, किन्तु देश के अन्य भागों की तुलना में इस भाग में यह तुलनात्मक रूप से ज़्यादा समय तक क़ायम रही। इसका कारण यह था कि जागीरदारों ने पारम्परिक दायित्वों को थोपा। ख़ासतौर पर, जागीरदारो ने कुम्हारों द्वारा पानी भरने और नाई द्वारा बर्तन साफ़ करने जैसे तुलनात्मक रूप से निम्न स्तर के काम को इन जातियों के लोगों से करवाया। इसलिए, जागीरदारी के ख़त्म होने की

जजमानी व्यवस्था तेज़ी से खण्डित हुई और एक जाति ने दूसरी जाति के प्रति अपने प्रथागत दायित्वों की अवहेलना करना आरम्भ कर दिया। इस व्यवस्था को सबसे तगड़ा झटका 1956 में लगा, जब चमार जाति के लोगों ने मृत जानवरों को उठाने और उनका चमड़ा निकालने से मना कर दिया। 1940 के दशक के मध्य से ही इस इलाके में चमारों के बीच एक आन्दोलन चल रहा था, जिसमें इन दो कामों को छोड़ देने पर बल दिया जा रहा था। जागीरदारी के समाप्त होने के बाद इस आन्दोलन का प्रभाव इस गाँव में भी फैल गया। गाँव के अधिकांश लोगों ने चमारों का विरोध किया। लेकिन कुछ लोगों ने इनका समर्थन भी किया। इसमें सरपंच सबसे प्रमुख था। चूँकि उसे इनके वोटों की ज़रूरत थी, इसलिए उसने इनका समर्थन किया। कुछ समय के बाद गाँव के लोगों को इसकी आदत हो गयी। चूँकि पूरे इलाके में चमारों ने ऐसे काम करने से इनकार कर दिया था, इसलिए गाँव वालों ने इसे एक अनिवार्य स्थिति मानते हुए स्वीकार कर लिया। अब मृत जानवर भंगी जाति (सफ़ाईकर्मी जाति) के लोगों द्वारा उठाये जाते हैं। वे इसके चमड़े को उतारकर इसके माँस आदि को बेच देते हैं किन्तु ये चमड़ा निकालने या उसे उपयोग लायक बनाने का काम नहीं करते हैं अब गाँव के लोगों को चमड़े की वस्तुओं की अपनी ज़रूरतों को पूरा करने के लिए शहर से ऐसी वस्तुएँ ख़रीदनी पड़ती हैं। ऐसी वस्तुओं जूते और चरस (चमड़े की बाल्टी जिसका उपयोग सिंचाई के काम में पानी ढ़ोने के लिए होता है) प्रमुख हैं। अब गाँव में जूतों की मरम्मत करने वाला कोई मोची भी नहीं है। दो अन्य जातियों कुम्हार और नाई ने भी पानी लाने और बर्तन धोने के अपने परम्परागत काम को छोड़ दिया। हालाँकि ये दोनों जातियाँ अपने अन्य प्रथागत काम अभी भी कर रही हैं अर्थात् कुम्हार अभी बर्तन बना रहे हैं, और नाई बाल काटने का काम कर रहे हैं। सिर्फ़ जातियाँ कुम्हार, नाई, खाती और लोहार जजमानी व्यवस्था का पालन कर रही हैं, लेकिन ये भी पहले की तुलना में काफ़ी हल्के तरीक़े से ऐसा कर रही हैं। कुम्हार मिट्‌टी से बने बर्तन उपलब्ध कराते हैं। अभी भी ऐसा कोई कारख़ाना नहीं बना है, जो कुम्हार के बर्तनों का विकल्प बना सके। बाकी तीन जातियाँ भी वे काम करती हैं, जो गाँव के जीवन, और विशेष रूप से किसानों के लिए अनिवार्य हैं। लेकिन इस गाँव में रहने वाले इन जातियों के सभी परिवार जजमानी व्यवस्था का

अनुसरण नहीं करते हैं। खेती नहीं करने वाले अधिकांश परिवार, और खेती करने वाले बहुत से परिवार जजमानी व्यवस्था का पालन नहीं करते हैं। ये उपरोक्त चार जातियों द्वारा दी जाने वाली सेवाओं के लिए उन्हें नगद राशि देते हैं और यहाँ तक कि जो परिवार जजमानी व्यवस्था में हैं, वे भी अपनी आवश्यकता का एक हिस्सा ही जजमानी के माध्यम से देते हैं, और शेष हिस्सा नगद राशि में अदा करते हैं।

जाति

जाति जजमानी व्यवस्था को समर्थन देने वाले आधार का काम कर रही थी : इन दोनों में काफ़ी नज़दीकी सम्बन्ध था। असल में, यह कल्पना नहीं की जा सकती है कि जाति के बग़ैर जजमानी व्यवस्था का अस्तित्व हो सकता था। इसलिए यह कहा जा सकता है कि जजमानी व्यवस्था को अपने समर्थन के माध्यम से जाति ने गाँव में आपसी जुड़ाव की भावना को बढ़ाया। यह ठीक वैसे ही है जैसे पृथक्ता और गाँव से जुड़ाव की भावना को जातिगत अनुशासन को लागू करने वाले कारकों के रूप में देखा जा सकता है। बहरहाल, आज जाति की ज़्यादा महत्त्वपूर्ण भूमिका यह है कि यह सामुदायिक भावना के विकल्प या प्रतियोगी की भूमिका निभाती है। हम यहाँ जाति की इसी भूमिका पर प्रमुखता से विचार कर रहे हैं।

जाति कई तरीक़ों से कमज़ोर हुई है। पहला, व्यक्तिवाद के विकास के साथ जाति संगठन कमज़ोर हुए हैं। विशेष रूप से, ब्राह्मण, राजपूत और महाजन जैसी उच्च जातियों के जाति संगठनों के बारे में यह बात ज़्यादा सच है। इन जातियों के बहुत से सदस्य यह मानते हैं कि उनकी जाति का कोई संगठन नहीं है, या अब कोई जाति पर आधारित अनुशासन नहीं बचा है। लेकिन यह चीजों को बढ़ा–चढ़ाकर देखने की तरह है, क्योंकि ऐसे बहुत कम उदाहरण हैं जहाँ लोगों ने अपने आचरण से जाति द्वारा अनुमोदित पारम्परिक काम और मूल्यों का गम्भीर उल्लंघन किया हो। जागीरदारी के विशेष रूप से राजपूतों, और कुछ हद तक ब्राह्मणों को काफ़ी गम्भीर सामाजिक और आर्थिक झटके का सामना करना पड़ा है। इसके कारण उन्हें अपने रुख़ और जीवन–शैली में काफ़ी बदलाव करना पड़ा है। इन जातियों में जाति संगठनों के कमज़ोर होने का एक कारण यह भी है। लेकिन आगे की चर्चा से यह बात स्पष्ट होगी कि खेतिहर और निम्न जातियों में जाति संगठन अभी भी मज़बूत हैं और इन्होंने नयी भूमिका ग्रहण कर ली है।

सामाजिक समानता के विचार

दूसरा, सामाजिक हैसियत के निर्धारक के रूप में जाति का महत्त्व पहले से काफ़ी कम हुआ है। विशेष रूप से, निम्न जातियाँ जाति व्यवस्था में अपनी कम हैसियत को लेकर असन्तुष्ट हैं। गाँव में सामाजिक और राजनीतिक एकता का विचार ज़ोर पकड़ रहा है। अभी तक दो आम चुनाव और पंचायत के चार चुनाव हुए हैं, और निम्न जातियों को इन चुनावों से जुड़े राजनीतिक प्रचारों का अनुभव करने का मौका मिला है। उन्होंने यह भी देखा है कि पंचायत, सहकारी समितियाँ और स्कूल ये सभी समतावादी सिद्धान्त पर आधारित हैं, और उन्हें उच्च जातियों की तरह ही इन संस्थाओं का लाभ उठाने का हक़ है। वे अपने प्रतिनिधियों को पंचायत में उच्च जाति के प्रतिनिधियों के साथ बैठा हुआ देखते हैं, और उन्हें यह लगता है कि वे भी एक दिन सरपंच बन सकते हैं (पंचायत समिति में पहले से ही एक चमार सरपंच है)। अन्य बातों से ज़्यादा इस एक परिवर्तन ने उन्हें यह अहसास दिलाया है कि समय बदल चुका है, और सामाजिक समानता का सपना ही नहीं देखा जा सकता, बल्कि इसे हासिल भी किया जा सकता है। वे अपने आर्थिक अधिकारों और विशेषाधिकारों के बारे में भी ज़्यादा से ज़्यादा जागरूक हुए हैं। यह विशेष रूप से चमार जाति के लोगों के बारे में सच है, जिन्होंने अपना चमड़े का काम छोड़ दिया है, और अब वे पूरी तरह से खेती और मज़दूरी पर निर्भर हैं। हाल ही के टिनेन्सी क़ानून में उन्हें भूमि अधिकार भी मिला है, और वे पूरी शिद्दत से यह चाहते हैं कि उन्हें खेती के लिए और ज़्यादा सरकारी ज़मीन मिले। उन्हें यह पता है कि सरकार ने भूमि के आवंटन के सन्दर्भ में भूमिहीनों और अनुसूचित जातियों के लिए विशेष प्रावधान किये हैं। ये इन प्रावधानों का लाभ उठाना चाहते हैं, तथा ये अपने विशेषाधिकारों और 'अधिकारों' के बारे में काफ़ी मुखर हैं।

उच्च जातियों के लोगों को भी अब यह महसूस होने लगा है कि जाति व्यवस्था से जुड़ी स्पष्ट सामाजिक असमानताओं को ख़त्म किया जाना चाहिए। उच्च जाति के कुछ ग्रामीणों, विशेष रूप से सरपंच ने अस्पृश्यता को ख़त्म करने का प्रयास किया है, तथा उन्हें पीने के पानी वाले एक कुएँ को गाँव के सभी लोगों के लिए खोलने में सफलता मिली है। उन्होंने यह भी महसूस किया है कि शहर में खाने–पीने पर पाबन्दी का पालन नहीं किया जा सकता है। उन्होंने यह देखा है कि शहरों में दुकानदार उच्च

और निम्न–दोनों तरह की जातियों के लोगों से एक जैसा बरताव करते हैं। लेकिन उच्च जातियों के लोग अभी गाँव में सभी जातियों के साथ खान–पान का सम्बन्ध स्थापित करने के लिए तैयार नहीं हैं।

बहरहाल, जहाँ जाति की स्पष्ट अभिव्यक्तियों में कमी आयी है, एक सामाजिक संस्था के रूप में जाति कमज़ोर नहीं हो रही है। इसी तरह, लोगों के बीच अपनी जाति से जुड़ाव की भावना में भी कमी नहीं आयी है। असल में, कई मामलों में तो इसका उल्टा हुआ है। जाति संगठनों ने अपने लिए नया काम और नयी भूमिका तय कर ली है, और इस तरह इन्हें नवीन शक्ति प्राप्त हुई है। बहुत से सामाजिक वैज्ञानिकों ने चुनावों और राजनीति में जाति की भूमिका पर टिप्पणियाँ की हैं, और यहाँ उन्हें फिर से दोहराने की आवश्यकता नहीं है। इस क्षेत्र में जाति संगठनों ने प्रथागत दायित्वों को ख़त्म करने के सन्दर्भ में अपनी ताकत का प्रदर्शन किया है। चमारों ने चमड़े का काम, कुम्हारों ने पानी भरने का काम और नाईयों ने बर्तन धोने का काम छोड़ दिया। इस गाँव में और इसके आसपास के गाँवों में अब इन जातियों का कोई सदस्य ऐसे काम करने की हिम्मत नहीं कर सकता है। जाति संगठन अपने सदस्यों को नया पेशा अपनाने से रोकने में भी सफल हुए हैं। नये प्रकार के पेशे सामने आ रहे हैं, किन्तु इन संगठनों ने इन्हें मान्यता प्रदान नहीं की है इसलिए कोई भी ग़ैर–गूजर दूध नहीं बेचता है, और कोई भी ग़ैर–माली सब्ज़ी नहीं उगाता है। शहर और रेलवे स्टेशन के नज़दीक जनसंख्या बढ़ने के साथ दूध और सब्ज़ी की माँग में भी बढ़ोतरी हुई है। लेकिन अभी भी इन वस्तुओं की आपूर्ति करने का काम वही जातियाँ कर रही हैं, जो पारम्परिक रूप से ये काम करती रही हैं। चूँकि बढ़ती हुई माँग के साथ–साथ दूध की आपूर्ति में वृद्धि नहीं हुई है, इसलिए दूध के अभाव की गम्भीर स्थिति पैदा हो गयी है।

जाति के भीतर विवाह के नियमों का सख़्त होना

शायद यह उल्लेख करने की कोई आवश्यकता नहीं है कि यहाँ अन्तर्जातीय विवाह या फिर जाति के भीतर विवाह से सम्बन्धित नियमों का कोई उल्लंघन नहीं मिलता है। इस तरह के किसी उल्लंघन की कल्पना नहीं की जा सकती है। ज़्यादा महत्त्वपूर्ण और चिन्ताजनक बात यह है कि अब लोगों का समाजिक मेल–जोल भी काफ़ी हद तक जाति के आधार पर निर्धारित होने लगा है। अंतर्जातीय साहचर्यों या समूहों के पारम्परिक रूप अपना आधार खोते जा रहे हैं, और मुख्य रूप से विकास से जुड़े कर्मचारियों

द्वारा आगे बढ़ाये जाने वाले नये रूप प्रचलित नहीं हो पा रहे हैं। इस क्षेत्र में विवाह और मृत्यु के समय होने वाला भोज लोगों के एक साथ आने का अवसर होता है। अब इस तरह सभी आयोजन तक़रीबन जाति–आधारित होते जा रहे हैं। अमीर जागीरदारों या महाराजा के यहाँ होने वाले बड़े भोजों में सभी जातियों के लोग हिस्सा लेते थे, लेकिन अब ऐसे भोज बहुत कम आयोजित होते हैं। जागीरदार ख़त्म हो चुके हैं, और अब बड़े भोजों को प्रोत्साहित नहीं किया जाता है (मृत्यु के बाद दिये जाने वाले भोजों पर क़ानून द्वारा प्रतिबन्ध लगा दिया गया है)। अब ज़्यादातर छोटे भोज आयोजित हो रहे हैं, क्योंकि अब छोटा किसान और मज़दूर भी इस तरह का भोज आयोजित कर सकता है। लेकिन ऐसे भोज को आयोजित करने वाला व्यक्ति सिर्फ़ अपनी जाति के लोगों को ही बुलाता है।

पहले दशहरा, तीज और गंगोर जैसे त्यौहार जागीरदार द्वारा आयोजित किये जाते थे, और इसमें पूरा गाँव भाग लेता था। लेकिन अब इस प्रकार के आयोजन बन्द हो चुके हैं। अब लोग अधिकांश त्यौहार या तो अपने घर में मनाते हैं (मसलन, दीवाली) या फिर अपनी जाति के लोगों के साथ एवं अपनी जाति के लिए तय मन्दिर में त्यौहार मनाते हैं। अब सभी गाँव वाले सिर्फ़ एक त्यौहार जलझूलनी ग्यारस का त्यौहार साथ मनाते हैं, जो कि सितम्बर–अक्टूबर में बनाया जाता है। दूसरी ओर, जाति–आधारित कीर्तनों का आयेाजन बढ़ा है। पहले उच्च जातियों के दो या तीन मन्दिरों में कीर्तन का आयोजन होता था, और मुख्य रूप से ब्राह्मण इसके आयोजन के कर्त्ता–धर्त्ता होते थे। लेकिन पिछले 10 सालों में सभी मंदिरों, यहाँ तक कि चमारों के मन्दिरों में भी कीर्तन का आयोजन होने लगा है। ये सभी आयोजन जाति के आधार पर होते हैं।

सामुदायिक विकास कार्यक्रम के अन्तर्गत स्थापित युवा क्लब और सामुदायिक मनोरंजन केन्द्र जैसे संगठन अभी लोकप्रिय नहीं हुए हैं। सिर्फ़ स्कूल ही एक ऐसी संस्था है जहाँ विभिन्न जातियों के बच्चे रोज़ मिलते हैं, और एक साथ खेलते हैं। लेकिन चूँकि अभी ये सब बच्चे हैं, इसलिए 10–15 वर्ष बाद जब ये बच्चे बड़े हो जायेंगे तभी यह बात सामने आयेगी कि इसका वयस्कों पर कैसा प्रभाव पड़ा है।

स्वैच्छिक सामुदायिक कार्रवाई का अभाव

पंचायत और सहकारी समितियाँ ऐसी अन्य संस्थाएँ हैं, जहाँ विभिन्न जातियों के लोग एक साथ आते हैं। लेकिन ये सामाजिक मेल–जोल या मनोरंजन

से जुड़ी हुई संस्थाएँ नहीं हैं, बल्कि इनका निर्माण विशिष्ट प्रशासनिक, विकासात्मक और आर्थिक कार्यों के लिए किया गया है। इसलिए पंचायत अपने काम को काफ़ी अच्छी तरह से करती है। अतीत में इसने स्कूल बनवाने, पीने के पानी के लिए कुआँ बनाने और पंचायत भवन बनवाने जैसे बहुत से विकास सम्बन्धी काम पूरे किये हैं। यहाँ की सहकारी समिति ज़िले में सबसे ज़्यादा सफल है। यह ऋण देने और खेतिहर आपूर्ति के वितरण के मामले में बड़ा और सफल व्यापार करती है। इन संस्थाओं ने समान स्तर पर अंतर्जातीय सहयोग को बढ़ावा देने में योगदान दिया है। बहरहाल, चूँकि ये सामाजिक अन्तःक्रिया से जुड़ी संस्थाएँ नहीं हैं, इसलिए इनका काम कोई ऐसा मौका उपलब्ध नहीं कराता है, जिसमें अधिकांश या सभी गाँव वाले एक साथ आयें।

यहाँ एक आख़िरी तथ्य का उल्लेख किया जा सकता है। 'क' में स्वैच्छिक सामुदायिक कार्रवाई की परम्परा नहीं रही है। जागीरदार के समय सामूहिक लाभ के सभी काम उसके आदेशों से किये जाते थे। इसके लिए कई संसाधनों को जुटाने के लिए लोगों से बेगार भी करवाया जाता था। जागीरदारी के ख़त्म होने के बाद सिर्फ़ एक काम के लिए पूरे गाँव ने सामुदायिक रूप से प्रयास किया। यह काम गाँव के स्कूल के निर्माण से सम्बन्धित था। राजस्व एजेंसी ने इस काम के लिए पंचायत की ओर से लागू पैसों से कुछ पैसे लिये। इसके अलावा, सामुदायिक स्तर पर संसाधनों को एकत्रित करने का कोई अन्य प्रयास नहीं किया गया। स्थानीय बाज़ार की सड़क को बनाने और गाँव के सामुदायिक केन्द्र को बनाने का काम अधूरा पड़ा हुआ है क्योंकि गाँव के लोग आवश्यक योगदान देने के लिए तैयार नहीं हैं। सभी नेताओं ने यह स्वीकार किया है कि ऐसे किसी के लिए गाँव के लोगों से चंदा या राशि एकत्रित करना अत्यन्त कठिन है, जिससे पूरे गाँव को फ़ायदा होता हो। दूसरी ओर, जाति के आधार पर चंदा एकत्रित करने का काम तुलनात्मक रूप से ज़्यादा सक्रिय है। पिछले पाँच वर्षों में चमार, माली और जैन जाति के लोगों ने अपनी जाति के सदस्यों से चंदा लेकर अपना–अपना मन्दिर बनाने का काम पूरा किया है।

निष्कर्ष

इस गाँव के अध्ययन से दो प्रमुख निष्कर्ष सामने आते हैं :

1. गाँव से जुड़ाव की भावना कमज़ोर हुई है, लेकिन जाति से जुड़ाव की भावना कुछ ख़ास तरीक़ों से ज़्यादा मज़बूत हुई

है। गाँव के लिए भावना यद्यपि स्थानीय प्रकृति की है, लेकिन इसकी प्रकृति उस सीमा तक सेकुलर है, जिस सीमा तक यह जाति, गोत्र और अन्य समूहों से आगे जाती है। वहीं, जाति की भावना बुनियादी रूप से संकुचित है।

2. गाँव पहले एक एकीकृत सामाजिक–आर्थिक इकाई था, जिसमें ग्रामवासी एक–दूसरे से जुड़े होने की गहरी भावना से काम कर रहे थे। अब यह एक स्थान में बदल गया है, जहाँ एक–दूसरे से होड़ करने वाली विभिन्न जातियों के लोग निवास करते हैं। हालाँकि यह आख़िरी स्थिति अपनी चरम अवस्था में नहीं पहुँची है, लेकिन ऐसा लगता है कि इसकी प्रवृत्ति इसी दिशा में है।

अनुवाद : सताक्षी मालवीय

टिप्पणियाँ

1. विभिन्न जातियों के लिए वैवाहिक सम्बन्धों के क्षेत्र अलग–अलग होते हैं, अर्थात् अमूमन अलग–अलग जातियाँ कुछ ख़ास क्षेत्रों में अपनी जाति के लोगों से वैवाहिक सम्बन्ध बनाती हैं।

एक उत्तर भारतीय गाँव में चमार परिवार

*संरचनात्मक आकस्मिकता**

बरनार्ड एस. कोहन

भारतीय परिवार के वितरण की प्रकृति और इसे प्रभावित करने वाले परिवर्तन की प्रक्रियाओं से सम्बन्धित प्रश्नों का अध्ययन करने वाले समाज वैज्ञानिक अमूमन परिवारों के प्रकार के वर्गीकरण का विकास करने के लिए साधारण संरचनात्मक कसौटियों का प्रयोग करते रहे हैं। ऐसे अधिकांश विद्वानों में एकल और संयुक्त परिवारों के सन्दर्भ में विचार करने की प्रवृत्ति रही है। इस दृष्टिकोण के अनुसार संयुक्त परिवार समाज के ग्रामीण, पूर्व–आधुनिक क्षेत्र से जुड़ा हुआ है, तथा एकल परिवार आधुनिक औद्योगिक और शहरी स्थितियों के कारण उत्पन्न होता है। आई. पी. देसाई जैसे कुछ विद्वानों ने यह बताया है कि जो परिवार एक परिवार के रूप में सामने आते हैं, उनके भीतर भी सम्बन्ध काफ़ी जटिल होते हैं। साथ ही, उन्होंने यह तर्क दिया है कि भारत के शहरी इलाकों में संयुक्त परिवार की पूरी अवधारणा में बदलाव हो रहा है, किन्तु ऐसा नहीं है कि संयुक्त परिवार सिर्फ़ एकल परिवारों में तब्दील हो रहे हैं, बल्कि परिवारों के कई मध्यवर्ती रूप भी सामने आ रहे हैं। देसाई ने परिवार के अध्ययन में सांस्कृतिक के साथ–साथ संरचनात्मक कसौटियों का उपयोग करने पर बल दिया है।

इरावती कर्वे द्वारा प्रस्तुत संयुक्त परिवार की मानक परिभाषा में भी इस बात पर ज़ोर दिया गया है कि सांस्कृतिक और संरचनात्मक–दोनों ही कसौटियों का उपयोग किये जाने की आवश्यकता है : 'एक संयुक्त परिवार लोगों का ऐसा समूह है जो अमूमन एक छत के नीचे रहते हैं, एक चूल्हे पर बना खाना खाते हैं, जिनकी सम्पत्ति साझा होती है, और साझा

* *इकोनॉमिक ऐंड पॉलिटिकल वीकली* 13 (27–28–29) : 101–05 (8 जुलाई 1961)।

पारिवारिक पूजा–पाठ में भाग लेते हैं तथा एक ख़ास तरह की आत्मीयता से एक–दूसरे से जुड़े होते हैं।' कर्वे यह भी कहती है कि संयुक्त परिवार का हमेशा ही एक पुरखों का स्थान होता है, तथा संयुक्त परिवार के सदस्य भले ही व्यापार या नौकरी के कारण उस स्थान से दूर–दूर चले गये हों, किन्तु इसे उनका घर माना जाता है।

इस अध्याय का तर्क यह है कि हमें परिवार के प्रकारों में हो रहे बदलाव की अपनी चर्चा में इन सांस्कृतिक परिघटनाओं को सम्मिलित करने की आवश्यकता है। साथ ही, परिवार के प्रकार को परिभाषित करने के लिए उपयोग की जाने वाली सरल संरचनात्मक कसौटियों की नये सिरे से समीक्षा करने की ज़रूरत है। इसके माध्यम से यह तय किया जा सकता है कि ऐसी कौन सी संरचनात्मक पूर्व–स्थितियाँ हैं, जो यह तय करती हैं कि व्यक्ति अपने जीवन के किसी दौर में किस प्रकार के परिवार में रहेंगे। भारत में परिवार की संरचना के बारे में बात करने वाले अधिकांश क्षेत्र–अध्ययनकर्त्ताओं (फील्ड वर्कर्स) ने समय के साथ होने वाली प्रक्रियाओं को सुनिश्चित बना दिया है। असल में, परिवारों के प्रकारों का विश्लेषण करने के लिए यह आवश्यक है कि हम किसी समय जिन व्यक्तिगत परिवारों का अध्ययन कर रहे हैं, उन पर ध्यान केन्द्रित करें। यहाँ जिस दृष्टिकोण को अपनाया गया है, वह इससे इस अर्थ में अलग है कि यह परिवार को एक सुनिश्चित निकाय के रूप में देखने का प्रयास नहीं करता है, बल्कि इसे एक संरचनात्मक आकस्मिकता के रूप में देखता है।

उत्तर भारत के गाँवों में पाया जाने वाले परिवारों के प्रकारों का वितरण सांस्कृतिक परम्पराओं, संरचनात्मक आवश्यकताओं और आर्थिक कारकों की अन्तःक्रिया का नतीजा होता है। गाँवों के परिवारों को एकल परिवार माना जा सकता है, 'जिसमें अमूमन विवाहित पुरुष और महिला तथा उनके बच्चे सम्मिलित होते हैं। किन्तु कई ऐसे उदाहरण भी मिल सकते हैं जिनमें उनके साथ एक या एक से ज़्यादा अन्य लोग भी रहते हैं' (मुरडॉक 1949 : 1); और इससे आगे विस्तृत परिवार में 'दो या दो से ज़्यादा एकल परिवार माता–पिता और बच्चों के सम्बन्ध के विस्तार के रूप में जुड़े होते हैं' (वही : 2)। विस्तृत परिवार को दो उपभागों में विभाजित किया जा सकता है, अस्थायी और स्थायी; स्थायी परिवार वे हैं जिन्हें अमूमन संयुक्त परिवार कहा जाता है। विस्तृत परिवारों को उत्तर भारत में हिन्दुओं के बीच सांस्कृतिक आदर्श माना जाता है। यह संयुक्त

रूप से जीवन व्यतीत करने की परम्परा, संयुक्त परिवार के लिए सहायक एक आर्थिक आधार, परिवार के भीतर भूमिकाओं का पर्याप्त तरीक़े से विभेदीकरण, पीढ़ियों के बीच प्राधिकार का स्पष्ट विभाजन, श्रम शक्ति की आवश्यकता, और परिवार के सदस्यों के दीर्घ जीवन जैसी ख़ास स्थितियों के बीच विकसित होता है।

परिवार के प्रकारों की अन्तर्निहित स्थितियों के महत्त्व और संरचनात्मक आकस्मिकताओं की प्राप्ति के महत्त्व को दर्शाने का प्रयास करूँगा। इसके लिए मैं पूर्वी उत्तर प्रदेश के सेनापुर गाँव में एक भूमिहीन खेतिहर जाति चमारों की स्थिति का वर्णन करूँगा। सेनापुर एक बड़ा गाँव है जिसमें बहुत–सी जातियों के लोग रहते हैं। यहाँ पर ठाकुर जाति का प्रभुत्व है। इस जाति के लोगों के पास काफ़ी ज़मीन है। गाँव का कुल क्षेत्र 2000 एकड़ से कुछ ज़्यादा है; 1953 में यहाँ की जनसंख्या 2,100 थी, जिसमें 600 चमार और 450 ठाकुर थे। ठाकुरों की ज़मीन पर मुख्य रूप से चमार जाति के लोग ही खेतिहर मज़दूर के रूप में काम करते थे। ये छह टोलों में रहते थे, जो गाँव के मुख्य भाग से अलग बसे हुए थे। गाँव के मुख्य भाग में ठाकुर और कारीगर जातियों के लोग निवास करते थे।

चमार परिवारों के प्रकार

चमार विभिन्न प्रकार के परिवारों में रहते हैं। लेकिन ख़ुद इनके पास इन परिवारों के बीच भिन्नता को स्पष्ट करने के लिए कोई शब्दावली नहीं है। एक परिवार में रहने वाले लोगों को वर्णन करने के लिए अमूमन वे 'घर' शब्द का इस्तेमाल करते हैं। वे परिवार के लिए अलग–अलग शब्दों का प्रयोग करते हैं। अमूमन भिन्न–भिन्न घरों में रहने वाले लोगों के लिए वंश आदि के आधार पर परिवार शब्द का प्रयोग किया जाता है। जब घर शब्द का प्रयोग एक परिवार के लिए किया जाता है तो इसका अर्थ यह होता है कि इसमें वे लोग सम्मिलित हैं जो एक चूल्हे से अपना खाना बनाते हैं। एक चूल्हे से खाने लेने वाले समूह का अर्थ यह है कि एक परिवार के रूप में यह समूह अपनी सम्पत्ति और अधिकारों का साझा करता है, उसका साझा ग्रन्थ, साझा नेता, साझा उधार और साझी श्रम शक्ति होती है तथा अमूमन इसका एक स्पष्ट मान्यता प्राप्त मुखिया होता है। आमतौर पर, परिवार का सबसे बुजुर्ग सक्षम पुरुष ही परिवार का

मुख्यिा होता है। बस्ती या टोले के मामले में परिवार को एक बुनियादी इकाई के रूप में मान्यता दी जाती है, और अन्य चमार भी इसे आसानी से मान्यता देते हैं। अमूमन एक टोले के लोग वहाँ रहने वाले परिवार के सभी सदस्यों का नाम जानते हैं और उन्हें यह भी पता होता है कि हर परिवार का मुखिया कौन है।

संरचनात्मक कसौटियों के आधार पर सेनापुर में चमारों के 122 परिवारों को सारणी 1 में निम्नलिखित श्रेणियों में विभाजित किया गया है।

सारणी 1 : सेनापुर के चमारों के परिवारों का विभाजन

एकल	
अकेले उम्रदराज वयस्क	9
आदमी, पत्नी और अविवाहित बच्चे; या महिला और अविवाहित बच्चे	72
	81
कुल	
आदमी, पत्नी, पुत्र, पुत्रों की पत्नियाँ और उनके बच्चे	24
भाई, पत्नियाँ और उनके बच्चे	14
आदमी, पत्नी, बेटियाँ, उनके पति और बच्चे	4
कुल	42

स्रोत : लेखक

सारणी 1 में 1993 में सेनापुर गाँव में चमार परिवारों के संघटन के बारे में कुछ संरचनात्मक तथ्यों को व्यक्त किया गया है। यह हमें एक प्रक्रिया के रूप में परिवारों के बारे में कुछ भी नहीं बताता है। साथ ही, इससे हमें एक निश्चित समयावधि में परिवारों में हुए परिवर्तन के बारे में भी कुछ पता नहीं चलता है। चमार मुख्य रूप से एकल, विस्तृत और/या संयुक्त परिवारों में रहते हैं। इन परिवारों का संघटन बहुत से जटिल सामाजिक, आर्थिक और सांस्कृतिक कारकों से तय होता है। ये कारक किसी भी समय एक चमार के परिवार के प्रकार को तय करते हैं। चमार के लिए परिवार का प्रकार सुनिश्चित और पहले से तय नहीं है, बल्कि यह एक संरचनात्मक आकस्मिकता के रूप में है।

अधिकांश चमार यह मानते थे कि आदर्श परिवार में तीन पीढ़ियों के लोग रहते हैं। इसमें दादा, उनके पुत्र, पुत्रों की पत्नियाँ और उनके बच्चे एक घर में रहते हैं और उनका खाना एक ही चूल्हे पर बनता है। चमार ठाकुर परिवार को आदर्श के रूप में देखते थे, जो हमेशा तो नहीं, पर अमूमन तीन पीढ़ियों के परिवार के रूप में था। कुछ चमारों ने यह कहा कि ठाकुरों ने अपने परिवार की संरचना के कारण अपनी आर्थिक, राजनीतिक और सामाजिक ताक़त हासिल की।

सारणी 1 में विस्तृत परिवार के रूप में वर्गीकृत 42 परिवारों में से सिर्फ़ 14 परिवार ही संयुक्त परिवार के सांस्कृतिक आदर्श रूप के क़रीब थे। इसमें तीन पीढ़ियाँ या तो साथ रहती थीं, या यदि दादा की पीढ़ी के लोगों की मृत्यु हो चुकी थी तो 20 वर्ष की उम्र से ज़्यादा वाले भाई एक साथ रहते थे। जिन परिवारों को विस्तृत परिवारों के रूप में परिभाषित किया गया, उनमें से कई परिवारों का कुछ वर्षों के बाद ही बँटवारा हो गया। कई मामलों में बहुत से पुत्र थे, इनमें से एक या दो का विवाह हो चुका था और कुछ के छोटे बच्चे थे, जिसके कारण तीन परिवारों में तीन पीढ़ियाँ रह रही थीं। लेकिन जब पुत्र बड़े हुए, आमतौर पर जब वे 20 वर्ष से ज़्यादा हुए, तो परिवार इन सभी पुत्रों के एकल परिवार के रूप में विभाजित हो गया। जिन 14 परिवारों को मैंने संयुक्त परिवार की संज्ञा दी है, उसमें 20 वर्ष से ज़्यादा उम्र वाले पुत्र या दामाद और उनके पाँच वर्ष के उम्र तक के बच्चे रह रहे थे। यह भी याद रखने की आवश्यकता है कि चमार पुरुषों के विवाह की उम्र 15 और 17 के बीच थी, तथा लड़कियों की विवाह की उम्र 14 और 16 के बीच थी।

ऐसे बहुत से महत्त्वपूर्ण कारक हैं जिन्होंने चमारों के बीच आदर्श संयुक्त परिवार के अस्तित्व को कठिन बना दिया : जनसंख्या, आर्थिक, महिलाओं की भूमिका और गतिशीलता।

जनसंख्या

चमारों, विशेष रूप से पुरुष चमारों की जीवन प्रत्याशा (लाइफ एक्सपेक्टेंसी) निम्न है। सेनापुर में कुल 319 चमार पुरुष थे, इनमें सिर्फ़ 19 पुरुष ही 50 वर्ष से ज़्यादा थे। वहीं 338 महिलाओं में सिर्फ़ 25 की उम्र 50 वर्ष से ज़्यादा थी। स्पष्टतः यहाँ एक तीन पीढ़ी वाला परिवार नामुमकिन है, क्योंकि तीसरी पीढ़ी का अस्तित्व ही नहीं है। मैंने यह पाया कि जो चमार बचपन

की बीमारियों आदि से बच गये, वे अमूमन 35 से 45 वर्ष के बीच मृत्यु का शिकार हो जाते थे। वहीं, यहाँ के ठाकुरों के बीच संयुक्त परिवार का ज़्यादा अस्तित्व है। मैंने यह पाया कि ठाकुरों की जीवन प्रत्याशा ज़्यादा है।

अर्थशास्त्र

चमारों के स्वामित्व वाली खेती की ज़मीन तथा उनके पास मौजूद अन्य तरह की सम्पत्ति का वास्तविक आँकड़ा हासिल करना अत्यधिक कठिन था। 1952 से पहले किसी भी चमार के पास ज़मीन नहीं थी; गाँव की पूरी ज़मीन पर ठाकुरों का मालिकाना था। 1952 के भूमि सुधार अधिनियम के बाद कुछ चमारों को भूस्वामी बनने का मौक़ा मिला। चमारों के लिए यह महत्त्वपूर्ण नहीं है कि उनके पास कितनी ज़मीन का मालिकाना है, बल्कि उनके लिए ज़्यादा अहम यह है कि वे कितनी ज़मीन पर खेती कर रहे हैं और उनकी काश्तकारी का स्वरूप क्या है। चमारों के अपने अनुमान के मुताबिक़ 1952 में 122 चमार परिवार 124 एकड़ ज़मीन पर अस्थायी जोतदार के रूप में खेती कर रहे थे, और सिर्फ़ 12 एकड़ पर ही वे स्थायी जोतदार थे। इसके अलावा, वे 9 एकड़ पर बँटाईदारी के आधार पर खेती कर रहे थे। चमारों ने यह बताया कि 5 से 6 लोगों के परिवार को चलाने के लिए 4 एकड़ ज़मीन पर्याप्त है। क्या परिवारों के प्रकार और ज़मीन की जोत (लैंडहोल्डिंग) के बीच कोई सम्बन्ध है।

जिन टोलों में चमार रहते थे उसे ज़मीन की जोत के आधार पर धनी, मध्यम और ग़रीब के रूप में विभाजित किया गया। इस टोले में एकल परिवारों की तुलना में विस्तृत परिवारों के पास थोड़ी ज़्यादा ज़मीन थी।

सारणी 2 : ज़मीन की जोत

सबसे ग़रीब	
संयुक्त	प्रति व्यक्ति 3.4 विस्वा
एकल	प्रति व्यक्ति 2.4 विस्वा
मध्यम	
संयुक्त	प्रति व्यक्ति 6.2 विस्वा
एकल	प्रति व्यक्ति 5.6 विस्वा

धनी	
संयुक्त	प्रति व्यक्ति 11.1 विस्वा
एकल	प्रति व्यक्ति 6.9 विस्वा

स्रोत : लेखक

औसत चमार परिवार 1 एकड़ से कुछ कम ज़मीन पर खेती करता है। औसत ठाकुर परिवार इससे 6 गुना ज़्यादा ज़मीन पर खेती करता है। खेती की भूमि से जुड़े कई अन्य आर्थिक कारक भी परिवारों के प्रकार को प्रभावित करते हैं।

एक चमार अपनी खेती की ज़मीन को अत्यधिक महत्त्व देता है। हालाँकि अमूमन उसकी अपनी खेती की पैदावार से उसे और उसके परिवार को साल के चार महीनों का ही भोजन मिलता है। चमार की खेती की अधिकांश ज़मीन ठाकुरों के यहाँ स्थायी खेतिहर मज़दूर के रूप में उनके काम के मेहनताने के रूप में होती है। एक चमार के लिए स्थायी या दिहाड़ी खेतिहर मज़दूर का काम उसकी आय का मुख्य स्रोत होता है। तक़रीबन सभी चमारों के लिए यह गाँव में जीविका का प्रमुख साधन है। जब एक चमार 15 और 35 वर्ष के बीच होता है तो वह अपने काम करने की सबसे अच्छी अवस्था में होता है। उसके बाद ठाकुर लोग उसे बूढ़ा मानने लगते हैं। बूढ़े चमारों को खेतों में जुताई करने का काम नहीं मिलता है। उन्हें युवा चमारों की तुलना में काम पाने में अत्यधिक कठिनाई का सामना करना पड़ता है। इसलिए, जैसे–जैसे चमार पुरुष की उम्र बढ़ती जाती है, वैसे–वैसे उसकी आर्थिक भूमिका में गिरावट होती जाती है, तथा परिवार में वह आर्थिक रूप से कम योगदान कर पाता है। किन्तु यह याद रखने की आवश्यकता है कि चमार महिला की उम्र बढ़ने के साथ उसके आर्थिक महत्त्व में इतनी तेज़ी से गिरावट नहीं आती है। वे 50 और 60 की उम्र तक पहुँच जाने के बाद भी आर्थिक रूप से उपयोगी बनी रहती हैं; ये ठाकुरों के घरों में नौकरों के रूप में काम कर सकती हैं, या दाई का काम कर सकती हैं, या फिर ये घर का काम सँभालकर युवा चमार महिलाओं को खेतों में काम करने का मौक़ा दे सकती हैं।

ठाकुरों के परिवारों में पुरुषों की आर्थिक भूमिका में चमार पुरुषों की तरह गिरावट नहीं आती है। यह सच है कि इन दिनों ठाकुर भी चमारों की तरह ही काम करते हैं। सिर्फ़ अन्तर यह है कि ठाकुर लोग वास्तव में खेतों में खेतों की जुताई का काम नहीं करते हैं। इस तरह, एक ठाकुर पुरुष भी अपनी उम्र बढ़ने के साथ परिवार में शारीरिक श्रम वाले काम करके प्रत्यक्ष रूप से योगदान नहीं दे पाता है, चूँकि ठाकुरों की जोत की ज़मीन ज़्यादा बड़ी होती है, इसलिए एक उम्रदराज ठाकुर पुरुष खेती के प्रबन्धन का काम कर सकता है। इसका कारण यह है कि उसे फ़सलों, खेती की तकनीक और बाज़ार आदि का ज्ञान होता है। वह अपने छोटे भाइयों, पुत्रों और किराये के मज़दूरों के काम का मार्गदर्शन कर सकता है। स्पष्टतः वह परिवार के प्रबन्धन का काम अपने हाथों में रख सकता है। वह अब भी परिवार की आर्थिक गतिविधियों के मुखिया की भूमिका अदा कर सकता है।

दूसरी ओर, चमार पुरुष उम्र बढ़ने के साथ अपनी आर्थिक भूमिका खो देता है। एक बार जब वह मज़दूरी के माध्यम से परिवार में प्रत्यक्ष रूप से योगदान करने की अपनी क्षमता खो देता है तो परिवार के मुखिया के रूप में उसकी भूमिका कमज़ोर हो जाती है। इससे अपने पुत्रों और छोटे भाइयों को संयुक्त परिवार में एक साथ रखने की उसकी क्षमता भले ही पूरी तरह से ख़त्म नहीं होती है, किन्तु वह कमज़ोर अवश्य हो जाती है।

चमारों के पास ज़मीन के अभाव और उनकी कमज़ोर आर्थिक स्थिति के कारण चमार का जीवन जीविका के साधन जुटाने पर केन्द्रित होता है। इसलिए चमार विस्तृत परिवारों के स्थान पर एकल परिवारों में रहते हैं। सेनापुर के अधिकांश चमारों का एक वर्ष में दो से चार महीनों तक आहार का स्तर काफ़ी निम्न होता है, और वे अर्द्ध–भुखमरी की स्थिति का सामना करते हैं। औसत चमार परिवार जिस ज़मीन पर खेती करता है, उससे वह साल के चार महीने लायक अनाज ही उपजा पाता है। ठाकुरों के यहाँ दिहाड़ी मज़दूर के रूप में काम या फिर कारख़ानों के मज़ूदरों के रूप में काम करना उनकी आय का अन्य स्रोत होता है। अगस्त और जनवरी के बीच औसत चमार अपने आय के समस्त स्रोतों को जोड़कर भी अपने परिवार की आवश्यकता से आधा अनाज ही जुटा पाते हैं। इन महीनों के दौरान जिन लोगों को गाँव में काम मिलता है, उनकी मज़दूरी साल में सबसे निम्नतम स्तर पर रहती है।

चमारों ने यह बताया कि उनके संयुक्त परिवारों का बँटवारा अमूमन भोजन के लिए होने वाले झगड़े के कारण होता है। मेरे पास ऐसे 12 बँटवारों के आँकड़े हैं, इनमें से 8 परिवारों ने यह बताया है कि बँटवारे का मुख्य कारण यह है कि संयुक्त परिवार के भीतर भोजन और आमदनी के बँटवारे में भेदभाव होता था। एक भाई जिसका एक छोटा बच्चा है, वह यह नहीं समझ पाता है कि उसे अपनी मामूली कमाई में उससे भाई को हिस्सा क्यों देना चाहिए जिसके तीन बच्चे हैं और जिसके बच्चे परिवार के भोजन का बड़ा हिस्सा ले लेते हैं। इसलिए, यह बात सामने आती है कि एक संयुक्त परिवार को क़ायम रखने के लिए यह आवश्यक है कि उसके पास न्यूनतम जीविका से ज़्यादा आमदनी होनी चाहिए।

महिलाओं की भूमिका

खेती की ज़मीन बहुत कम होने के कारण एक अन्य ऐसा कारक सामने आता है जो चमारों के बीच एकल परिवार को बढ़ावा देता है। चमार अपनी पूरी श्रम शक्ति अपने छोटे से खेत के टुकड़े में खेती करने में नहीं लगा सकते हैं। हक़ीक़त यह है कि एक पुरुष, उसकी पत्नी और बच्चे अपने खेत पर तक़रीबन सारा काम करने में समर्थ होते हैं। सिर्फ़ गन्ने की जुताई एकमात्र ऐसा काम होता है, जिसके लिए उन्हें किसी अन्य वयस्क पुरुष की आवश्यकता होती है। लोबार और कोहार जैसी कारीगर जातियों या ठाकुर जैसी भूमिपति जातियों के लिए अतिरिक्त संचित श्रम एक आर्थिक सम्पदा के रूप में होता है। मसलन, बहुत से बढ़ई यन्त्र, सुविधाएँ और काम होने पर एक साथ काम कर सकते हैं। स्पष्टतः इस तरह के काम के लिए विस्तृत परिवार होना एक लाभप्रद स्थिति होती है।

भोजन से सम्बन्धित विवाद के बाद चमार परिवारों में बँटवारा होने का बड़ा कारण भाईयों की पत्नियों के बीच विवाद या पत्नी और पति की माताओं के बीच विवाद की सर्वप्रमुख भूमिका होती है। एक चमार महिला अपने पति की पूर्ण आर्थिक सहयोगी होती है। वह हल चलाने के अलावा, अपने पति की तरह ही खेतिहर मज़दूर का हर काम करती है। वह ठाकुर के परिवार में नौकर की तरह काम करती है, ठाकुर महिलाओं की रसोई के बाहर के सभी कामों में उनकी मदद करती है। चमार महिलाओं को ठाकुर परिवारों में नौकर के रूप में काम के लिए फ़सल, कपड़े या बने हुए भोजन के रूप में मज़दूरी दी जाती है।

जब एक चमार महिला का अपनी सास के साथ विवाद होता है, तो परिवार में अपने मज़बूत आर्थिक योगदान के कारण उसकी स्थिति मज़बूत होती है। परिवार छोड़ने की उसकी धमकी को गम्भीरता से लिया जाता है, क्योंकि यदि वह ऐसा करेगी तो उसके पति के परिवार को काफ़ी गम्भीर आर्थिक नुकसान होगा। चमार महिलाएँ अपने पतियों को छोटी या लम्बी अवधि के लिए छोड़ देती हैं, या वे अपने पतियों से तलाक़ भी ले सकती हैं। एक महिला के पिता या भाई उसके वापस आने पर नाख़ुश नहीं होते हैं, क्योंकि वह काम करके आर्थिक रूप से परिवार की कुछ मदद कर सकती है। अमूमन ऐसा नहीं सुना गया है कि एक ठाकुर महिला अपने पिता के घर स्थायी या अर्द्ध–स्थायी रूप से वापस चली गयी। असल में, यह सिर्फ़ परम्परा के ख़िलाफ़ ही नहीं है, बल्कि एक ठाकुर महिला कुछ हद तक अपने पिता के परिवार पर आर्थिक बोझ भी बन जायेगी। जब एक ठाकुर महिला युवा होती है तो वह घर के भीतर का काम करती है, तथा बच्चों की देख–रेख करती है। लेकिन चमार महिला की तुलना में वह परिवार में कोई प्रत्यक्ष आर्थिक योगदान नहीं करती है। एक ठाकुर महिला पर प्रत्यक्ष रूप से उस परिवार की बुजुर्ग महिला का नियन्त्रण होता है, वहीं एक चमार महिला घर से बाहर जाती है और अन्य आदमियों से मिलती–जुलती है। चमार महिला का अपने पति से अलग भी एक विचार होता है। वह अपने परिवार में पूर्ण और सक्रिय रूप से आर्थिक योगदान करती है। यदि उसे यह लगता है कि संयुक्त परिवार के बँटवारे से उसे लाभ होगा, तो वह परिवार के बँटवारे की माँग कर सकती है। एक संयुक्त परिवार में यह आवश्यक होता है कि परिवार के सदस्य परिवार के मुखिया की सर्वोच्चता को स्वीकार करें और उसकी बातों को मानें। इसके अलावा, यहाँ पर लोगों की भूमिकाएँ बँटी होनी चाहिए। वहीं, अधिकांश चमार परिवारों में पति और पत्नी की भूमिका अदल–बदल सकती है।

गतिशीलता

पारम्परिक रूप से, भौतिक अर्थ में संयुक्त परिवार का एक केन्द्र होना चाहिए। ठाकुरों के बीच संयुक्त परिवार के पाम्रपरिक स्थान का महत्त्व स्पष्ट है। वे गर्व के साथ अपने पूर्वजों तथा गाँव और स्थानीय क्षेत्र से अपने जुड़ाव के बारे में बताते हैं। एक ठाकुर 15 से 17 पीढ़ियों तक की वंश परंपरा को जानता है। वह यह जानता है कि उसके कौन–से पूर्वज

गाँव और इस क्षेत्र में रहे, उन्होंने खेती की और संघर्ष किया। एक ठाकुर के लिए ज़मीन और परिवार एक ही हैं। यहाँ तक कि आधुनिक स्थितियों में भी एक संयुक्त परिवार और उसकी भूमि को प्राथमिक स्थान दिया जाता है। असल में, जाति की एकजुटता की क़ीमत पर भी ऐसा किया जाता है।

एक चमार के जीवन का नियन्त्रण उसके अपने हाथ में नहीं होता है, बल्कि यह ठाकुर के हाथों में होता है जो उसे खेती के लिए ज़मीन और जीविका का साधन उपलब्ध कराता है। एक चमार का एक गाँव से जुड़ाव अपने ठाकुर के कारण होता है। यह ठाकुर–प्रजा के जुड़ाव के रूप में होता है। 1952 के भूमि सुधार अधिनियम के लागू होने से पहले गाँव की समस्त भूमि पर ठाकुरों का स्वामित्व था; सभी ग़ैर–ठाकुर परिवार प्रजा के रूप में ठाकुर परिवार पर निर्भर थे। ठाकुर परिवार की ज़मीन पर ही ग़ैर–ठाकुरों का घर बना हुआ था। सैद्धान्तिक रूप से, ठाकुर ने अपनी प्रजा की हिफ़ाजत की तथा आवश्यकता पड़ने पर उसे हर प्रकार की सहायता दी। प्रजा अपने ठाकुर के प्रति निष्ठा रखती थी, और उसकी सहायता करती थी। यहाँ तक कि अन्य चमार भी किसी एक चमार को उसके नाम, वंश या परिवार के आधार पर वर्णित नहीं करते थे, बल्कि वे उसका वर्णन किसी ख़ास ठाकुर की प्रजा के रूप में करते थे। दूसरी ओर, उच्च जाति के लोगों का वर्णन उनके नाम, वंश या परिवार के आधार पर किया जाता था। एक चमार के अपने गाँव में रहने का मुख्य कारण यह है कि इसे यहीं काम मिल सकता है। मैंने यह पाया कि जहाँ ठाकुर अपने 17 पीढ़ियों तक के इतिहास का वर्णन कर सकते हैं, वहीं चमार अपने पहले की तीन और बाद की तीन पीढ़ी का वर्णन ही कर पाते हैं। चमार को ठाकुर की तरह वंशक्रम के ज्ञान की आवश्यकता नहीं है, क्योंकि उसके पास अपनी अगली पीढ़ी को देने के लिए कोई ख़ास ज़मीन नहीं होती है।

चमार के वंशक्रम के अध्ययन से यह बात स्पष्ट हुई कि पिछले 70 वर्षों में चमारों में काफ़ी भौगोलिक गतिशीलता रही है। सबसे बड़े चमार टोले के 48 परिवारों में से सिर्फ़ 8 परिवारों ने यह दावा किया कि वे इस गाँव में सबसे पहले बसे, अर्थात् वे ठाकुरों के साथ इस गाँव में आये। अन्य 40 परिवार पिछले 200 वर्षों में इस गाँव में आकर बसे हैं। इस गाँव में रहने वाले 50 प्रतिशत वयस्क पुरुष सेनापुर के बजाय किसी अन्य गाँव से यहाँ आये थे। मेरी जानकारी के मुताबिक़ सभी वयस्क ठाकुर पुरुषों का इसी गाँव में जन्म हुआ था।

असल में, तीन स्थितियों के कारण चमार एक स्थान से दूसरे स्थान की ओर जाते हैं। अपने भू–स्वामी के साथ गम्भीर विवाद होने पर चमार अपने पशु या कुछ वस्तुओं को लेकर भाग जाता है। यह चमार या तो अपनी पत्नी या माता या बहन के गाँव में चला जाता है। यदि किसी चमार के पास अपने पैदायशी गाँव में बहुत कम ज़मीन होती है, और यदि उसके ससुर के पास ज़मीन होती है और उनका कोई बेटा नहीं होता है, तो अमूमन वह अपने ससुर के गाँव में जाकर बस जाता है। उसको यह उम्मीद होती है कि उसके बेटे को उसके ससुर की ज़मीन मिल जायेगी। 1952 में सेनापुर में चार ऐसे आदमी थे, जो अपने ससुर के यहाँ या उनके घर के आसपास घर बनाकर रहते थे। गाँव छोड़ने का तीसरा कारण यह होता है कि यदि एक चमार को यह पता चलता है कि एक ऐसे गाँव में जहाँ उसके कोई अन्य सम्बन्धी रहते हैं, और वहाँ उसे ज़्यादा ज़मीन मिल सकती है तो वह उस गाँव में चला जाता है। लेकिन एक ऐसा मामला भी सामने आया जिसमें एक पिता और दो पुत्रों वाला एक चमार परिवार इसलिए किसी अन्य गाँव में चला गया क्योंकि वह वहाँ ज़मीन ख़रीद सकता था।

चमार परिवारों की गतिशीलता के कारण संयुक्त परिवारों में टूट होती है, क्योंकि अमूमन परिवार के कुछ लोग ही एक स्थान से दूसरे स्थान की ओर जाते हैं; और उनके पीछे एक एकल परिवार रह जाता है। ऐसा लगता है कि जो चमार गाँव से बाहर जाते हैं उनके भीतर सगे–सम्बन्धियों का जुड़ाव विशेष रूप से नाज़ुक होता है। जो व्यक्ति गाँव छोड़कर जाता है, उसके रिश्तेदार एक या दो पीढ़ियों के बाद उसे भूल जाते हैं।

संयुक्त परिवार वाले घरों का निर्माण

जैसा कि मैंने पहले ही बताया है कि चमारों के अधिकांश संयुक्त परिवार सिर्फ़ अस्थायी संयुक्त परिवार होते हैं। एक चमार परिवार कुछ निश्चित स्थितियों की प्रतिक्रियास्वरूप लगातार बदलता रहता है। हम इस बारे में बातचीत को सुगठित रूप से व्यक्त कर सकते हैं; किन्तु हमें यह तथ्य याद रखने की आवश्यकता है कि चमारों के लिए संयुक्त परिवार एक सुनिश्चित स्वरूप के बजाय एक संरचनात्मक आकस्मिकता है।

संरचनात्मक आकस्मिकता से मेरा क्या तात्पर्य है, इसे निम्नलिखित उदाहरण से समझा जा सकता है, जो गाँव में चमार परिवारों के गाँव से

बाहर के रोज़गार के प्रभावों को दर्शाता है। गाँव के 42 संयुक्त परिवारों में से 18 परिवारों के एक या एक से ज़्यादा सदस्य गाँव से बाहर काम करते थे। 80 एकल परिवारों में से 14 परिवारों के सदस्य गाँव से बाहर काम करते थे।

शहरी रोज़गार दो तरीक़े से अस्थायी संयुक्त परिवारों का निर्माण करता है। पहला, जब एक व्यक्ति शहर में काम करने जाता है, और अपने परिवार को पीछे छोड़ देता है तो वह अमूमन अपने एकल परिवार के सदस्यों (पत्नी या/और बच्चे) को अपने माता–पिता या भाई के यहाँ छोड़ देता है। जब तक यह व्यक्ति बाहर रहता है, तब तक यह संयुक्त परिवार बना रहता है क्योंकि शहर से आने वाला पैसा इस परिवार के साझा कोष में जाता है, और इस व्यक्ति के पास जो ज़मीन होती है उसका संयुक्त रूप से इस्तेमाल किया जाता है। बहरहाल, जब यह व्यक्ति वापस आता है, तो वह अपने परिवार को अलग कर सकता है; और इसके बाद वह शहर से कमाकर लाये पैसे का उपयोग सिर्फ़ अपने एकल परिवार के लिए कर सकता है। मैं इस प्रकार के संयुक्त परिवार को अस्थायी संयुक्त परिवार कहूँगा : यह ऐसा परिवार होता है जिसका निर्माण एक ख़ास आर्थिक स्थिति का सामना करने के लिए किया जाता है।

बाहरी रोज़गार एक स्थायी संयुक्त परिवार निर्मित करने का प्रमुख कारक भी हो सकता है : इसमें एक साथ तीन पीढ़ियों के संयुक्त परिवार का अस्तित्व हो सकता है। तीन चमार स्कूल शिक्षकों का परिवार इसी प्रकार के संयुक्त परिवार का उदाहरण माना जा सकता है। हर मामले में स्कूल का शिक्षक बनने वाले बच्चों का पालन–पोषण संयुक्त परिवार में हुआ था। यह कोई संयोग नहीं है; चमारों में सिर्फ़ संयुक्त परिवार में रहने वाले लोग ही अपने एक बच्चे के श्रम की कुर्बानी देकर उसे स्कूल भेज पायें, जिससे वह आगे चलकर स्कूल शिक्षक बना। तीनों में से प्रत्येक शिक्षक अपनी शिक्षा हासिल करने के बाद भी तीन पीढ़ियों वाले संयुक्त परिवार में ही रह रहा है, किन्तु इनमें से कोई भी अपने परिवार का मुखिया नहीं है। इनमें से एक परिवार में सबसे पुरानी पीढ़ी के लोगों में दो भाई और उनकी पत्नियाँ सम्मिलित हैं। मैं यह नहीं जानता कि इनकी मृत्यु के बाद भी यह संयुक्त परिवार एकजुट रह पायेगा या नहीं। बहरहाल, मैं यह अवश्य जानता हूँ कि थोड़ी बहुत ज़मीन और लगातार होने वाली नगद आय के कारण ये संयुक्त परिवार लम्बे समय तक क़ायम रह पाये

हैं। ऐसा लगता है कि कई अन्य मामलों में औद्योगिक मज़दूर के रूप में काम करने वाला एक युवा पुत्र या भाई ऐसी ही भूमिका निभाता है।

ऐसा लगता है कि संयुक्त परिवारों को क़ायम रखने में परम्परा भी एक प्रमुख कारण की भूमिका अदा करती है; कुछ चमार परिवारों में संयुक्त परिवार के रूप में रहने की परम्परा है। अमूमन इस तरह के परिवार तुलनात्मक रूप से सम्पन्न और शक्तिशाली चमार परिवार होते हैं, और साथ ही ये चमारों का नेतृत्व भी करते हैं।

मेरी प्रकल्पना यह है कि चमारों के बीच सिर्फ़ भूमि या सम्पत्ति के कारण ही संयुक्त परिवार क़ायम नहीं रहते हैं; इसके बजाय इसमें कई प्रकार के कारण सम्मिलित हो सकते हैं। भूमि एक महत्त्वपूर्ण कारक है किन्तु यह पर्याप्त नहीं है। कुछ सबसे सम्पन्न चमार परिवार संयुक्त परिवार के रूप में नहीं रहते हैं। असल में, संयुक्त परिवार को क़ायम रखने वाले कारकों में शहरी रोज़गार और साक्षरता को शामिल किया जा सकता है। साक्षरता संस्कृतिकरण की प्रक्रिया को बढ़ावा देती है, जिससे संयुक्त परिवार को प्रोत्साहन मिलता है।

सन्दर्भ

मुरडॉक, जॉर्ज पीटर, 1949, *सोशल स्ट्रक्चर*, न्यूयॉर्क : मैकमिलन।

दिल्ली के एक गाँव में शहरीकरण

*कुछ सामाजिक आयाम**

एम.एस.ए. राव

शहरीकरण शब्द शहरवाद की प्रक्रिया के बारे में बताता है और यह इससे अलग भी है। शहरवाद कुछ निश्चित विशिष्ट सामाजिक संस्थाओं और संगठन तथा संस्कृति से सम्बन्धित जीवन–शैली है। शहरवाद एक सापेक्षिक शब्द है, और यह बताता है कि गाँवों में पायी जाने वाली जीवन–शैली भिन्न होती है। बहरहाल, गाँव और शहर–दोनों ही एक व्यापक सामाजिक व्यवस्था अर्थात् सभ्यता के भाग हैं। इसमें न सिर्फ़ इन दोनों के बीच अन्तःक्रिया होती है, बल्कि ये दोनों कुछ निश्चित साझा मूल्यों और मानकों के माध्यम से क़ायम रहते हैं। यह माना जाता है कि एक व्यवस्था भागों से मिलकर बनती है जिनमें से कुछ अन्तःनिर्भर होते हैं।

शहर और गाँव के बीच अन्तःक्रिया की एक प्रक्रिया के रूप में शहरीकरण का अध्ययन ग्रामीण–शहरी सम्बन्धों के रूप में किया जा सकता है; अर्थात् यह देखा जा सकता है कि शहर के सामाजिक और सांस्कृतिक जीवन में ग्रामीण लोगों की क्या भागीदारी है, या गाँवों के सामाजिक–सांस्कृतिक जीवन में शहर के लोगों की क्या भागीदारी है। इसी प्रकार, इसमें गाँवों और शहरों के निवासियों के बीच आपसी व्यक्तिगत सम्बन्धों पर भी ध्यान केन्द्रित किया जा सकता है। यहाँ मैं गाँवों के दृष्टिकोण से शहरीकरण की प्रक्रिया पर विचार करना चाहता हूँ।

ऐतिहासिक आयाम

बहरहाल, शहरवाद की प्रकृति और ग्रामीण–शहरी सम्बन्ध गत्यात्मक होते हैं और इसलिए शहरीकरण के अध्ययन का आवश्यक रूप से एक ऐतिहासिक

* *इकोनॉमिक ऐंड पॉलिटिकल वीकली* I (9) : 365–70 (15 अक्टूबर, 1966)।

आयाम होता है। पहला, शहरवाद और शहरीकरण की विशेषताएँ सिर्फ़ एक क्षेत्र के सामाजिक और सांस्कृतिक इतिहास से ही अलग नहीं होती हैं, बल्कि इतिहास के अलग–अलग दौरों में भी इनकी विशेषताओं में अन्तर होता है। दूसरा, ग्रामीण–शहरी सम्बन्धों का स्वरूप कुछ निश्चित सामाजिक और सांस्कृतिक शक्तियों और विकासों से प्रशासित होता है, जो सम्पूर्ण समाज को प्रभावित करती हैं। इसलिए ग्रामीण–शहरी सम्बन्धों के बदलते स्वरूप को समझने के लिए यह आवश्यक हो जाता है कि इसे व्यापक ऐतिहासिक सन्दर्भ से जोड़ा जाये। हम संक्षेप में (और बहुत ही मोटे तौर पर) इतिहास के दो व्यापक दौरों के सन्दर्भ में शहरीकरण और ग्रामीण–शहरी सम्बन्धों के स्वरूप के बीच अन्तरों को स्पष्ट कर सकते हैं। ये दो व्यापक दौर हैं : पहला, अंग्रेज़ों के आगमन के पहले का दौर और दूसरा अंग्रेज़ों के आगमन के बाद और आज़ादी के बाद का दौर। अंग्रेज़ों के आगमन के पहले के दौर में इस्लामिक सभ्यता ने महत्त्वपूर्ण भूमिका अदा की।

राजनीतिक अस्थिरता

अंग्रेज़ों के आगमन के पहले के भारत की मुख्य विशेषता यह थी कि यहाँ राजनीतिक अस्थिरता थी, जिसने मुख्य पूँजीगत शहरों के जनजीवन को प्रभावित किया। बहरहाल, इन पूँजीगत शहरों में मन्दिर या व्यावसायिक शहरों की तुलना में उच्च स्तर का आर्थिक विभेदीकरण था। विशेष रूप से, मुग़ल पूँजीगत शहरों का उल्लेख करते हुए *आईन–ए–अकबरी* (ब्लोचमन 1927: 235–36) में यह दर्ज़ किया गया है कि यहाँ बहुत प्रकार पेशों में दक्ष लोग रहते थे। इसके अलावा, यहाँ दक्षता के आधार पर श्रमिकों के तीन वर्ग थे। इन श्रमिकों को दिया जाने वाला वेतन उनके वर्ग के अनुरूप होता था। रेशम की बुनाई करने वाले जैसी कुछ कारीगर जातियाँ भी शहरों में थीं। ग़ौरतलब है कि गाँवों में ऐसी जातियाँ नहीं थीं। गाँवों में कारीगर जिन स्थितियों में काम करते थे, शहरों में काम करने वाले कारीगरों की स्थिति इससे बिल्कुल अलग थी। गाँवों के कारीगर *जममान–कमीन* सम्बन्धों के अन्तर्गत काम करते थे। बर्नियर (1654 : 241–42) ने यह बताया कि दिल्ली के लाल किले के भीतर के कारख़ानों में बहुत से दक्ष कारीगर काम करते थे। इसी तरह, व्यापारी जातियों का महाजन के रूप में संगठन एक शहरी विशेषता थी। विभिन्न शहरों या विभिन्न गाँवों में

विभिन्न जातियों के लोगों की संख्या अलग–अलग थी। मसलन, व्यापारी और पुजारी जातियों का गाँवों की तुलना में शहरों में ज़्यादा प्रतिनिधित्व था। जाट और अहीर शहरों की तुलना में गाँवों में ज़्यादा संख्या में पाये जाते थे। इन जातियों के लोग शहरों में विभिन्न तरह के पेशों से जुड़े हुए थे। मसलन, जहाँ गाँवों के अहीर किसान थे, वे दिल्ली शहर में परिवहन ठेकेदार का काम करते थे। गाँवों में खेती, और कुछ हद व्यापार का काम सभी जातियाँ करती थीं; वहीं शहर में सेना, दरबार तथा व्यापार और वाणिज्य के काम विभिन्न जातियों के लिए खुले हुए थे। इसी तरह, शहरों में कई नये प्रकार के दक्षता वाले काम सामने आये थे, जो सभी जातियों के प्रतिभाशाली लोगों के लिए खुले थे। शहर में पेशागत गतिशीलता की ज़्यादा सम्भावनाएँ थीं। शहर में जाति व्यवस्था के भीतर कई महत्त्वपूर्ण संगठनात्मक भिन्नताएँ सामने आयीं। बहरहाल, गाँव और शहर–दोनों ही स्थानों पर पदसोपान, शुद्धता और दूषण जाति व्यवस्था के साझा बुनियादी सिद्धान्त बने रहें।

शहरों में जातियों की आवासीय स्थिति मोटे तौर पर जाति और धर्म के अनुरूप थी। हिन्दू और मुस्लिम–दोनों ही तरह के शासकों द्वारा जाति के मानक को क़ायम रखा गया। अमूमन राजा या शासकों में बदलाव हुआ, किन्तु राजत्व की व्यवस्था बनी रही। क़ानून और व्यवस्था के मामले में गाँवों को एक निश्चित सीमा तक स्वायत्तता प्राप्त थी। इससे गाँवों की पारम्परिक सामाजिक संरचना को क़ायम रखने में सहायता मिली। यहाँ यह याद रखने की आवश्यकता है कि गाँवों की प्रभुत्वशाली जातियाँ राजस्व के मूल्यांकन और उनके निपटारे में प्रभावशाली ताकत की भूमिका अदा करती थीं ('रिपोर्ट ऑन द रेवेन्यू ऑफ़ दिल्ली टेरेटरी', 1820 : 74)।

गाँवों पर विविध प्रभाव

शहरों या नगरों ने अपने चरित्र या बनावट के हिसाब से गाँवों को अलग–अलग तरीक़े से प्रभावित किया। मुख्य रूप से प्रशासनिक और धार्मिक शहरों के विपरीत, व्यावसायिक शहर आसपास के क्षेत्रों में बसे गाँवों के आर्थिक जीवन पर गहरा प्रभाव डालते थे। व्यावसायिक फ़सल उगाने वाले किसानों तथा बुनकर जैसे कुछ कारीगरों से व्यापारियों का नज़दीकी सम्बन्ध होता था।

गाँवों की विभिन्न जातियों के सम्बन्ध में ग्रामीण–शहरी सम्बन्ध भिन्न प्रकृति का होता था। अमूमन, उच्च जातियाँ, विशेष रूप से ज़मीन के मालिक और व्यापारी जातियों का निम्न जातियों की तुलना में ज़्यादा शहरों से ज़्यादा सम्पर्क होता था। इसके अलावा, कुछ ऐसी जातिगत प्रथाएँ थीं, जिनके कारण निम्न जातियों के लोग रेशम, प्रचलित नवीन प्रकार के जूतों आदि जैसे शहर में बनी वस्तुओं तथा ज़्यादा खुलकर पैसे का उपयोग नहीं कर पाते थे। इसके कारण, उच्च जातियाँ शहरी वस्तुओं का ज़्यादा उपभोग करती थीं।

नयी आर्थिक संस्थाएँ

भारत में एक अलग तरह के सामाजिक और सांस्कृतिक जीवन की शुरुआत के लिए अंग्रेज़ों का शासन ज़िम्मेदार था। इस प्रकार का सामाजिक और सांस्कृतिक जीवन आधुनिक कारख़ानों वाली आर्थिक संस्थाओं, लोकतान्त्रिक राजनीतिक संस्थाओं, सैन्य संगठन, क़ानूनी व्यवस्था, उदारवादी शिक्षा, चिकित्सा की व्यवस्था, स्वच्छता और आराम के समय की गतिविधियों के रूप में सामने आया। इन सबके कारण सिर्फ़ शहरों के सामाजिक और सांस्कृतिक जीवन में ही विविधता नहीं आयी, बल्कि पारम्परिक सामाजिक संस्थाओं में गुणात्मक बदलाव का आग़ाज़ हुआ। इस तरह, अंग्रेज़ों के शासन के दौरान हुए शहरीकरण में पश्चिमीकरण की विशेषताएँ सम्मिलित थीं। परसीवल स्पीयर (1963 : V) ने अंग्रेज़ों के शासन के दौरान अठारहवीं सदी में भारत के सामाजिक जीवन का वर्णन किया है। उनके अनुसार, इस दौर में भारत पृथक् व्यावसायिक कारख़ाना जीवन से गहन बसाहट वाले जीवन की ओर आगे बढ़ा; इस समय प्रत्येक स्टेशन अपने–आप में अंग्रेज़ों का एक छोटा शहर बन गया। पश्चिमीकृत शहरवाद का पहला प्रभाव पारम्परिक शहरवाद पर पड़ा। पश्चिम जीवन शैली के प्रसार में अंग्रेज़ी शिक्षा की भूमिका को बढ़ा–चढ़ाकर नहीं देखा जा सकता है। अंग्रेज़ी शिक्षित देशज लोगों के अलावा, अमीर व्यापारियों, ईसाई मशीनरियों, और यूरेशियन लोगों की नवीन श्रेणी से सम्बद्ध लोगों ने पश्चिमीकरण के अलग–अलग कर्त्ताओं के रूप में काम किया। पश्चिमी शहरवादी ने जाति मुक्त पेशागत अवसरों, औद्योगीकरण, क़ानून की एक समतावादी व्यवस्था, उदारवादी शिक्षा, सैन्य संगठन और लोकतान्त्रिक राजनीतिक संस्थाओं को बढ़ावा दिया।

यह भी ग़ौरतलब है कि अंग्रेज़ों ने पारम्परिक सामाजिक संरचना के कुछ निश्चित तत्वों को मान्यता दी, और उन्हें प्रोत्साहित भी किया। मसलन, उन्होंने गाँवों में प्राधिकार के पारम्परिक स्वरूप को स्वीकार किया। उन्होंने योद्धा वंश के आधार पर सैनिकों की भर्ती की, तथा पिछड़े अल्पसंख्यक समूहों को राजनीतिक प्रतिनिधित्व देकर उन्हें प्रोत्साहित किया। बहरहाल, विभिन्न शहरों में बहुत से जाति संगठन और धार्मिक सुधार आन्दोलन सामने आये। इन सबने गाँवों के साथ एक नये तरह का सम्बन्ध स्थापित किया।

स्वतन्त्रता का प्रभाव

स्वतन्त्र भारत में शहरवाद और ग्रामीण–शहरी सम्बन्धों का स्वरूप वयस्क मताधिकार, लोकतान्त्रिक विकेन्द्रीकरण, 'तीव्र' औद्योगीकरण तथा पूरे समाज को प्रभावित करने वाले विविध विकास और कल्याणकारी कार्यक्रमों से प्रभावित हुआ। औद्योगीकरण के बढ़ने के कारण बहुत से औद्योगिक शहरों का विकास हुआ। बहरहाल, विभिन्न शहरों का अपने आसपास के गाँवों पर प्रभाव इस बात से तय हुआ कि इन शहरों में किस प्रकार के कारख़ाने लगे। मसलन, भिलाई शहर में इस्पात का कारख़ाना लगा। इस शहर के आसपास के गाँवों पर प्रभाव सागर शहर से अलग पड़ा जहाँ किसानों को विस्थापित नहीं किया गया, बल्कि वे गन्ने की खेती करने लगें। इसके अलावा, शहर के आकार तथा इसके विकास और विस्तार की प्रकृति के आधार पर भी आसपास के गाँवों पर इसका अलग–अलग प्रभाव पड़ा। शान्ति, परिवहन और संचार की सुविधाओं में सुधार, उद्योगों के विकास से शहरों की जनसंख्या में लगातार वृद्धि हुई। यहाँ गाँवों से लोग आकर बसे। शहरों, विशेष रूप से महानगरों के विकास की एक विशेषता यह है कि उनके विस्तार के साथ ही आसपास के गाँवों और बस्तियों का पृथक् अस्तित्व ख़त्म हो गया। अमूमन, शहरी विकास के लिए सिर्फ़ गाँव की ज़मीन को लिया गया और उस स्थान को छोड़ दिया जहाँ लोग निवास करते थे। इस तरह की ज़मीन के अधिग्रहण का उद्देश्य उप–नगर का विकास करना या उद्योगों की स्थापना करना था। उप–नगरीय क्षेत्रों के बाहर सीमान्त इलाके हैं जहाँ अब गाँव अवस्थित हैं। इनकी कुछ निश्चित विशेषताएँ हैं, मसलन यहाँ काम के लिए शहर जाने वाली जनसंख्या रहती है, बाज़ार के लिए बाग़वानी होती है, दुग्ध

उत्पादन और मुर्गी पालन किया जाता है। यादवपुर भी इसी तरह शहर के सीमान्त पर बसा गाँव है।

यादवपुर गाँव

यादवपुर[1] दिल्ली रेलवे स्टेशन से उत्तर–पश्चिम में 7 मील की दूरी पर अवस्थित है। यह गाँव हर प्रकार सड़कों और रेलवे से अच्छी तरह से जुड़ा हुआ है। 1957 में इसकी जनसंख्या 1,130 थी (207 परिवार) और 1964 में इसकी जनसंख्या 1,408 थी (254 परिवार)। यहाँ अहीर सबसे बड़ी जाति है, जो कुल जनसंख्या का 46.87 प्रतिशत है (1964 में)। गाँव में संख्यात्मक रूप से एक अन्य महत्वपूर्ण जाति चमार है, जो कुल जनसंख्या का 20 प्रतिशत है (1964 में)। अन्य 16 जातियों का अनुपात 0–5 प्रतिशत के बीच है। ये जातियाँ इस प्रकार हैं : ब्राह्मण, स्वामी या विरागी, बनिया, नाई, लोहार, खाटी, सेंट, चिप्पी, तेली, झमीर, कुम्हार, जोगी, भारीभूजना, बंजारा और भंगी तथा धनक जैसी अछूत जातियाँ।

इस गाँव की अधिकांश ज़मीन पर अहीरों का स्वामित्व है। अहीरों ने 1920 के दशक से सब्ज़ी उगाने का काम शुरू कर दिया था। पहली पीढ़ी के सब्ज़ी उत्पादकों की उम्र अब 60–80 वर्ष के बीच है। वे यह बताते हैं कि वे 20–30 लोगों के झुण्ड में सब्ज़ी लेकर सब्ज़ी मण्डी जाया करते थे। आरम्भ में, कुछ अहीर जो लम्बरदार थे, वे यह मानते थे कि सब्ज़ी उगाना और फिर उसे लेकर मण्डी में जाना उनकी शान के ख़िलाफ़ है। लेकिन बाद में हर भू–स्वामी अहीर बाज़ार के लिए सब्ज़ियाँ उगाने लगा; और जब पक्की सड़कें बनीं तथा परिवहन की सुविधाओं में वृद्धि हुई, तो किसान अपनी सब्ज़ियों को मण्डी तक ले जाने के लिए रेडा (खुली घोड़ा गाड़ी), बस और कुछ समय से टेम्पो का प्रयोग करने लगे हैं।

सब्ज़ियों की बाग़वानी का प्रभाव

सब्ज़ियों की बाग़वानी के लिए खेती में कुछ प्रकार की दक्षताओं की आवश्यकता थी। इसके लिए पारम्परिक खेतिहर गतिविधियों को नये सिरे से संगठित करने की ज़रूरत भी थी। इसका कारण यह है कि इसमें किसान को सब्ज़ियों की बाग़वानी के साथ खाद्यान्न फ़सलों की खेती को जोड़ना पड़ता था; उन्हें ताज़ा सब्ज़ियों को रेडा के माध्यम से सब्ज़ी मण्डी में भेजना पड़ता था, जहाँ उन्हें एक अदिति (या एजेंट) तय करके अपनी सब्ज़ियाँ बेचनी पड़ती थीं। किसानो ने सरकार द्वारा दी गयी

सुविधाओं का उपयोग करने का भी प्रयास किया। मसलन, सरकार ने इनके लिए कोऑपरेटिव (सहकारी संस्था) की व्यवस्था की थी, तथा तकनीकी सुधार के लिए भी कई प्रकार की सहायता उपलब्ध करायी थी। इस तरह, अहीर किसान बाज़ार के लिए सब्ज़ी की बाग़वानी करने की नयी भूमिका में आ गये। इसके कारण, इनका रेडा चलाने वाले लोगों तथा सब्ज़ी मण्डी में एजेंट के रूप में काम करने वाले लोगों के साथ सम्बन्ध बन गया। यहाँ यह भी ग़ौरतलब है कि कुछ अहीरों और चमारों के पास अपना रेडा था। इसी तरह, इस गाँव का एक बनिया सब्ज़ी मण्डी में एजेंट बन गया।

सब्ज़ी की बाग़वानी में काफ़ी श्रम लगता है। ऐसे बहुत से बड़े या मध्यम आकार के भू–स्वामी हैं जिनके पास अपने परिवार में काम करने वाले ज़्यादा लोग नहीं हैं। उन्होंने अपने खेती के काम में बदलाव किया है। वे चमारों को अपनी खड़ी फ़सल बेच देते हैं, और चमार को फ़सल की कटाई करने और उसे बाज़ार में बेचने का अधिकार मिल जाता है। इस तरह, अब अच्छी–ख़ासी संख्या में चमार फ़सलों के ठेकेदार बन गये हैं। वे मण्डी में किसी एजेंट से अग्रिम पैसा लेते हैं, और उसके माध्यम से सब्ज़ियों को बेच देते हैं। बहरहाल, यह ग़ौर करने की आवश्यकता है कि यह एक सुनिश्चित प्रथा है कि चमार ही खेत में लगे हुई चारा फ़सलों, सूखे चारा और ईंधन का 'व्यापार' करेंगे। इसके लिए वे अपने ठेला या बैलगाड़ी का प्रयोग करते हैं। लेकिन अब वे खेत में लगी हुई सब्ज़ी की फ़सल का भी ठेका लेते हैं; तथा वे अन्य लोगों के मालिकाना वाले रेडा या बसों के माध्यम से इन सब्ज़ियों को मण्डी में ले जाते हैं। इस तरह, वे एक ऐसी नयी सामाजिक व्यवस्था में शामिल हो गये हैं जहाँ दलाल या पूँजी लगाने वाले व्यक्ति के रूप में उनका सम्बन्ध अहीर किसानों, रेडा मालिकों तथा मण्डी के एजेंट से बनता है। चूँकि चमार सब्ज़ियों के ठेकेदार का काम करने लगे हैं, और बहुत से चमार शहर में नौकरी करने लगे हैं, इसलिए भूमिहीन मज़दूरों की संख्या में कमी आयी है। कुछ हद तक, उत्तर प्रदेश के पूर्वी ज़िलों से आने वाले प्रवासी मज़दूरों के कारण यह कमी पूरी हुई है। इन मज़दूरों को अमूमन 'पूरबिया' कहा जाता है। इन्हें अमूमन खेतों की रखवाली करने का काम मिलता है। ये भूमिहीन मज़दूरों की श्रेणी में एक नये तत्त्व के रूप में हैं।

शहर में वस्तुओं को बेचने से कई अन्य जातियों के लोगों को भी लाभ हुआ। मसलन, स्वामी जाति का एक शहर में दूध बेचता है। वह

गाँव में कई लोगों के यहाँ दूध एकत्रित करता है और उसे अपने शहरी उपभोक्ताओं को बेचता है; दो कुम्हार सूखे गोबर और बर्तन बेचते हैं; एक चमार कभी–कभार शहर में जूते बेचता है। यहाँ यह भी ग़ौरतलब है कि कुछ अहीरों और एक नाई ने भी शहर में दूध बेचने का प्रयास किया, लेकिन बाद में उन्होंने इसे एक ख़राब काम मानते हुए छोड़ दिया। किन्तु जिन लोगों के पास भी अपनी आवश्यकता से ज़्यादा दूध होता है, वे उसे ग्वाले को बेच देते हैं। इसलिए, यह कहा जा सकता है कि व्यवसायीकरण का मुख्य फ़ायदा बाज़ार के लिए सब्ज़ियों के उत्पादन के माध्यम से ही सामने आया है। साथ ही, मुख्य रूप से इससे अहीर (और कुछ हद तक खाटियों को भी क्योंकि उनके पास भी थोड़ी–बहुत ज़मीन है) और चमार जाति के लोगों को लाभ हुआ है। व्यवसायीकरण एक सामाजिक प्रक्रिया है। इसमें भागीदारी करने वाले लोग नयी स्थितियों के अनुसार, अपने मूल्यों में बदलाव करते हैं, नयी भूमिका ग्रहण करते हैं, नये सम्बन्ध स्थापित करते हैं, अपने भौतिक और मानवीय–दोनों तरह के संसाधनों को नये सिरे से संगठित करते हैं।

शहरी रोज़गार के लाभ

बहरहाल, गाँव की बहुत–सी जातियों को खेती के व्यवसायीकरण की तुलना में शहरी रोज़गार से ज़्यादा लाभ हुआ है। शहरी रोज़गार के कारण गाँव के लोगों का शहर के साथ सीधा जुड़ाव हो गया है। साथ ही, इनके रोज़गार और सम्बन्धों में भी काफ़ी विविधता आयी है। गाँव की पारम्परिक अर्थव्यवस्था में शहरी रोज़गार के बारे में कोई जानकारी नहीं थी, और अमूमन लोग अपने पेशे में बदलाव नहीं करते थे। अंग्रेज़ों के शासनकाल के दौरान गाँव के लोगों को गाँव से बाहर सेना और पुलिस की नौकरी मिलती थी। प्रथम विश्व युद्ध के दौरान राय बहादुर राव बलबीर सिंह के माध्यम से कुछ अहीर सेना में भर्ती हुए। ग़ौरतलब है कि बलबीर सिंह रेवाड़ी के अहीर राज परिवार के भर्ती कराने वाले एजेंट थे। द्वितीय विश्व युद्ध के दौरान अहीर जाति के और ज़्यादा लोग सेना और पुलिस में भर्ती हुए। इस सन्दर्भ में यह ग़ौरतलब है कि अहीरों की भर्ती के लिए मुख्य रूप से शहर में रहने वाले कुछ अहीर ज़िम्मेदार थे। 1947 में सिर्फ़ 8 लोग गाँव से बाहर यात्रा करते थे, वहीं 1957 में यह संख्या बढ़कर 66 तथा 1964 में बढ़कर 105 हो गयी। 1957 में गाँव में कमाने वाले कुल पुरुषों में 23.1 प्रतिशत गाँव से बाहर यात्रा करते थे। 1964 में यह संख्या बढ़कर 28.4

प्रतिशत हो गयी। दो कारकों ने इस गाँव के लोगों को शहर में नौकरियाँ दिलाने में महत्त्वपूर्ण भूमिका अदा की : पहला, शिक्षा के अवसरों में वृद्धि, और दूसरा, जाति, वंश, गाँव और अन्य सम्बन्धों का प्रयोग।

1920 के दशक में यादवपुर आर्य समाज के प्रभाव में आ गया। यहाँ 1921 में एक पाठशाला स्थापित की गयी। इसे सर्वदेशिक आर्य प्रतिनिधि सभा, दिल्ली ने 20 रुपया प्रति माह की आर्थिक सहायता प्रदान की। आर्य समाज के प्रभाव के कारण इस गाँव के लोगों ने अपने आस–पड़ोस के गाँवों से काफ़ी पहले ही इसके स्कूल की स्थापना कर दी। वे अंग्रेज़ी शिक्षा के ख़िलाफ़ थे। इसलिए उच्च विद्यालय की शिक्षा के लिए इन्हें पड़ोस के गाँव खेडा में जाना पड़ता था। बहरहाल, आज़ादी के बाद यादवपुर का स्कूल उच्चतर माध्यमिक स्कूल बन गया। जब दिल्ली 'पार्ट–सी' राज्य बन गया, तो अहीरों को पिछड़े वर्ग में सम्मिलित कर लिया गया। उस समय एक अहीर मुख्यमन्त्री थे। ब्राह्मण और बनिया के अतिरिक्त गाँव की अन्य सभी जातियाँ पिछड़ा वर्ग में शामिल कर ली गयीं। इस तरह, ये जातियाँ वजीफ़ा, कॉलेज के नामांकन, सरकारी नौकरियों में भर्ती तथा पदोन्नति में छूट की हक़दार बन गयीं। इस गाँव में मैट्रिक परीक्षा पास करने वाले बहुत से लड़कों को चपरासी, पुलिस कॉनस्टेबल और क्लर्क की नौकरी मिल गयी। गाँव की अन्य किसी भी पिछड़ी जाति की तुलना में अहीर जाति के लोगों ने पिछड़े वर्ग को मिलने वाली विभिन्न सुविधाओं का लाभ उठाया। इसका कारण यह था कि दिल्ली प्रशासन और दिल्ली स्थिति ऑल–इंडिया बैकवर्ड क्लासेज फ़ेडेरेशन से इनका जुड़ाव था।

गाँव से बाहर जाने वालों की नयी श्रेणी

शहर में नौकरी हासिल करने में जाति, गोत्र, गुट और गाँव के सम्बन्ध की मुख्य भूमिका रही है। दिल्ली के एक कपड़ा मिल में एक बनिया क्लर्क और एक अहीर चपरासी काम कर रहे हैं। यहाँ पर इन्होंने आठ लोगों को नौकरी दिलायी है। इसी तरह, बंजारा जाति का एक व्यक्ति दिल्ली विद्युत आपूर्ति के एक उद्यम में काम करता है। इसने यादवपुर और आसपास के अन्य गाँवों के अपनी जाति के लोगों को इस कारख़ाने में वायरमैन और लाइनमैन की नौकरी दिलायी है। अभी भी नौकरी पाने में जाति, गोत्र, गुट और गाँव के अतिरिक्त अन्य जुड़ाव ज़्यादा महत्त्वपूर्ण भूमिका नहीं निभाते हैं। गाँव के लोग नौकरी पाने के लिए ऐसे सम्बन्धों के 'प्रभाव' का उपयोग तो करते ही हैं, कई मरतबा वे घूस भी देते हैं।

विशेष रूप से, दिल्ली म्यूनिसिपल कॉर्पोरेशन में भंगियों ने नौकरी पाने के लिए इस रास्ते का इस्तेमाल किया है। मसलन, यादवपुर के भंगियों ने एजेंट को 100 रुपये की घूस देकर बादली में सफ़ाईकर्मी की नौकरी हासिल की है।

शहरी रोज़गार ने गाँवों में ऐसे लोगों की एक नयी श्रेणी तैयार की है, जो अपने काम के लिए हर रोज़ शहर जाते हैं। ये अपनी दिनचर्या, कपड़े, व्यक्तिगत साफ़–सफ़ाई और आराम के समय की गतिविधियों के सन्दर्भ में गाँव में ही रहने वाले लोगों से भिन्न होते हैं। काम के लिए शहर जाने वाले लोगों को भी दो भागों में बाँटा जा सकता है : पहला, बाबू और चपरासी तथा दूसरा, शारीरिक श्रम करने वाले लोग। शहर की ओर जाने वाले लोगों के काम कई तरह से पारम्परिक और आधुनिक कामों का संयोजन होते हैं। काम के लिए शहर जाने वाला एक अहीर व्यक्ति अपने बचे हुए समय में अपनी ज़मीन पर काम करता है, या फिर सब्ज़ियों को बाज़ार पहुँचाने में सहायता करता है। शहर में काम करने वाला नाई जाति का व्यक्ति रविवार को अपना पारम्परिक पेशा अर्थात् बाल काटने का काम करता है। अगर परिवार के स्तर पर देखें, तो एक चमार भले ही शहर में काम करने जाता है, किन्तु उसकी पत्नी खेतिहर मज़दूर के रूप में काम करती है। पारम्परिक और आधुनिक कामों का यह संयोजन निरन्तरता और परिवर्तन में योगदान देता है। इससे शहर जाने वालों और न जाने वालों के बीच अन्तर काफ़ी ज़्यादा नहीं हो पाता है। यदि शहर जाने वाले लोगों के बीच के सम्बन्धों की बात करें, तो स्वच्छ जातियों से सम्बन्धित लोगों में एक साथ यात्रा करने की प्रवृत्ति होती है। वे चमार और धानुक जाति के लोगों के साथ शहर की ओर नहीं जाते हैं। बसों का इन्तजार करते समय, या ट्रेन से यात्रा करते वक़्त या साइकिल चलाते समय इस तरह की पृथक्ता को क़ायम रखा जाता है। स्पष्टतः जातिगत दूषण के आधार पर होने वाला पृथक्करण काम के लिए शहर जाने वाले लोगों के बीच भी क़ायम रहता है। इस तरह, काम के लिए शहर जाने वाले लोगों की श्रेणी का महत्त्व इस बात में निहित है कि आंशिक रूप से वे एक अलग तरह की जीवन–शैली अपनाते हैं, और वे आधुनिक शहरीकरण के अभिकर्त्ता या एजेंट का काम करते हैं।

शहरी रोज़गार और पेशागत गतिशीलता

शहरी रोज़गार ने पारम्परिक जातिगत पेशे के सम्बन्ध में पेशागत गतिशीलता को बढ़ावा देने में योगदान दिया है। यहाँ इस बात पर ग़ौर करने की

आवश्यकता है कि यादवपुर की पारम्परिक अर्थव्यवस्था में अमूमन एक जाति के पास ऐसे पेशों का समूह होता था, जिसके भीतर वह अपने काम को अदल–बदल सकता था। इस तरह, एक चमार चरवाहा, चौकीदार, जूता बनाने वाला, खेतिहर और ग़ैर–खेतिहर मज़दूर, तथा कई मौक़ों पर बँटाईदार या बैलगाड़ी चलाने वाला बन जाता था। इसके अलावा, सभी जातियों के लिए खेती, और कुछ हद तक व्यापार का काम खुला हुआ था। 1957 में सिर्फ़ 26.3 प्रतिशत पुरुष ऐसे थे जिन्होंने अपने पूरे जीवन में कम से कम एक बार अपना काम बदला था। लोगों के काम में बदलाव की प्रकृति से गतिशीलता की विविधता सामने आती है। जहाँ कुछ मामलों में लोगों ने अपने पारम्परिक काम को छोड़कर नया काम अपनाया, वहीं कई लोग गाँव वापस आकर कभी–कभार अपना पारम्परिक काम भी करते रहे। यहाँ पारम्परिक काम किसी शहरी नौकरी के ख़त्म होने या नये काम से सामंजस्य न बिठा पाने की स्थिति में एक सुरक्षित विकल्प का काम करता है। एक अन्य महत्त्वपूर्ण प्रवृत्ति भी सामने आयी है, जिसमें बहुत से लोग आधुनिक सामाजिक व्यवस्था में अपना पारम्परिक काम कर रहे हैं। इस तरह, कुछ भंगियों ने बादली में सफ़ाईकर्मी के रूप में काम शुरू किया है। वे एक पर्यवेक्षक की निगरानी में काम करते हैं रोज़ हाज़िरी लगाते हैं तथा महीने की शुरुआत में अपना वेतन लेते हैं। ये अपनी जगह अपनी औरतों को काम पर नहीं भेज सकते हैं। इनकी यह भूमिका इनकी पारम्परिक भूमिका से अलग है, जहाँ एक भंगी एक *जजमान* का *कमीन* होता है। दिल्ली या बादली रेलवे स्टेशन के नज़दीक अपना सैलून खोलने वाले नाइयों की भी ऐसी ही स्थिति है। इसी प्रकार, दिल्ली में डिफेंस कॉलोनी के नज़दीक फूलों का गमला बेचने वाले कुम्हारों की स्थिति इससे अलग नहीं है।

पेशे से सम्बन्धित गतिशीलता सिर्फ़ किसी एक व्यक्ति के करियर या व्यवसाय से नहीं जुड़ी हुई है, बल्कि यह परिस्थितियों से भी सम्बन्धित है। किसी व्यक्ति के मुख्य पेशे के सन्दर्भ में गतिशीलता लगने वाली चीज़ उस समय कम महत्त्वपूर्ण हो जाती है, जब उसके द्वारा अपनाये गये दूसरे पेशों पर भी विचार किया जाता है। इसी तरह, यदि हम एक परिवार के सन्दर्भ में विचार करते हैं तो आधुनिक और पारम्परिक के संयोजन के सन्दर्भ में बहुत–सी विविधताएँ सामने आती हैं। असल में, यह विभिन्न पेशों से जुड़ी भूमिकाओं की एक–दूसरे से जुड़ी हुई प्रकृति को दर्शाता है।

खेती का व्यवसायीकरण

खेती के व्यवसायीकरण और शहरी रोज़गार से लोगों की नगद आय में बढ़ोतरी हुई है। इसने सामाजिक हैसियत की पारम्परिक व्यवस्था को प्रभावित किया है। इसके कारण लोगों द्वारा विभिन्न वस्तुओं के उपभोग से सम्बन्धित व्यवहार में बदलाव आया है। यादवपुर गाँव के लोगों की पारम्परिक आवश्यकताएँ अब ज़्यादा विविधतापूर्ण हुई हैं। इसके कारण, 40 वर्ष पहले की तुलना में अब गाँव के लोग बाहरी बाज़ार पर ज़्यादा निर्भर हैं। लोगों की आवश्यकताओं की श्रेणी में नयी वस्तुओं के सम्मिलित होने की प्रक्रिया यान्त्रिक नहीं मानी जा सकती है, क्योंकि इसमें पारम्परिक मूल्यों में बदलाव सम्मिलित है। इस तरह, जिन नये मूल्यों को अपनाया गया है उनमें विभेदीकरण के प्रतीकों को अपनाने की भी प्रवृत्ति है। बहरहाल, किसी भी नवाचार को सम्मानजनक मूल्य हासिल नहीं हुआ है। मसलन, लोगों के खान–पान में चाय एक नवीन वस्तु है, लेकिन यह सम्मान से जुड़ी वस्तु नहीं है। वहीं, विवाह या जीवन से जुड़े किसी अन्य मौक़े पर ख़र्च करना, शहरी मकान जैसा मकान बनाना, आधुनिक शिक्षा और रेडियो, साइकिल और हाथ की घड़ी आदि के आधार पर लोगों की हैसियत का मूल्यांकन किया जाता है।

किसी व्यक्ति के ख़र्च करने की क्षमता मोटे तौर पर उसकी अपनी आय पर निर्भर करती है। लेकिन यह इस बात से भी प्रभावित होती है कि कोई व्यक्ति अपने परिवार या उसकी छवि को कैसे देखता है, और वह उसे कैसे क़ायम रखना चाहता है या किस सीमा तक बढ़ाना चाहता है। लोगों के जीवन में विवाह और अपने घर का निर्माण–दो ऐसे मौक़े होते हैं जिसके माध्यम से वे अपने समाज में अपनी हैसियत दिखा सकते हैं। इस गाँव में दहेज एक स्थापित प्रथा है। अक्सर लोग इस बात की तुलना करते हैं कि उन्होंने अपनी बेटियों को कितना दहेज और कौन–कौन सी वस्तुएँ दी थीं, तथा उन्हें अपने बेटे के दहेज में क्या मिला। शादियों में (अहीरों में) लोगों की हैसियत को आँकने का एक अन्य तरीक़ा यह है कि वे विवाह में न्यौता का पैसा लेते हैं या नहीं। न्यौता का पैसा न लेना अच्छी हैसियत की निशानी मानी जाती है। पक्का घर बनाना अमीरी की निशानी है, लेकिन एक महँगा और आधुनिक घर बनाना सम्मान का प्रतीक है। कुछ लोगों ने तो अपना घर बनाने में नये फ़ैशन का अनुकरण किया है।

नया निवेश

किसानों की आय बढ़ने के कारण वे नये स्थानों पर निवेश करने लगे। अमूमन किसान एक विद्युत या तेल से चलने वाला पम्प, सिंचाई, चक्की, ट्रैक्टर आदि में निवेश करते हैं। हाल ही में दिल्ली प्रशासन ने औद्योगिक क्षेत्रों के विकास के लिए 340 बीघा ज़मीन का अधिग्रहण किया। जिन लोगों की ज़मीन का अधिग्रहण किया गया, उन्हें इसके बदले में मुआवज़ा दिया गया। यह माँग भी की जा रही है कि गाँव के निवास वाले क्षेत्र में या तो उद्योग लगे या फिर यहाँ बाहर से आये लोगों का घर बने। 1950 और 1964 के बीच ज़मीन की क़ीमत 2 रुपये प्रति वर्ग से बढ़कर 12 रुपये प्रति वर्ग हो गयी। इस दौर में ज़मीन के कुछ मालिकों ने अपनी ज़मीन भी बेच दी। ऐसा करने वाले कुछ लोगों ने ज़मीन बेचने से मिले पैसे को उद्योग में लगा दिया, वहीं कुछ अन्य लोगों ने पास के गाँवों में ज़मीन ख़रीद ली। बहुत से अन्य लोगों ने इलेक्ट्रिक पम्प लगा लिया, या ट्रैक्टर ख़रीद लिया। लेकिन इनमें से अधिकांश लोगों ने अपना घर भी बना लिया।

यह भी ग़ौरतलब है कि किसान नया निवेश करने के लिए, मोटे तौर पर सरकार द्वारा दिये जाने वाले ऋण और सब्सिडियों पर निर्भर हैं। बहुत से किसानों ने इन संसाधनों का लाभ उठाया है, तथा सिंचाई के लिए पर्शियन चक्की, तेल के इंजन और इलेक्ट्रिक पम्प लगाये हैं और ट्रैक्टर भी ख़रीदे हैं। किसान अब चारा काटने के लिए तेल के इंजन, इलेक्ट्रिक मोटर या ट्रैक्टर के इंजन का प्रयोग करते हैं। ट्रैक्टर का उपयोग बहुत सारे काम के लिए किया जाता है : कई बार ट्रैक्टर का मालिक सब्ज़ी मण्डी में अपनी सब्ज़ी पहुँचाने के लिए इसका उपयोग करता है। इसी तरह, कई मौक़ों पर बादली कूड़ा स्थल से खाद लाने के लिए भी इसका इस्तेमाल किया जाता है। चुनाव प्रचार करने, यमुना नदी (दिल्ली) में स्नान करने के लिए जाने, गुड़गाँव वाली माता के मेले में जाने जैसे काम के लिए भी ट्रैक्टर का इस्तेमाल किया जाता है। इसलिए किसानों के जीवन में ट्रैक्टर एक महत्त्वपूर्ण उपभोक्ता वस्तु की भूमिका निभाता है। इस पर भी ध्यान देने की आवश्यकता है कि ट्रैक्टर ख़रीदना, एक उद्योग लगाना, एक इलेक्ट्रिक पम्प लगाना प्रतिष्ठा के प्रतीक माने जाते हैं। इसी तरह आधुनिक दिखने वाला पक्का घर बनाना, या रेडियो रखना भी लोगों की हैसियत को बढ़ाता है। कहने का तात्पर्य यह है कि लोगों द्वारा पूँजी

निवेश करने और अपने उपभोग का ख़र्च बढ़ाने से—दोनों से ही उनकी प्रतिष्ठा या सामाजिक हैसियत में बढ़ोतरी होती है। हालाँकि यह बात भी सच है कि ट्रैक्टर जैसी वस्तु सिर्फ़ पूँजी निवेश का पर्याय नहीं है, बल्कि यह उपभोग की वस्तु की भूमिका भी अदा करती है।

लोगों द्वारा उपभोग के लिए नयी प्रकार की वस्तुओं को अपनाया गया है। इसके आधार पर शहरी जीवन—शैली को अपनाने की प्रवृत्ति की पहचान की जा सकती है। अब लोगों के घर आधुनिक और शहरी शैली के होने लगे हैं, उनके यहाँ फ़र्नीचर, रेडियो, सिलाई मशीन, साइकिल, हाथ की घड़ी और अन्य व्यक्तिगत उपभोग की वस्तुएँ आने लगी हैं। काम के लिए शहर जाने वाले लोगों के यहाँ इन वस्तुओं की संख्या ज़्यादा बढ़ी है, और ये वस्तुएँ आधुनिक हैसियत समूह का आधार बन गयी हैं। इसने स्वच्छ मानी जाने वाली जातियों के बीच आपसी सम्बन्धों का एक आधार उपलब्ध कराया है। साथ ही, यह बताता है कि बहुत सी स्वच्छ जातियों में पारम्परिक जाति व्यवस्था की आधुनिक हैसियत के समूहों में बदलने की प्रवृत्ति सामने आयी है। पारम्परिक रूप से भू—स्वामी—किसान और भूमिहीन श्रमिक के बीच 'वर्ग' विभेद रहा है। इसमें अहीर भू—स्वामी—किसान तथा चमार भूमिहीन श्रमिक की भूमिका में रहे हैं। आधुनिक हैसियत समूहों के उभार से 'वर्ग' के भीतर विविधता आयी है, और 'वर्गों' के बीच अन्तर कम हुआ है। अब चमार ठेके पर सब्ज़ी उगाने, नौकरी के लिए शहर जाने या रेडा चलाने का काम करते हैं। आर्य समाज के प्रभाव में उन्होंने अपने विवाह के कर्मकाण्ड का संस्कृतिकरण कर लिया है। लेकिन फिर भी स्वच्छ जातियों और अछूतों के बीच अभी कुछ हद तक जातिगत भेद क़ायम हैं, और कई मरतबा यह उनके बीच टकराव का कारण भी बनता है। पंचायती राज और प्रभुत्वशाली जाति के भीतर कई गुटों के कारण अलगाव और विरोध की भावना का प्रति—सन्तुलन हुआ है।

प्रशासनिक और राजनीतिक व्यवस्था

अंग्रेज़ों के शासन के दौरान और आज़ादी के बाद यादवपुर का शहर के साथ एक नया प्रशासनिक और राजनीतिक सम्बन्ध बना। असल में, मुग़ल शासन के दौरान यादवपुर दिल्ली प्रान्त का एक भाग था, लेकिन इसने दिल्ली के साथ कोई सम्बन्ध नहीं रखा था। किसान वस्तुओं या फ़सलों के रूप में राजस्व देते थे, और ग़ैर—मुस्लिम जज़िया कर देते थे। ग्रामीणों को नहर से होने वाली सिंचाई का भी लाभ मिलता था। राजनीतिक

अस्थिरता की स्थिति में राजधानी पर होने वाले किसी भी आक्रमण से यादवपुर के लोग भी प्रभावित होते थे। अपने आन्तरिक क़ानून और व्यवस्था को क़ायम रखने के सम्बन्ध में गाँव ज़्यादा स्वायत्त थे। यह गाँव 12 गाँवों की व्यापक राजनीतिक इकाई का हिस्सा था। इसमें बादली गाँव इन सभी गाँवों का नेतृत्व करता था।

पारम्परिक प्राधिकार की मज़बूती

अंग्रेज़ों के प्रशासन द्वारा जेल (एक प्रकार की प्रशासनिक इकाई) का निर्माण किया गया तथा एक जेल प्रभुत्वशाली 'जनजाति' के नेता को वहाँ का जेलदार नियुक्त किया गया (दिल्ली डिस्ट्रिक्ट *गज़ेटियर* : 175)। इस प्रकार अंग्रेज़ों ने प्राधिकार की पारम्परिक व्यवस्था और सम्बन्धों को मान्यता प्रदान की। बादली जेल का निर्माण करने वाले 22 गाँवों में से यादवपुर भी एक था। बादली गाँव के अहीर जाति का एक प्रभावशाली नेता इस जेल का जेलदार था। वह इन सभी 22 गाँवों में क़ानून और व्यवस्था के लिए ज़िम्मेदार था। गाँव के भीतर छह लम्बरदार थे, जो तीन वार्डों से चुने गये थे : एक तेहाई से, दो पांचू से और तीन निवाडे से। लम्बरदार भू–राजस्व एकत्रित करने का काम करते थे, तथा जेलदार के काम में उसकी मदद करते थे। गाँव के मुखिया का कोई पद नहीं था। फिर भी, लम्बरदारों के बीच यह होड़ लगी रहती थी कि गाँव का 'चौधरी' (नेता) उन्हें मान्यता दे दे। 1930 के दशक के दौरान पाँचू के मनिया को गाँव के 'चौधरी' के रूप में मान्यता मिली। वह बाहर से आने वाले लोगों को घर बनाने के लिए जगह देता था, ज़रूरतमन्दों को पैसा देता था, चमारों से बेगार करवाता था, कमज़ोरों को दबाता था तथा हर विवाद में सक्रिय रूप से दखलन्दाज़ी करता था। बहरहाल, उसकी ताकत पूरी तरह से पुलिस और राजस्व अधिकारियों से उसकी दोस्ती पर निर्भर थी। असल में, उसने बहुत प्रयास करके इनसे दोस्ती का सम्बन्ध बनाया था। उसका थोक या गोत्र वंशक्रम में बादली के जेलदार के निकट था।

मनिया के नेतृत्व को एक अन्य गुट से चुनौती भी मिलती थी। तेहाई के प्यारसुख के अपने समर्थक थे। होली के त्योहार के समय इन दोनों गुटों के बीच का गुप्त संघर्ष सामने आ जाता था। एक बार इन दोनों गुटों के बीच लाठी से ज़ोरदार लड़ाई हो गयी। इसके बाद ये दोनों गुट अलग–अलग होली मनाने लगे (यह व्यवस्था आज तक चली आ रही है)।

यहाँ इस बात पर ग़ौर करने की आवश्यकता है कि शक्ति सम्बन्धों का स्वरूप पालक–असामी (पैटर्न–क्लाइंट) सम्बन्धों के अनुरूप था, तथा पन्ना या ओले की एकता पर बल दिया जाता था। जिस प्रभुत्वशाली पालक के पास ज़्यादा लोग और संसाधन थे, उसे गाँव का 'चौधरी' मान लिया जाता था। 'चौधरी' की छवि काफ़ी हद तक बड़े ज़मींदार से मिलती–जुलती थी। असामी या निर्भर लोग इसके प्रति पूरी तरह निष्ठावान रहते थे, तथा पन्ना की एकता सर्वोच्च होती थी।

अंग्रेज़ों के शासन के दौरान और स्वतन्त्रता प्राप्ति के बाद काफ़ी आर्थिक बदलाव हुए। उन्होंने मोटे तौर पर, जातियों के बीच के पारम्परिक सम्बन्धों और राजनीतिक दायरे को प्रभावित किया। जो चमार बन्धुआ खेतिहर मज़दूर थे, वे सब्ज़ी उगाने वाले ठेकेदार बन गये, और उन्हें शहर में नौकरी मिलने लगी। इसी तरह, अन्य निर्भर असामी जातियाँ पालक अहीर जातियों से आर्थिक रूप से स्वतन्त्र हो गयीं। दिल्ली कॉर्पोरेशन के निर्माण के बाद यह गाँव प्रत्यक्ष रूप से दिल्ली प्रशासन के अधीन आ गया। दिल्ली प्रशासन ने यहाँ ग्रामीण विकास और कल्याण के कई कार्यक्रम लागू किये हैं। मसलन, हरिजन वेलफेयर बोर्ड हरिजनों को घर बनाने के लिए सब्सिडी देता है। साथ ही, यह उन्हें गाँव में घर बनाने की ज़मीन भी उपलब्ध करवाता है। वयस्क मताधिकार ने गाँव के लोगों को विभिन्न राजनीतिक स्तरों के लिए होने वाले चुनावों में भागीदारी करने का अवसर उपलब्ध कराया है। संसदीय चुनावों के स्तर पर, गाँव में मौजूद गुट मतदान को प्रभावित नहीं करते हैं। गाँव के अधिकांश लोग कांग्रेस को वोट देते हैं। यहाँ यह ग़ौरतलब है कि अंग्रेज़ों के दौर में भी यादवपुर कांग्रेस समर्थक गाँव था। दिल्ली प्रदेश कांग्रेस के एक प्रमुख नेता की माँ इसी गाँव से थीं। हरिजन, विशेष रूप से चमार, कांग्रेस पार्टी के आरक्षित अनुसूचित जाति के उम्मीदवार को वोट देते थे। किन्तु 1962 के कॉर्पोरेशन चुनावों में गाँव के विभिन्न गुट अलग–अलग राजनीतिक दलों से जुड़ गये। एक नये टूटकर बने गुट के बनिया नेता ने जन संझा के उम्मीदवार के पक्ष में प्रचार किया। इसका कारण यह था कि वह एक आटे का मिल चालू करना चाहता था, किन्तु अहीर जाति का एक अन्य व्यक्ति उसका विरोध कर रहा था। ऐसे समय में, जनसंघ के कॉरर्पोरेटर ने बनिया जाति के इस व्यक्ति की मदद की थी। अहीर जाति के व्यक्ति को कांग्रेस का समर्थन प्राप्त था, और उसके गुट ने पूरी तरह से कांग्रेस उम्मीदवार की तरफ़दारी की।

टिप्पणियाँ

1. 'इकोनॉमिक चेंज ''रैशनैलिटी'' इन अ फ्रिंज विलेज' (*द इकोनॉमिक वीकली*, 29 सितम्बर 1962) शीर्षक से लिखे अपने पहले के एक लेख में मैंने इसह गाँव को एक अन्य काल्पनिक नाम लामेपुर से वर्णित किया है।

सन्दर्भ

बर्नीयर, फ्रैंकोइस, 1904 (1654), *ट्रैवल्स इन हिन्दुस्तान* (अनुवाद : एच. ऑल्डिबर्ग), कलकत्ता : बंगाबासी प्रेस (पुनर्मुर्दित), ब्लौचमैन, एच. (अनुवाद), 1927, आइन–ए–अकबर, कलकत्ता : एशियाटिक सोसायटी ऑफ़ बंगाल।

स्पीयर, पर्सीवल, 1963, द नवाब्स : *अ स्टडी ऑफ़ द सोशल लाइफ़ ऑफ़ इंग्लिश इन एटिंथ–सेंचुरी* इंडिया, लन्दन : ऑक्सफोर्ड यूनिवर्सिटी प्रेस।

भारतीय गाँवों की आत्मनिर्भरता का मिथक*

एम. एन. श्रीनिवास और ए. एम. शाह

सबसे पहले 1830 में सर चार्ल्स मेटकॉफ ने यह विचार प्रस्तुत किया था कि भारतीय गाँव एक–दूसरे से पृथक् और आत्मनिर्भर हैं और इसके बाद बहुत–से विद्वानों और राजनीतिज्ञों ने इसका समर्थन किया। सर हेनरी मेन और कार्ल मार्क्स ने इस विचार का समर्थन किया। हाल ही के समय में, महात्मा गाँधी और उनके समर्थकों ने न सिर्फ़ यह कहा कि भारतीय गाँव पारम्परिक रूप से आत्मनिर्भर रहे हैं, बल्कि वे एक ऐसा कार्यक्रम भी लाना चाहते थे जिससे गाँवों की पवित्र आत्मनिर्भरता फिर से क़ायम हो सके। हम इस बात के लिए माफ़ी नहीं माँगेंगे कि हम नीच सर चार्ल्स मेटकॉफ के लेखन से एक लम्बा उद्धरण दे रहे हैं। इसमें उन्होंने भारतीय गाँवों की आत्मनिर्भरता और जीवन्तता का अपना प्रसिद्ध सिद्धान्त दिया है।

ग्रामीण समुदाय छोटे गणतन्त्रों की तरह है, उनके पास वह सब कुछ है जो वे अपने लिए चाहते हैं, और वे किसी प्रकार के विदेशी सम्बन्ध से तक़रीबन पूरी तरह से स्वतन्त्र हैं। ऐसा प्रतीत होता है कि जब कुछ नहीं बचता तब इनका अस्तित्व बचा रहता है। वंश–दर–वंश बिखर गये; एक क्रान्ति के बाद दूसरी क्रान्ति हुई; हिन्दू, पठान, मुग़ल, मराठा, सिख, अंग्रेज़ ये सभी बारी–बारी से शासक बने, लेकिन ग्रामीण समुदाय पहले की तरह ही बने रहे। मुश्किल समय में ये ख़ुद को हथियारबन्द और किलाबन्द करते हैं : दुश्मन सेना ग्रामीण क्षेत्र से गुज़रती है : ग्रामीण समुदाय अपने जानवरों को घर की चारदीवारी के भीतर कर लेते हैं और दुश्मन बिना भड़के आगे बढ़ जाता है। यदि उन्हें लूटने और बर्बाद करने के मक़सद से हमला किया जाता है, और उनके लिए दुश्मन की शक्ति का प्रतिरोध

* *इकोनॉमिक ऐंड पॉलिटिकल वीकली* 12 (37) : 1375–78 (10 सितम्बर, 1960)।

करना मुमकिन नहीं होता है, तो वे कुछ दूरी पर स्थित उन गाँवों में चले जाते हैं, जिनसे उनकी मित्रता अच्छी होती है। लेकिन जब तूफ़ान गुज़र जाता है तो वे अपने गाँव लौट आते हैं तथा अपने पुराने काम में लग जाते हैं। यदि एक ग्रामीण क्षेत्र में लम्बे समय तक लूट–मार और जनसंहार का दौर चलता रहता है जिसके कारण वहाँ ग्रामीण लोग नहीं रह सकते, तो जब शान्तिपूर्ण स्थिति आ जाती है, तो बिखरे हुए गाँवों के लोग फिर से अपने गाँव में वापस आ जाते हैं। ऐसी स्थिति में भले ही एक पीढ़ी को गाँव से बाहर रहना पड़े किन्तु अगली पीढ़ी गाँव में वापस आ जायेगी। जो लोग गाँव छोड़कर गये थे, उनके वंशज पुत्र अपने पिता का स्थान ले लेंगे, गाँव अपने पुराने स्थान पर फिर से स्थापित होगा, घरों की स्थिति पहले की तरह होगी, तथा गाँव छोड़कर गये लोगों के वंशज उसी ज़मीन पर अपना स्वामित्व स्थापित करेंगे जिन पर उनके पूर्वजों का स्वामित्व था। निश्चित रूप से, किसी छोटे–मोटे कारण के चलते लोग गाँव छोड़कर नहीं जायेंगे, और अमूमन वे अशान्ति और उथल–पुथल के समय शान्ति क़ायम रखेंगे, और इतनी ताक़त हासिल करेंगे जिससे वे लूट–मार या दमन का सफलतापूर्वक प्रतिरोध कर पायें।[1]

मेन से मार्क्स तक

40 वर्ष बाद सर हेनरी मेन ने भारतीय गाँव की आत्मनिर्भरता के विचार को फिर से पुनर्जीवित किया–

> *अधिकांश मौक़ों पर भारतीय ग्रामीण समुदायों ने वेतनभोगी सैनिकों से घिरे सम्राटों के दमन के सामने बिना किसी प्रतिरोध के समर्पण कर दिया...। मैंने बहुत–से मौक़ों पर उन्हें संगठित और आत्म–निर्णय के आधार पर काम करने वाला कहा है। असल में, इन समुदायों में विभिन्न पेशों और व्यापारों की पूर्ण स्थापना होती है। इसके कारण, वे किसी भी बाहरी व्यक्ति का निकाय की सहायता के बिना ही अपना सामूहिक जीवन जीने में समर्थ हो पाते हैं (1890 : 124–25)।*

कार्ल मार्क्स से यह उम्मीद की जा सकती है कि वे पारम्परिक दृष्टिकोण से अलग हटकर अपनी बातें कहेंगे, किन्तु उन्होंने भी गाँवों की आत्मनिर्भरता की अवधारणा को ही आगे बढ़ाया–

इस प्रकार के म्युनिसिपल (शहरी) सरकार में गाँवों के निवासी अनन्त समय से रह रहे थे। गाँवों की सीमाओं में कभी–कभार ही बदलाव हुआ और य़द्यपि युद्ध, अकाल और महामारी के कारण गाँवों को कई बार गहरे नुकसान और यहाँ तक कि उजड़ने की स्थिति का सामना भी करना पड़ा, लेकिन इसके बावजूद इन गाँवों में युगों से वही नाम, वही सीमा, वही हित और यहाँ तक कि वही परिवार क़ायम रहे। यहाँ के निवासियों को साम्राज्यों के टूटने या विभाजित होने से कोई फ़र्क़ नहीं पड़ा। गाँव अपने–आप में सम्पूर्ण है, इसे इस बात से फ़र्क़ नहीं पड़ता है कि यह किस सत्ता या संप्रभु के अधीन है : इसकी आन्तरिक अर्थव्यवस्था अपरिवर्तित रहती है।

व्यापक व्यवस्था का भाग

जब कोई विचार 100 वर्ष से भी ज़्यादा पुराना हो, तथा मेन और मार्क्स जैसे चिन्तकों द्वारा इसकी तरफ़दारी की गयी हो तो वह एक कट्टर मत की स्थिति हासिल कर लेता है। हाल ही के समय तक ग्रामीण भारत पर लिखने वाले अधिकांश लेखकों ने गाँवों की स्वायत्तता और आत्मनिर्भरता को एक स्व–प्रमाणित विचार के रूप में स्वीकार किया। इसने भारतीय ग्रामीण 'समुदाय' की वास्तविक प्रकृति को छिपाने का काम किया। साथ ही, इसने राजनीतिक कार्रवाई के पुनरुत्थानवादी और यूटोपियाई कार्यक्रमों को आधार उपलब्ध कराया। पिछले 20 वर्षों से ही प्रशिक्षित मानवशास्त्रियों और समाजशास्त्रियों ने भारत के विभिन्न भागों में ग्रामीण समुदायों का गहन अध्ययन करना आरम्भ किया है और ये इतने खुशकिस्मत रहे हैं कि कुछ भागों में इन्हें ऐतिहासिक आँकड़े भी प्राप्त हुए हैं। इन आँकड़ों से यह तस्वीर सामने आती है कि सड़कों, विशेष रूप से गाँवों के बीच की सड़कों की स्थिति काफ़ी ख़राब थी, ग्रामीण अर्थव्यवस्था का न्यूनतम मुद्रीकरण हुआ था, तथा बहुत–से मामलों में स्थानीय स्तर पर प्रभुत्वशाली जातियाँ ही क़ानून तय करती थीं। किन्तु इसके बावजूद गाँव हमेशा से ही एक व्यापक आर्थिक, राजनीतिक और धार्मिक व्यवस्था का भाग था। पृथक्ता, स्वायत्तता और आत्मनिर्भरता की बातें सिर्फ़ भ्रम थीं।

तटीय केरल, कुर्ग, गुजरात के पठारी इलाकों और अन्य स्थानों पर आणविक (या पूरी तरह से अलग–थलग) गाँवों का अस्तित्व नहीं होता

है। इन 'गाँवों' का निर्माण विभिन्न खेतों (फार्म) से होता है। प्रत्येक खेत या खेतों के समूह के मालिक का प्रतिनिधि वहाँ रहता है। बिखरा हुआ गाँव, आणविक गाँव की तरह एक जगह अवस्थित नहीं होता है। विभिन्न गाँवों को अलग करने वाली कोई सीमा नहीं होती है। बहुत–से बिखरे हुए गाँवों से आने वाले कारीगर और सेवक जातियों के लोग यहाँ रहने वाले लोगों की सेवा करते हैं अर्थात् एक कारीगर जाति गाँवों के एक विशिष्ट समूह की सेवा करती है और आंशिक रूप से परस्परव्यापी घेरे की शृंखला गाँवों का प्रतिनिधित्व कर सकती है।

प्रशासनिक और सामाजिक गाँव हमेशा ही समान नहीं होते हैं। यहाँ तक कि आणविक (या एक स्थान पर बसे) गाँवों के सन्दर्भ में भी ऐसा नहीं होता है। कई बार एक प्रशासनिक गाँव में एक से ज़्यादा सामाजिक गाँव होते हैं, वहीं ऐसा कभी–कभार ही होता है कि एक सामाजिक गाँव एक से ज़्यादा प्रशासनिक गाँवों में विभाजित हो।

सगोत्र का फैलाव

एक गाँव एक ऐसी ऊर्ध्व इकाई (वर्टिकल यूनिट) होती है जिसमें विभिन्न जातियों के लोग सम्मिलित होते हैं। वहीं जाति एक ऐसी क्षैतिज इकाई होती है, जिसके सदस्य आस–पड़ोस के विभिन्न गाँवों में रहते हैं। एक गाँव में रहने वाले एक जाति के सदस्य सगोत्रता, विवाह, आर्थिक दायित्व और जाति पंचायत की सदस्यता के आधार पर अन्य गाँवों में रहने वाले अपने जाति के सदस्यों से जुड़े होते हैं। यहाँ यह उल्लेखनीय है कि दक्षिण भारत में चचरे–ममेरे, चाचा–भतीजी जैसे विवाहों को वरीयता दी जाती है, फिर भी एक ग्रामीण जाति का विवाह क्षेत्र कम–से–कम 20–30 गाँवों तक फैला होता है। उत्तर भारत में विवाह का यह क्षेत्र ज़्यादा बड़ा है क्योंकि यहाँ सगे–सम्बन्धियों के बीच विवाह नहीं होता है। इसके अतिरिक्त, यहाँ गाँव के भीतर विजातीय विवाह (एक्सोगेमी) और अनुलोम विवाह (हाइपरगेमी) भी होता है। इसका अर्थ यह है कि कोई व्यक्ति अपने गाँव की लड़की के साथ विवाह नहीं कर सकता है, और वह अपनी बहन या बेटी का विवाह उस गाँव में नहीं कर सकता है, जहाँ से उसकी पत्नी आयी है। उत्तर के विवाह घेरे में 200–300 गाँव आते हैं।

अमूमन सगोत्रीय वंश के सदस्य बहुत–से गाँवों में बिखरे होते हैं। यह बात उत्तर भारत के कुछ भागों के बारे में विशेष रूप से सच है जहाँ

स्थानीय स्तर पर प्रभुत्वशाली जाति के सदस्य कई गाँवों में रहते हैं। साथ ही, ये गोत्र के आधार पर एक–दूसरे से जुड़े होते हैं। ऐसे समूहों के बीच काफ़ी नज़दीकी सम्बन्ध होता है। इसी तरह, एक जाति के शहरों और गाँवों में रहने वाले अलग–अलग सदस्यों के बीच भी निकट सम्बन्ध होता है। द्विज जातियों के बारे में यह विशेष रूप से सच है।

अक्सर इस तथ्य को गाँवों की आत्मनिर्भरता के प्रमाण के रूप में प्रस्तुत किया गया है कि यहाँ आमतौर पर बहुत–सी जातियों के लोग रहते हैं। लेकिन 1000 तक की जनसंख्या वाले बड़े गाँवों में भी सभी आवश्यक जातियों के लोग निवास नहीं करते हैं। वहीं, यह भी एक तथ्य है कि भारत के दो–तिहाई से भी ज़्यादा गाँवों की जनसंख्या 500 से भी कम है।

साप्ताहिक बाज़ार

बहुत–से ऐसे गाँव भी हैं जहाँ एक जाति के लोग ही निवास करते हैं। ऐसे जिन गाँवों में कारीगर जातियों के लोग रहते हैं वे अपनी वस्तुओं को नज़दीक के शहर में या फिर साप्ताहिक बाज़ारों में बेचते हैं। साप्ताहिक बाज़ार इस बात का ठोस प्रमाण हैं कि भारतीय गाँव आत्मनिर्भर नहीं हैं। इनके कारण, कुछ हद तक अर्थव्यवस्था का मुद्रीकरण भी हुआ है, जिसका अर्थ यह है कि गाँव एक व्यापक राजनीतिक–आर्थिक व्यवस्था का भाग है।

अलग–अलग साप्ताहिक बाज़ारों के दायरे में भिन्नता होती है। बहुत–से ऐसे बाज़ारों को आसपास के गाँवों के लोग बढ़ावा देते हैं, वहीं कई अन्य ऐसे बाज़ारों को ज़्यादा विस्तृत क्षेत्र में फैले लोग संरक्षित करते हैं। कई मौक़ों पर, साप्ताहिक बाज़ारों में एक निश्चित स्तर का विशेषीकरण भी सामने आता है : एक बाज़ार पशुओं के व्यापार के लिए प्रसिद्ध है, दूसरा, मेमनों और मुर्गे–मुर्गियों के लिए, और तीसरा ऊनी कपड़ों के लिए इत्यादि। गाँवों के लोग तीर्थ यात्रा करने के लिए भी गाँवों से बाहर जाते हैं, और कई मौक़ों पर वे अन्य भाषाई क्षेत्रों की भी यात्रा करते हैं। एक निश्चित समयान्तराल पर किसी गाँव में देवी–देवता की पूजा आयोजित होने पर उसमें भाग लेने के लिए आसपास के गाँवों के लोग भी आते हैं। मन्दिरों के पास में बाज़ार का विकास हो जाता है। धार्मिक कारणों से त्योहारों में ख़रीद–बिक्री काफ़ी बढ़ जाती है। कई ऐसे मेलों का आयोजन होता है जो जानवरों की ख़रीद–बिक्री के लिए प्रसिद्ध होते हैं। आजकल तो लॉरी में लादकर पशुओं को 200–300 किलोमीटर की दूरी तक ले

जाया जाता है। इस प्रकार के मेले पूरे देश में आयोजित होते हैं, और ये इस तथ्य को उजागर करते हैं कि एक किसान का सामाजिक और आर्थिक दायरा उसके गाँव से काफ़ी ज़्यादा व्यापक होता है।

भू–स्वामित्व का स्वरूप

भू–स्वामित्व, जोतदारी और श्रम या मज़दूरी के सन्दर्भ में अक्सर विभिन्न गाँव के लोग एक–दूसरे से जुड़े होते हैं। एक आधिकारिक या प्रशासनिक गाँव के भीतर जितनी ज़मीन होती है, उस पर हमेशा उस गाँव में रहने वाले लोगों का ही स्वामित्व नहीं होता है। अमूमन कुछ ज़मीन पर पड़ोसी गाँवों या शहरों में रहने वाले लोगों का भी स्वामित्व होता है। पिछले तक़रीबन 100 वर्षों या उससे भी ज़्यादा समय से अनुपस्थित भू–स्वामियों का एक वर्ग सामने आया है। इसमें वे लोग शामिल हैं जो शहरों में रहते हैं किन्तु उनकी ज़मीन गाँव में होती है।

आमतौर पर, यह बात भी सामने आती है कि एक गाँव के सदस्यों की ज़मीन पड़ोसी गाँवों में भी है। यहाँ तक कि जोतदार और मज़दूर भी कई मरतबा अन्य गाँवों की ज़मीन पर काम करते हैं। कुछ सिंचित क्षेत्रों में जहाँ जनसंख्या का घनत्व ज़्यादा होता है, वहाँ अमूमन एक जोतदार अपने निवास स्थान से 6–7 मील की दूरी पर स्थित खेत में खेती करता है।

बाहरी व्यापार

अमूमन यह माना जाता है कि भारत के गाँवों का सम्पर्क व्यापार और वाणिज्य से नहीं हुआ। शायद यह मान्यता सिर्फ़ आदिवासी इलाकों के गाँवों के बारे में ही सच है। हालाँकि ग़ैर–ग्रामीण क्षेत्रों में ग्रामीण अर्थव्यवस्था एक लम्बे समय से क्षेत्रीय, राष्ट्रीय और यहाँ तक कि अन्तर्राष्ट्रीय व्यापार और वाणिज्य से जुड़ चुकी है। यह अवश्य है कि अलग–अलग गाँवों में इस जुड़ाव की सीमा भिन्न–भिन्न है। गुजरात, केरल और कोरोमण्डल तटीय क्षेत्रों जैसे कुछ इलाकों में ग्रामीण अर्थव्यवस्था का व्यापक विश्व की अर्थव्यवस्था से काफ़ी ज़्यादा एकीकरण हुआ है। ये तटीय क्षेत्र कम–से–कम ईसाई युग की शुरुआत से ही समुद्री वाणिज्य से जुड़े रहे हैं।

मसलन, गुजरात के निर्यात में खेतिहर और वन उत्पादों के साथ–ही–साथ निर्मित वस्तुएँ भी सम्मिलित रही हैं। खेतिहर और वन उत्पादों की श्रेणी में नील, कपास, गेहूँ, चावल, तम्बाकू, खाद्य तेल, घी,

मधु, लाक, खाल, सूखा अदरक, हरीतकी (माइरोब्लान) सम्मिलित था। वहीं निर्मित वस्तुओं की श्रेणी में तीन तरह की वस्तुएँ सम्मिलित थीं : पहला, कपास के कपड़े, धागा, तकिया, कालीन, कपास का धागा जैसी वस्तुएँ शामिल थीं। इन्हें मुख्य रूप से शहरी कारीगरों द्वारा निर्मित किया जाता था, किन्तु इसके लिए कच्चे माल की आपूर्ति गाँवों से की जाती थी। दूसरी श्रेणी में क़ीमती पत्थर जैसी वस्तुएँ शामिल थीं जिन्हें देशज खनिज पदार्थों से शहरी कारीगरों द्वारा बनाया जाता था। तीसरी श्रेणी में रेशमी कपड़े, धातु और हाथी दाँत की वस्तुएँ सम्मिलित थीं, जिन्हें आयातित कच्चे माल से शहरी कारीगर बनाते थे।

विभिन्न क्षेत्रों के बीच व्यापार

देश के विभिन्न क्षेत्रों के बीच व्यापार में खेतिहर और वनोत्पादों का लेन–देन भी शामिल था। मिसाल के तौर पर, गुजरात को मालवा से काफ़ी बड़ी मात्रा में गेहूँ और अफ़ीम, कोंकण से चावल और नारियल, बंगाल से चीनी तथा हिमालय क्षेत्र से किराने का सामान और दवाएँ मिलती थीं (मोरलैण्ड 1920 : 244)।[2] गुजरात के भीतर फ़सलों के मामले में विभिन्न क्षेत्रों की अपनी–अपनी विशेषज्ञता थी। साथ ही, राज्य के विभिन्न क्षेत्रों के बीच फ़सलों का लेन–देन होता था। मध्य गुजरात में नील और तम्बाकू की खेती होती थी, दक्षिण गुजरात में गन्ने की खेती होती थी। स्थानीय उत्पादों को ज़मीन और पानी–दोनों के रास्ते से एक स्थान से दूसरे स्थान तक ले जाया जाता था। गुजरात के तटीय क्षेत्रों सौराष्ट्र और कच्छ के माध्यम से काफ़ी व्यापार होता था।[3] अन्त में, एक ही क्षेत्र में बसे गाँव भी शहरों को उपभोग की बहुत–सी वस्तुओं की आपूर्ति करते थे।

संक्षेप में, गुजरात के मैदानी इलाकों के अधिकांश गाँव कोई न कोई पण्य या वस्तु व्यापक बाज़ार में भेजते थे। इसके बदले में उन्हें नमक, मसाला, किराने का सामान, कुछ ख़ास तरह के कपड़े, धातु की वस्तुएँ, परिवार के सामान और आभूषण जैसी कई वस्तुएँ मिलती थीं। बाहरी दुनिया पर ग्रामीणों की निर्भरता समय–समय पर होने वाले उत्सवों और अन्य कर्मकाण्डीय अवसरों पर सामने आती थी। एक ग्रामीण व्यक्ति अपनी आवश्यकता की वस्तुएँ गाँव के दुकानदार से, घुमन्तू व्यापारी या कारीगर से, या मेले या साप्ताहिक बाज़ार से ख़रीद सकता था। उपलब्ध दस्तावेज़ों के मुताबिक़ उन्नीसवीं सदी के आरम्भ में, मध्य गुजरात में

500 या इससे अधिक जनसंख्या वाले प्रत्येक गाँव में कम–से–कम एक दुकानदार होता था।

शहरों पर निर्भरता

ग्रामीण लोग कुछ विशिष्ट सेवाओं के लिए शहरों पर भी निर्भर थे। जब भी वे अपने घर, धर्मशाला, गाँव का बैठक स्थल (चावडी) ईंट या पत्थर का काम करना चाहते थे, तो उन्हें इस काम के लिए नज़दीक के शहर से मिस्त्री को बुलाना पड़ता था। शहर का सोनार ही उनका सोना या चाँदी का आभूषण तैयार करता था। यद्यपि घरों में मिट्टी के बर्तन ही ज़्यादा लोकप्रिय थे, किन्तु धातु के बर्तनों का भी प्रयोग होता था। ख़ासतौर पर, सामूहिक भोज इत्यादि के लिए खाना बनाने में धातु के बड़े बर्तन ही प्रयोग में लाये जाते थे। इन बर्तनों को शहर में ही ख़रीदा जाता था और वहीं इनकी मरम्मत होती थी। माली, दर्ज़ी, धोबी, वहीवांचा (वंशावली विशेषज्ञ) और फ़सल सेंकने वाले सिर्फ़ बड़े गाँवों या शहरों में ही मिलते थे।

इस सन्दर्भ में क्षेत्रीय आर्थिक इतिहास के महत्त्व पर बल देना आवश्यक है। यह क्षेत्र जितना महत्त्वपूर्ण है, उतनी ही इसकी उपेक्षा हुई है। क्षेत्रीय आधार पर आर्थिक इतिहास का अध्ययन हमें यह बतायेगा कि किस तरह भारत के विभिन्न भागों में गाँव राष्ट्रीय और अन्तर्राष्ट्रीय स्तर की व्यापक अर्थव्यवस्था के साथ जुड़ा हुआ था। मसलन, अमेरिकी गृह युद्ध के कारण लंकाशायर के कारख़ानों में कच्चे कपास की आपूर्ति बन्द हो गयी। इसके कारण भारत ब्रिटेन के लिए कच्चे कपास का निर्यातक बन गया। कपास के कारण गुजरात और पूर्व मध्य प्रान्त के किसानों की समृद्धि हुई। इसके कारण, इन क्षेत्रों के लोगों के सामाजिक और आर्थिक जीवन में काफ़ी बदलाव हुआ। मध्य प्रान्त के कुछ किसान अपने मित्रों को अपनी समृद्धि के बारे में बताने के लिए अपने हल और अपनी बैलगाड़ियों पर चाँदी लगाते थे।

राजनीतिक संरचना

यह मान्यता पूरी तरह गलत है कि भारतीय ग्रामीण समुदाय व्यापक राजनीतिक संरचना से प्रभावित नहीं था और इसने इस संरचना को प्रभावित नहीं किया। असल में, यह मान्यता इसलिए सामने आयी क्योंकि अमूमन राजनीतिक संरचना की बुनियाद के बजाय इसके उच्च स्थान

पर ध्यान दिया गया। दूसरे शब्दों में, आम लोगों के बजाय राजाओं और योद्धाओं के जीवन पर ही ध्यान केन्द्रित किया गया। गाँव या इससे थोड़े उच्च स्तर पर आमतौर पर एक प्रभुत्वशाली जाति होती थी। इस जाति के लोगों का उपलब्ध खेती योग्य भूमि के एक बड़े हिस्से पर स्वामित्व होता था। इसके अलावा, वे इस इलाके में राजनीतिक सत्ता का भी प्रयोग करते थे। इस तरह की प्रत्येक जाति का एक नेता होता था और सगोत्रीय जुड़ावों तथा अपने पास आने वाले लोगों की मदद करने की क्षमता के कारण इसकी स्थिति और भी मज़बूत होती थी। भारत में हर जगह राजनीतिक पिरामिड के आधार में ऐसे ही सरदार या मुखिया मौजूद थे। इसके बाद ऊपर की ओर बढ़ते हुए राजा और उसके बाद सम्राट होता था। राजा सम्राट का प्रतिनिधि होता था। जो सबसे ऊपर होता था उसका महत्त्व सबसे ज़्यादा होता था।

निम्न स्तर का प्राधिकारी जब अपने से उच्च स्तर के प्राधिकारी को कर देता था तो वह उसकी सर्वोच्चता को स्वीकार करता था, किन्तु जब वह कर देना बन्द कर देता था तो अपनी स्वतन्त्रता की घोषणा कर देता था। निम्नतम से उच्चत स्तर के सत्ता सम्बन्धों के बीच एक सांतत्यक (कॉन्टीन्युअस) था, तथा प्रत्येक स्तर पर होने वाले परिवर्तन से दूसरे स्तर पर भी परिवर्तन हुआ। 'रूढ़िवादी' इतिहासों में ऊपरी तरह पर हुए बदलावों को निम्न स्तर के बदलावों का कारण माना गया, लेकिन निम्न स्तर के बदलावों के कारण ऊपरी स्तर पर होने वाले बदलावों का कोई उल्लेख नहीं किया गया।

राजपूत और मुस्लिम

तेरहवीं सदी में मुस्लिमों द्वारा गुजरात पर जीत हासिल करने से पहले इस पूरे क्षेत्र में राजपूत प्रभुत्वशाली जाति थी, तथा हर स्थान पर राजपूत सरदार पाये जाते थे (देखें शाह 1959)। जब मुस्लिम विजेताओं ने गुजरात के सम्प्रभु राजा को हटा दिया, तो निम्न स्तर के सभी सरदारों ने मुस्लिमों से संघर्ष किया। फ़ारसी के वृत्तान्तों *मिलाद–ए–सिकन्दरी* (फरीदी प्रकाशन वर्ष अनुपस्थित : 239), *मिरात–ए–अहमदी* (खान 1928 : 193–4) और *फ़रिश्ता* (फ़रिश्ता 1910: 18) में इस बात का विस्तृत विवरण मिलता है कि राजपूत सरदारों (इन्हें गिरासिया कहा जाता था) और उनके सहयोगी कोल सरदारों ने मुस्लिमों से तक़रीबन 400 वर्षों तक संघर्ष किया था।

इस दौर में मुस्लिम सत्ता का केन्द्र मध्य गुजरात में राजधानी अहमदाबाद में केन्द्रित था। सिर्फ़ यह वह क्षेत्र था जहाँ मुस्लिम राजपूतों को नियन्त्रित कर पाये। प्रत्येक राजपूत जागीर की तीन–चौथाई ज़मीन को जब्त कर लिया गया, और इसे *ख़ालसा* या शासक की ज़मीन में तब्दील कर दिया गया। इसी से मध्य गुजरात में राजपूतों की तुलना में एक किसान जाति पाटीदार की स्थिति में बदलाव आरम्भ हुआ।

राजपूतों की सत्ता और सम्पत्ति में गिरावट के साथ ही पाटीदारों की सम्पत्ति में वृद्धि हुई। उन्होंने नील, कपास और अन्य खेतिहर वस्तुओं का निर्यात किया, तथा शहरी कारीगरों को कपास के कपड़े जैसी वस्तुओं के निर्माण के लिए कच्चा माल उपलब्ध कराया। समय बीतने के साथ पाटीदारों के हाथ में राजनीतिक सत्ता भी आ गयी। यह ग़ौरतलब है कि जब मराठाओं ने गुजरात में अभियान शुरू किया तो पाटीदार उनके मुख्य राजनीतिक समर्थक थे।[4] धीरे–धीरे पाटीदारों ने राजपूतों पर अपनी कर्मकाण्डीय सर्वोच्चता की दावेदारी की। वर्तमान समय में पाटीदार राजपूतों से पानी या बना हुआ भोजन ग्रहण नहीं करते हैं।

दिशाहीन हवाएँ

हमने पहले ही यह उल्लेख किया है कि तीर्थ यात्राएँ और त्योहार गाँव के लोगों को गाँव के बाहर ले जाती हैं। इसके अलावा, ग्रामीण व्यक्ति का धर्म पूरे भारत वर्ष को स्वीकार करता था। कम–से–कम ज़्यादा जानकारी रखने वाला ग्रामीण व्यक्ति बनारस, गंगा और हिमालय के बारे में जानता था। ब्राह्मण पुजारी अखिल भारतीय या सांस्कृतिक हिन्दू धर्म का स्पष्ट प्रतिनिधि था। *हरिकथा* का भी प्रचलन था जिसमें पुजारी गाँव के लोगों को *रामायण* या *महाभारत* या *भागवत* से धार्मिक कथाएँ सुनाता था। इसके कारण ग्रामीण लोग अखिल भारतीय हिन्दू धर्म को अपनाने में समर्थ हो पाते थे। इससे निम्न जातियों के धीरे–धीरे संस्कृतिकरण में सहायता मिलती थी, तथा हर स्थान पर ग्रामीण लोग प्रभावकारी तरीक़े से हिन्दू धर्म का भाग बन जाते थे।

इस तरह, भारतीय गाँव विभिन्न दिशाओं से आने वाली हवाओं से प्रभावित होकर एक व्यापक भाग का हिस्सा बन जाते थे। ख़राब सड़कों, भारी मानसून, खाद्य फ़सलों और सब्ज़ियों की खेती, वस्तु विनिमय या बार्टर व्यवस्था तथा ग्रामीण समुदाय की सदस्यता की मज़बूत भावना–

ये सभी विद्यार्थियों के बीच यह भ्रम पैदा करते रहे हैं कि भारतीय गाँव आत्मनिर्भर और पूरी तरह से अलग–थलग हैं। लेकिन यह सिर्फ़ भ्रम है, और वास्तविकता इससे काफ़ी अलग है। निश्चित रूप से, सच्चाई यह है कि भारत के विभिन्न भागों में गाँव व्यापक राजनीतिक, आर्थिक, सगोत्रीय, धार्मिक और नैतिक संरचना से अलग–अलग स्तरों तक जुड़े रहे हैं, तथा यह तुलनात्मक अनुसन्धान का महत्त्वपूर्ण क्षेत्र है। इसके अलावा, यह एक ऐसा क्षेत्र है जिसमें समाजशास्त्रियों और इतिहासकारों को सहयोग करना चाहिए।

टिप्पणियाँ

1. अपेनडिक्स टू द रिपोर्ट फ्रॉम द सलेक्ट कमिटी ऑफ़ द हाउस ऑफ़ कॉमन्स ऑन द अफेयर्स ऑफ़ द ईस्ट–इंडिया कम्पनी III– रेवेनन्यू, लन्दन, 1833, 470।
2. साथ ही देखें *गज़ेटियर ऑफ़ द बॉम्बे प्रेसीडेंसी,* वोल्यूम VI, 187–98।
3. देखें, गज़ेटियर ऑफ़ द बॉम्बे प्रेसीडेंसी वोल्यूम II (बॉम्बे 1977); वोल्यूम III (बॉम्बे, 1979), वोल्यूम IV (बॉम्बे 1979); वोल्यूम VI (बॉम्बे 1980); वोल्यूम VII (बॉम्बे 1983); और वोल्यूम VII (बॉम्बे, 1984) में 'ट्रेड ऐंड मैन्यूफेक्चर' और 'प्लेसेज ऑफ़ इंटरेस्ट' से जुड़े अध्याय। गुजरात में स्थानीय व्यापार के इतिहास के अध्ययन का एक महत्त्वपूर्ण स्रोत व्यापारी परिवारों में सुरक्षित रखी गयी विवरण पुस्तिकाएँ तथा पत्र–व्यवहार हैं।
4. *गज़ेटियर ऑफ़ बॉम्बे प्रेसीडेंसी,* वोल्यूम VII, 169–71, 174, 187; साथ ही देखें जोशी 1949 : 177–79।

सन्दर्भ

फ़रीदी, फजुल्लाह लुतफुल्लाह (अनुवाद)। प्रकाशन वर्ष अनुपस्थित। *सिकन्दर इब्न मुहम्मद,* बॉम्बे।

फ़रिश्ता, मोहम्मद कासिम, 1910, *हिस्ट्री ऑफ़ द राइज ऑफ़ द मोहम्मडेन पॉवर इन इंडिया,* वोल्यूम IV, अनुवाद जॉन ब्रिग्स, कलकत्ता और लन्दन।

जोशी, सी. वी. 1949, 'द एमनीस ऑफ़ वासो', इंडियन हिस्टॉरिकल रेकॉर्ड्स कमीशन, प्रोसिडिंग्स ऑफ़ द मीटिंग्स ऑफ़ सिल्वर जुबली सेशन, वोल्यूम XXV, पार्ट II, दिल्ली।

खान, अली मुहम्मद, 1928, *मिराउ–अहमद : सपलिमेंट,* अनुवाद सैयद नवाब अली और चार्ल्स नॉर्मन सीडॉन, बड़ौदा।

लीकॉक, सेठ और डेविड सी. मैंडलबॉम, 1955। 'अ नाइनटिंथ सेंचुरी डेवलपमेंट प्रोजेक्ट इन इंडिया : द कॉटर इम्प्रूवमेंट प्रोग्राम', *इकोनॉमिक डेवलपमेंट ऐंड कल्चरल चेंज* III (4)।

मेन, सर हेनरी, 1980, *विलेज कम्युनिटीज़ इन द ईस्ट ऐंड वेस्ट*, लन्दन।

मोरलैण्ड, डब्ल्यू. एच. 1920, *इंडिया ऐंड द डेथ ऑफ़ अकबर*, लन्दन।

पारिख, हीरालाल त्रिभुवनदास, 1936, *उराचिन गुजारातुनुन रेखादर्शन*, वोल्यूम II, अहमदाबाद, 68–74।

शाह, ए. एम. 1959क, 'सोशल एंथ्रोपोलॉजी ऐंड द स्टडी ऑफ़ हिस्टॉरिकल सोसायटीज', *द इकोनॉमिक वीकली*, स्पेशल नम्बर (जुलाई) : 953–62।

———, 1950ख, 'द वाहीवंचा बैरुट्स ऑफ़ गुजरात : अ कॉस्ट्स ऑफ़ जिनियोलॉजिस्ट्स ऐंड माइथोग्राफर्स', संकलित : *ट्रेडिशनल इंडिया : स्ट्रक्चर ऐंड चेंज*, सम्पादक, मिल्टन सिंगर, फिलाडेल्फिया, 52–58।

लेखक परिचय

सुरिन्दर एस. जोधका

जवाहरलाल नेहरू विश्वविद्यालय, नयी दिल्ली के 'स्कूल ऑफ़ सोशल साइंसेज़' में 'सेंटर फ़ॉर द स्टडी ऑफ़ सोशल सिस्टम्स' में समाजशास्त्र के प्रोफ़ेसर हैं।

मैसूर नर सिम्हाचार श्रीनिवास (1916–1999)

भारत के समाजशास्त्री थे। इन्हें जाति, जाति व्यवस्थाओं, सामाजिक स्तरीकरण, संस्कृतिकरण और 'प्रभुत्वशाली जाति' (डॉमिनेन्ट कास्ट) की अवधारणा के लिए जाना जाता है।

एरिक जे. मिलर

इकोनॉमिक ऐंड पॉलिटिकल वीकली में लेखन करते रहे हैं।

डब्ल्यू. (विलियम) एच. नेवेल

मियामी यूनिवर्सिटी (पीएच.डी, यूनिवर्सिटी ऑफ़ पेनसिल्वेनिया) में इंटरडिसिप्लिनरी स्टडीज़ (अंतःअनुशासनात्मक अध्ययन) के प्रोफ़ेसर रहे हैं।

ज्योतिर्मयी शर्मा

इकोनॉमिक ऐंड पॉलिटिकल वीकली में लेखन करती रही हैं।

मेरियन डब्ल्यू. स्मिथ

इकोनॉमिक ऐंड पॉलिटिकल वीकली में लेखन करते रहे हैं।

एस. सी. दुबे (1922–96)

सुप्रसिद्ध समाजशास्त्री और मानवशास्त्री थे, वे 'इंडियन इंस्टीट्यूट ऑफ़ एडवांस्ड स्टडीज़, शिमला' के निदेशक थे, जम्मू विश्वविद्यालय के उप–कुलपति और आईसीएसएसआर के नैशनल फेलो थे।

एड्रियान सी. मेयर

सन् 1985 में प्रो–डायरेक्टर पद से अवकाश लेने से पहले लम्बे समय तक एसओएएस से जुड़े हुए थे।

आंद्रे बेते

'दिल्ली स्कूल ऑफ़ इकोनॉमिक्स, दिल्ली विश्वविद्यालय' में समाजशास्त्र के प्रोफ़ेसर रहे हैं। ये 2003 से वर्तमान समय तक यहीं समाजशास्त्र के प्रोफ़ेसर एमेरिटस हैं।

वी. नाथ

इकोनॉमिक ऐंड पॉलिटिकल वीकली में लेखन करते रहे हैं।

बरनार्ड एस. कोहन (1928–2003)

एक अमेरिकी मानवशास्त्री और भारत में अंग्रेज़ों के उपनिवेशवाद के विद्वान थे, और यूनिवर्सिटी ऑफ़ शिकागो से जुड़े हुए थे।

एम. एस. ए. राव (1926–1985)

समाजशास्त्र के प्रोफ़ेसर थे, ये 1959 में दिल्ली विश्वविद्यालय के समाजशास्त्र विभाग के संस्थापक सदस्यों में से एक थे।

ए. एम. शाह

इन्होंने 'दिल्ली विश्वविद्यालय' के समाजशास्त्र विभाग से 1996 में अवकाश ग्रहण किया। 2009 में 'इंडियन सोशियोलॉजिकल सोसायटी' ने इन्हें 'लाइफटाइम अचीवमेंट' पुरस्कार प्रदान किया।

अनुवादक परिचय

पंकज कुमार झा

ये दिल्ली विश्वविद्यालय के किरोड़ीमल कॉलेज में राजनीति विज्ञान पढ़ाते हैं।

देवारती राय चौधरी

ये दिल्ली विश्वविद्यालय के किरोड़ीमल कॉलेज में पढ़ाती हैं।

संदीप कुमार

ये स्वतन्त्र पत्रकार हैं।

सताक्षी मालवीय

ये दिल्ली विश्वविद्यालय में राजनीति विज्ञान से एम.ए. कर रही हैं।

नोट : जिन अध्यायों में अनुवादक का नाम नहीं दिया गया है, उनका अनुवाद **कमल नयन चौबे** ने किया है।

भूमिका और आभार

आधुनिक और समकालीन दुनिया में हर जगह सामाजिक जीवन की गत्यात्मकता को समझने और उससे संवाद करने के लिए 'ग्रामीण' और 'शहरी' को दो सबसे प्रमुख श्रेणियों के रूप में इस्तेमाल किया जाता रहा है। तक़रीबन सभी राष्ट्र–राज्य अपनी जनसंख्या का वर्गीकरण करने के लिए इनका सार्वभौमिक रूप से उपयोग करते हैं। समाज विज्ञान की 'मुख्यधारा' विद्वता द्वारा इन्हें अलग–अलग प्रकार के सामाजिक संघटनों (सोशल फॉर्मेशन्स) के रूप में देखा जाता है, जो जीवन के विभिन्न तरीक़ों, सामाजिक संगठनों और आर्थिक व्यवस्थाओं के विभिन्न रूपों का प्रतिनिधित्व करते हैं। 'ग्रामीण' और 'शहरी' को मानव विकास और प्रगति की प्रक्रिया के दो 'चरणों' के रूप में देखा जाता है। सामाजिक सिद्धान्त में इन दो श्रेणियों के केन्द्रीय स्थान के कारण इन्हें 'विकास' के समाजशास्त्रीय और आर्थिक सैद्धान्तीकरण में सामाजिक और आर्थिक प्रगति के मुख्य संकेतक माना जाने लगा है।

'ग्रामीण' या 'गाँव' की अवधारणा का भारत में विशेष महत्त्व है। भारत में शहरों का एक लम्बा और विविधतापूर्ण इतिहास रहा है, इसके बावजूद अंग्रेज़ उपनिवेशकों ने दुनिया के सामने भारत को 'गाँव गणराज्यों' की भूमि के रूप में प्रस्तुत किया। भारत का यह प्रस्तुतीकरण इतना प्रभावशाली था कि राष्ट्रवादी नेताओं ने भी इसे काफ़ी हद तक बिना किसी आलोचना के ही स्वीकार कर लिया। गाँधी जी ने 'गाँव की ओर वापसी' को स्वराज हासिल करने का एकमात्र प्रामाणिक कारण माना। नेहरू और अम्बेडकर ने भी गाँव को भारत के पारम्परिक जीवन का स्थान माना। लेकिन गाँधी जी के विपरीत वे यह भी मानते थे कि यह भारत के आर्थिक पिछड़ेपन और सामाजिक बुराइयों को भी दर्शाता था। इन अवधारणाओं का दूरगामी प्रभाव पड़ा। इन्होंने समाज विज्ञान की विद्वत्ता, पॉप्यूलर राजनीति और सार्वजनिक नीति को एक आकार प्रदान किया। मसलन, स्वतन्त्रता प्राप्ति के बाद के दौर में आरम्भ किये गये विकास नियोजन को ग्रामीण जीवन के 'बुनियादी तर्कशास्त्र' को बदलने के लिए तैयार किया गया था। यह ग्रामीण जीवन को आधुनिकता के साथ सुसंगत बनाना चाहता था तथा

यह गाँवों की जनसंख्या को शहरीकरण की लगातार चलने वाली प्रक्रिया के माध्यम से 'शहरों' की ओर भेजना चाहता था।

अभी भी राज्य की नीतियों और आम जनों की कल्पना में जनसांख्यिक परिवर्तन और शहरीकरण की अवधारणा का मुख्य स्थान है। इसे सकारात्मक सामाजिक परिवर्तन के साथ–ही–साथ आर्थिक संवृद्धि और आधुनिकीकरण के संकेतक के रूप में देखा जाता है। बहरहाल, भारत में अभी भी 'ग्रामीण' का अस्तित्व है, लेकिन यह भी सच है कि इसमें कई तरह के बदलाव हुए हैं, और कुछ बदलावों को तो आमूलचूल (रैडिकल) बदलाव की संज्ञा दी जा सकती है। भारत की जनसंख्यात्मक परिवर्तन से सम्बन्धित उपलब्ध सरकारी आँकड़ों से यह बात काफ़ी हद तक स्पष्ट है। पिछले दशकों में शहरी जनसंख्या के आनुपातिक आकार में वृद्धि हुई है। जहाँ 1951 में भारत की 17 प्रतिशत जनसंख्या शहरी थी, वहीं 2011 में यह बढ़कर 31 प्रतिशत हो गयी। यदि हम शहरी जनसंख्या के सम्पूर्ण आकार को देखें तो यह वृद्धि और ज़्यादा प्रभावशाली लगती है। 1951 में भारत की कुल 62 मिलियन जनसंख्या शहरी थी, और 2011 में यह जनसंख्या बढ़कर 377 मिलियन हो गयी। आज भारत की शहरी जनसंख्या का आकार पश्चिमी यूरोप और उत्तरी अमेरिका के प्रत्येक देश की जनसंख्या के आकार से बड़ा है। बहरहाल, ज़्यादा महत्त्वपूर्ण बात यह है कि पिछले दशकों में ग्रामीण जनसंख्या के सापेक्षित वज़न में गिरावट आयी है, लेकिन ग्रामीण जनसंख्या के कुल आकार में तीन गुणा वृद्धि हुई है। 1951 में इस ग्रामीण जनसंख्या का आकार 298.6 मिलियन था, वहीं 2011 में यह बढ़कर 833 मिलियन हो गया। यह जनसंख्या तक़रीबन 6 लाख गाँवों में निवास करती है, जिनमें काफ़ी विविधता है।

यद्यपि अभी भी भारत में 'ग्रामीण' का अस्तित्व है, किन्तु यह कोई समरूपी या जड़ श्रेणी नहीं है; यह कभी भी समरूपी या जड़ श्रेणी नहीं रही है। इसमें अत्यधिक परिवर्तन हुए हैं। विभिन्न क्षेत्रों में इसके बदलाव की गत्यात्मकता अलग–अलग रही है। यह पुस्तक भारत में ग्रामीण सामाजिक जीवन से सम्बन्धित विभिन्न विषयों की एक विस्तृत प्रस्तावना प्रस्तुत करती है। ये अध्याय भारत के कुछ सबसे प्रसिद्ध सामाजिक वैज्ञानिकों द्वारा लिखे गये हैं। इन अध्यायों का चयन इस प्रकार किया गया है, ताकि समकालीन अवधि में एक दृष्टिकोण का विकास करने में सहायता मिले; लेकिन इन अध्यायों को पढ़ते समय इनके अवधारणात्मक और अनुभवसिद्ध सन्दर्भ को ध्यान में रखना आवश्यक है। 1950 के दशक से ही बदलते समय, क्षेत्र और अध्ययन की प्रवृत्तियों तथा भारत में ग्रामीण क्षेत्र के महत्त्व का प्रतिनिधित्व करते हैं।

पुस्तक के पहले भाग में नौ अध्याय हैं। इन्हें औपनिवेशिक शासन से स्वतन्त्रता प्राप्ति के बाद के आरम्भिक वर्षों में सामाजिक मानवशास्त्रियों द्वारा किये गये गाँवों के अध्ययनों से लिया गया है। यद्यपि उस समय मानवशास्त्री गाँव में 'पारम्परिक' संस्कृतियों को समझने जाते थे, किन्तु उनके गाँवों के विवरण से उपमहाद्वीप के क्षेत्रों की महत्त्वपूर्ण विविधताएँ सामने आती थीं। इनमें से बहुत से विद्वानों ने जाति और सांस्कृतिक विश्वासों की सामाजिक व्यवस्था के बारे में होने वाले परिवर्तनों के बारे में बताया।

पुस्तक के दूसरे भाग में 11 अध्याय हैं। इन अध्यायों में भारतीय राज्यों द्वारा विभिन्न नीतियों और कार्यक्रमों अपनायी गयी विविध प्रकार की विकासात्मक पहलों के बारे में विवेचना की गयी है। इनमें मुख्य रूप से संवृद्धि और ग़रीबी के प्रश्नों पर ध्यान केन्द्रित किया गया है, तथा विभिन्न कार्यक्रमों के ज़मीनी स्तर पर काम का आलोचनात्मक मूल्यांकन किया गया है। इस पुस्तक के तीसरे भाग में कुल 15 अध्याय हैं, जो आधिकारिक रूप से तैयार किये गये विकास और परिवर्तन के प्रश्नों से आगे जाते हैं। ये विविध प्रकार के विषयों पर ध्यान केन्द्रित करते हैं तथा इनमें ग्रामीण जीवन की बदलती गत्यात्मकता का गहन विवरण प्रस्तुत किया गया है।

इस पुस्तक को तैयार करने में मुझे बहुत से लोगों से सहायता मिली है। मैं *इकोनॉमिक ऐंड पॉलिटिकल वीकली* के पूर्व सम्पादकों सी. राममनोहर रेड्डी और परंजोय गुहा ठाकुर का आभारी हूँ, जिन्होंने इस पुस्तक को तैयार करने की मेरी क्षमता पर भरोसा जताया। *ईपीडब्ल्यू* के कर्मचारियों ने हर स्तर पर मेरा सहयोग किया। मैं विभिन्न अध्यायों के लेखकों का भी आभारी हूँ जिन्होंने सहर्ष अपने शोध–आलेखों को इस पुस्तक में शामिल करने की अनुमति दी। मेरे कुछ विद्यार्थियों ने मेरे साथ *ईपीडब्ल्यू* के पुराने अंकों की गहनता से छानबीन की, और उसी के आधार पर हमने इस पुस्तक के लिए विभिन्न अध्यायों का चुनाव किया। मेरे इन विद्यार्थियों में श्रेया सेन, तन्वी सिरारी, अनसूया चटर्जी, ईश्वरी भट्टाराई, सूरज बेरी, मल्लिका चौधुरी और तनिया चक्रवर्ती सम्मिलित हैं। इस काम में रुचि दिखाने के लिए मैं इन सबका आभारी हूँ। मैं पुस्तक की प्रस्तावना को पढ़ने और इस पर अपनी टिप्पणी देने के लिए स्नेहा सुधा कोमथ का आभारी हूँ। ऑरियन्ट ब्लैकस्वॉन के प्रोतेती बनर्जी और निलांजना मजमूदार का भी आभारी हूँ, जिनके कठिन परिश्रम के कारण यह पुस्तक प्रकाशित हो सकी।

–सुरिन्दर एस. जोधका

□□